Die Palingenesie der römischen Vormundschaftsgesetze

**Europäische Hochschulschriften**

European University Studies

Publications Universitaires Européennes

Reihe II **Rechtswissenschaft**

Series II Law

Série II Droit

Band/Volume **5795**

Nikola Georgia Galaboff

# Die Palingenesie der römischen Vormundschaftsgesetze

PL ACADEMIC RESEARCH

**Bibliografische Information der Deutschen Nationalbibliothek**
Die Deutsche Nationalbibliothek verzeichnet diese Publikation in der Deutschen Nationalbibliografie; detaillierte bibliografische Daten sind im Internet über http://dnb.d-nb.de abrufbar.

Zugl.: Erlangen-Nürnberg, Univ., Diss., 2015

D 29 (n 2)
ISSN 0531-7312
ISBN 78-3-631-66948-8 (Print)
E-ISBN 978-3-653-06047-8 (E-Book)
DOI 10.3726/978-3-653-06047-8


PL Academic Research ist ein Imprint der Peter Lang GmbH.
Peter Lang – Frankfurt am Main · Bern · Bruxelles · New York · Oxford · Warszawa · Wien



Diese Publikation wurde begutachtet.

www.peterlang.com

Meinen Eltern

# Vorwort

Die vorliegende Abhandlung stellt meine Dissertation dar, die der rechts- und wirtschaftswissenschaftlichen Fakultät der Friedrich-Alexander-Universität Erlangen-Nürnberg im Sommersemester 2015 vorgelegen hat.

Meine Dankbarkeit gilt zuvörderst meinem akademischen Lehrer, Herrn Prof. Dr. Hans-Dieter Spengler, der die Bearbeitung dieser Thematik angeregt hat. Neben der großzügigen Gewährung einer Assistentenstelle hat er das Promotionsvorhaben von Beginn an in jeder nur erdenklichen Weise gefördert und stand mir während der gesamten Zeit mit fachlichem Rat hilfreich zur Seite.

Ebenso danke ich herzlichst Frau Prof. Dr. Tiziana Chiusi für die schnelle Erstellung des Zweitgutachtens und die wertvollen kritischen Anmerkungen, die sie mir darin zuteilwerden ließ.

Tief empfundenen Dank möchte ich zudem meinen Eltern George und Maria Galaboff aussprechen, die mir das Studium der Rechtswissenschaften ermöglichten und das Dissertationsvorhaben in liebevoller Zuwendung und mit viel Hingabe unterstützten.

Schließlich möchte ich meinem Lebensgefährten Max Hörmann danken, der mich geduldig und verständnisvoll durch alle Höhen und Tiefen während der Fertigstellung der Dissertation begleitet hat, stets ein offenes Ohr für mich hatte und mir mit Rat und Tat beistand.

# Inhaltsverzeichnis

# Einleitung

Im Rahmen der Beschäftigung mit dem römischen Vormundschaftsrecht wird man zunächst feststellen, dass es hierzu bereits eine Vielzahl sowie Vielfalt an Arbeiten gibt. Recht schnell gelangt man jedoch zu der Erkenntnis, dass es sich in den meisten Fällen um umfassende rechtsdogmatische Darstellungen und abstrakte Synthesen handelt, die in hohem Maße von der Methodik der Pandektistik geprägt sind. Sie konzentrieren sich von ihrem Anspruch her weniger auf einzelne problematische Teilaspekte der *tutela* und bemühen sich daher auch nur selten um eine Zusammenführung juristischer Daten mit sozialen oder historischen Ereignissen.[1]

Gerade bei der Sichtung und insbesondere Bewertung älterer Literatur ist zudem zu beachten, dass viele Quellen zum Vormundschaftsrecht der Wissenschaft erst im Laufe des 19. bzw. 20. Jahrhunderts zugänglich gemacht werden konnten. Vor diesem Hintergrund ist es aber auch nicht verwunderlich, wenn in ihnen so manches Problemfeld unerwähnt bleibt. Einige der mittlerweile zuverlässig rekonstruierten normativen Texte zur *tutela* beziehen sich auf die (uns nicht überlieferten) römischen Vormundschaftsgesetze, die das behördliche Verfahren der *datio tutoris* in Rom und in den Provinzen bzw. in Italien regelten. Die Bereicherung durch die jüngsten Quellenfunde führte zu einer Erweiterung des Kontexts im Bereich des Vormundschaftswesens und schuf damit neue Räume zur Interpretation. Dennoch haben von den zeitgenössischen Rechtshistorikern bislang nur sehr Wenige einen palingenetischen Versuch gewagt. Zuletzt widmete sich Dieter Nörr in eindrucksvoller Weise der komplexen und schwierigen Thematik in seiner Abhandlung „Zur Palingenesie der römischen Vormundschaftsgesetze“ (ZSS 118 (2001), 1ff). Obgleich er darin stets die Vorläufigkeit seiner Erkenntnisse betont, hat es sich seither niemand zum Ziel gesetzt, diese in einer neuen, umfassenden Untersuchung gewissermaßen auf den „Prüfstand“ zu stellen.[2] Dem will die vorliegende Arbeit entgegentreten und diese schmerzlich bestehende Lücke in der modernen Literatur schließen.

Der Begriff Palingenesie (auch Palingenese oder Palingenesis) stammt ursprünglich aus dem Griechischen (von *πάλιν*, „wieder“ und *γένεσις*, „Entstehung, Schöpfung, Geburt“) und bedeutet Wiederherstellung, Wiedergeburt,

1 Dies beklagt auch Nörr, ZSS 118 (2001), 3.

2 Vgl. aber immerhin Grelle, in: Capogrossi Colognesi/Gabba (Hrsg.), Gli Statuti Municipali, 411ff.

Wiederverkörperung oder auch Neuschöpfung.[3] Macht man sich die Palingenesie der römischen Vormundschaftsgesetze zur Aufgabe, ist damit aber keineswegs der Anspruch verbunden, ganze Gesetzestexte zu rekonstruieren. Das hat bereits Nörr klargestellt[4] und es wird sich zeigen, dass er Recht behalten wird. Dieses Unterfangen würde einige unüberwindbare Hürden bereithalten und daher von Anfang an zum Scheitern verurteilt sein. Die wenigen Quellen verraten – zumindest auf den ersten Blick – nämlich so gut wie nichts über den Text und nur sehr wenig über ihren Inhalt. Die Basis der Untersuchungen erscheint also angesichts der spärlichen Überlieferung zunächst recht dünn.

Es wird jedoch aufgezeigt werden, dass einige Stadtrechte *(lex coloniae Genetivae Iuliae seu Ursonensis, lex Salpensana, lex Irnitana)* sowie Urkunden zur Frauentutel aus Herkulaneum und Ägypten durchaus wertvolles Material zum besseren Verständnis und zur Wiederherstellung einzelner Fragmente der Vormundschaftsgesetze liefern. Hinzu treten kurze, aber deshalb nicht weniger bedeutsame Berichte aus den Institutionen des Gaius und den Institutionen Justinians, Teile der *epitome Ulpiani* sowie Passagen aus der Paraphrase des Theophilos. Von zentraler Bedeutung sind auch die erläuternden Bemerkungen des spätklassischen Juristen Ulpian im 38. bzw. 39. Buch *ad Sabinum,* für deren vollständige Erfassung wiederum die „kommentierenden" Notizen des unbekannten Verfassers der *Scholia Sinaitica* unerlässlich sind.

Anhand dieser Quellen sollen die zentralen Regelungsinhalte der beiden Vormundschaftsgesetze, *lex Atilia* und *lex Iulia et Titia,* im Hinblick auf ihren jeweiligen Geltungsbereich, die Zuständigkeiten und das Verfahren bei der behördlichen Bestellung des *tutor* veranschaulicht werden. Darüber hinaus entbindet das Vorhaben der Palingenesie freilich nicht von dem Versuch der Rekonstruktion einzelner Klauseln, um schließlich einen eigenen Vorschlag zur Veranschaulichung eines Kapitels der in Frage stehenden Gesetze geben zu können. Mit diesen Zielen wollen wir uns den einschlägigen Texten nähern.

---

3 Der Begriff wird sowohl in der Theologie und Philosophie als auch in der Geologie, Biologie sowie in den Sozialwissenschaften verwendet.

4 Siehe Nörr, ZSS 118 (2001), 65.

# Erstes Kapitel: Überblick über die geschichtliche Entwicklung des Wesens der Vormundschaft und Pflegschaft

Zunächst soll ein kurzer Überblick über die historische Entwicklung des Wesens der Vormundschaft und der Pflegschaft gegeben werden. Die Vormundschaft als übergeordnete Institution umfasst ganz allgemein den Beistand und die Vertretung von Personen, die trotz voller Rechtsfähigkeit aufgrund ihrer Individualität eines besonderen Schutzes sowie einer besonderen Fürsorge bedürfen und entsprechend ihrer Willensbeschaffenheit in der rechtlichen Handlungsfähigkeit beschränkt sind.[5]

## § 1. Vormundschaft und Pflegschaft im römischen Recht

Im römischen Recht sind uns zwei vormundschaftliche Institute überliefert, die *tutela* und die *cura*. Ihre geschichtlichen Anfänge reichen – soweit sie für die Nachwelt anhand von Quellen nachvollziehbar sind – bis in die Zeit der Zwölftafeln zurück.

Nach dem rechtlichen Verständnis der Römer waren Unmündige, Geisteskranke und verschwendungssüchtige Personen entweder gar nicht oder nur in beschränktem Umfang fähig, einen vernünftigen Willen zu bilden. Dies hatte zur Folge, dass ihr Handeln keine oder lediglich unvollkommene rechtliche Wirkungen entfalten konnte.[6] In gleicher Weise wurden Frauen, denen wie in beinahe allen archaischen Rechten mit patriarchalischer Gesellschaftsstruktur vorrangig die soziale Rolle als Mutter und Aufgaben im Haushalt zugedacht waren, zumindest in der älteren Zeit von der eigenverantwortlichen Führung ihrer Rechtsgeschäfte ausgeschlossen.[7]

Die Stellung, die dem Menschen innerhalb einer sozialen Gemeinschaft und damit letztlich auch im Recht zukommt, unterliegt ständigen Umwälzungen – diese allgemeingültige Erkenntnis gilt ebenso für das antike Rom. Die altrömische Epoche sah den Menschen weniger als Individuum, sondern vor allem als Teil der jeweiligen Verbände: vom Staat als größte Vereinigung aller Bürger bis hin zur kleinsten, aber dadurch nicht weniger bedeutsamen Einheit, die römische

5 Rive, Geschichte der deutschen Vormundschaft I, Einleitung IX.
6 Vgl. hierzu Kaser, RP I, 83.
7 Holthöfer, in: Gerhard (Hrsg.), Frauen in der Geschichte des Rechts, 403.

Kleinfamilie.[8] Der monokratisch organisierte und geschlossene Hausverband einer Familie war vor allem gekennzeichnet durch das für die römische Ordnung bedeutsamste Herrschaftsrecht, die *patria potestas*.[9] Neben der *uxor in manu* unterstanden dieser lebenslangen Vollgewalt des Vaters als Oberhaupt der altrömischen *familia* seine Kinder aus rechtswirksamer Ehe *(iustum matrimonium)*, soweit sie nicht anderweitig emanzipiert worden waren, d.h. die Söhne und deren *uxores in manu* sowie die Töchter, wenn sie nicht durch Heirat in fremde *manus* gelangt waren.[10] Solange diese Personen noch keinen eigenen Interessenkreis hatten, da sie sich unter der *patria potestas* oder in einer *manus*-Ehe befanden und damit *alieni iuris* waren, bestand kein Bedürfnis für ein besonderes Schutzverhältnis: Eigenes Vermögen besaßen sie nicht und den Schutz für die Person hatte der Inhaber der *patria potestas* oder der *manus* zu gewährleisten. Erforderlich wurde ein solches Fürsorgeverhältnis folglich erst nach Befreiung aus einer dieser Gewalten (in der Regel mit dem Tod des *paterfamilias*), wenn sie dadurch einen eigenen Interessenkreis erhielten.[11] Sie galten dann zwar personenrechtlich als *sui iuris*, aufgrund mangelnder Handlungs- und Geschäftsfähigkeit unterstanden sie fortan aber bestimmten Schutzgewalten: sowohl die Unmündigen vor Eintritt der Geschlechtsreife *(impuberes*[12]*)* als auch die Frauen zeitlebens der des Tutors, die Geisteskranken *(furiosi)* und entmündigten Verschwender *(prodigi)* der des Kurators.[13]

## I. Die *cura*

Die ältesten Anwendungsfälle der römischen *cura* bilden die *cura furiosi* und die *cura prodigi*. Bereits das Zwölftafelgesetz hatte bestimmt, dass geisteskranke Personen und entmündigte Verschwender der Pflegegewalt ihrer Agnaten und Gentilen unterworfen waren. Die Bestimmung *Si furiosus escit, adgnatum gentiliumque in eo pecuniaque eius potestas esto* (tab. V, 7a) dürfte dahingehend zu deuten sein, dass die *cura furiosi* zunächst den gradnächsten Agnaten zufiel und

---

8 Vgl. hierzu Kaser/Knütel, Römisches Privatrecht, 76.

9 Kaser/Knütel, Römisches Privatrecht, 299.

10 Hausmaninger/Selb, Römisches Privatrecht, 145f.

11 Siehe hierzu Karlowa II, 269.

12 Der Eintritt der Geschlechtsreife wurde bei Knaben zunächst von Fall zu Fall beurteilt (gemäß der sabinianischen Rechtsschule), später wurde sie von den Prokulianern pauschaliert mit Vollendung des 14. Lebensjahres angenommen. Mädchen galten seit alters her mit Vollendung des 12. Lebensjahres als mündig (vgl. Gai. inst. 1, 196; Inst. 1, 22, pr.) – vgl. Kaser/Knütel, Römisches Privatrecht, 81.

13 Kaser, RP I, 83.

nur dann, wenn diese nicht vorhanden waren, den Gentilen.[14] Die gleichen Personen sah das Gesetz für die *cura prodigi* vor: *Lex duodecim tabularum furiosum, itemque prodigum, cui bonis paternis et avitis interdictum est, in curatione iubet esse agnatorum* (Ulp. ep. XII, 2). Fehlte es an tauglichen Agnaten (die *cura* der Gentilen kam schon während der Republik außer Übung), wurde der Kurator vom Prätor ernannt[15]: *Saepe ad alium e lege duodecim tabularum curatio furiosi aut prodigi pertinent, alii praetor administrationem dat, scilicet cum ille legitimus inhabilis ad eam rem videatur* (Gai. D. 27, 10, 13).

Das Institut der Pflegschaft weist insbesondere im Hinblick auf seine historischen Wurzeln gewisse Parallelen zur römischen Tutel über Unmündige und Frauen auf und hat daher eine ähnliche Entwicklung genommen: In ihrer ursprünglichsten Erscheinungsform stellte sie ein reines Herrschaftsrecht dar, das – allenfalls durch Sakralrecht und Sitte beschränkt – dem Kurator im Interesse sowohl des Familienverbands als auch des Pfleglings selbst zustand.[16] Ähnlich wie dem *tutor* kam auch dem *curator* über die Person und das Vermögen des Schutzbefohlenen eine treuhänderische Gewalt *(domini loco)* zu.[17] Im Unterschied zur *tutela* stellte die *cura* als Maßnahme gegen eine an sich mündige Person *sui iuris* den rechtlichen Ausnahmefall dar.[18] Gegenstand und Inhalt der Pflegegewalt richteten sich folglich nach den jeweiligen Bedürfnissen, so dass sie zwar beim Geisteskranken die Sorge für die Person sowie den Schutz des Vermögens[19], beim Verschwender hingegen nur das ererbte Familienvermögen umfasste[20]: *Lege duodecim tabularum prodigo interdicitur bonorum suorum administratio, quod moribus quidem ab initio introductum est* (Ulp. D. 27, 10, 1 pr.).

Trotz dieser Ähnlichkeiten zwischen *cura* und *tutela* trat bei Ersterer alsbald viel schneller sowie energischer die Pflichtenseite hervor und entwickelte sich allmählich von einem nutzbaren Recht zu einem unter staatlicher Aufsicht stehenden Pflichtamt.[21] Der Ausgangspunkt dieser Umbildung ist im Aufkommen der jüngeren *cura minorum* zu erblicken, die von Beginn an den Charakter eines fremdnützigen Amts im ausschließlichen Interesse des Pfleglings aufwies.[22]

---

14 So auch Honsell/Mayer-Maly/Selb, Römisches Recht, 431.
15 Kaser/Knütel, Römisches Privatrecht, 317.
16 Honsell/Mayer-Maly/Selb, Römisches Recht, 430.
17 Kaser/Knütel, Römisches Privatrecht, 315.
18 Kaser, RP I, 90.
19 Vgl. nochmals tab. V, 7a.
20 Kaser/Knütel, Römisches Privatrecht, 315.
21 Honsell/Mayer-Maly/Selb, Römisches Recht, 430.
22 Honsell/Mayer-Maly/Selb, Römisches Recht, 431.

Nach Erlass der *lex Laetoria* (oder auch *lex Plaetoria*) um 200 v.Chr., die einem *minor viginti quinque annorum,* der von seinem Vertragspartner aufgrund seiner geschäftlichen Unerfahrenheit und seines jugendlichen Leichtsinns übervorteilt worden war, einen Anspruch aus Delikt und die Möglichkeit einer Popularklage gegen diesen gewährte, kam in der jüngeren Republik die eben erwähnte *cura minorum* hinzu.[23] Dabei handelte es sich um die von den Prätoren zur Weiterentwicklung dieses Schutzes geschaffene Pflegschaft über männliche und in den Fällen, in denen die *tutela mulieris* nicht griff, weibliche *puberes,* die das 25. Lebensjahr noch nicht vollendet hatten: *Ei etiam a praetore curator dandus est, qui, licet pubes sit, adhuc tamen perfectae aetatis non sit, donec ad eam aetatem pervenerit, in qua res suas tueri possit, sicuti apud peregrinas gentes custodiri superius indicavimus* (Gai. inst. 1, 197).

Die Frage, ob auch die Vermögensverwaltung schon von Anfang an zum Aufgabenbereich des Kurators gehörte, ist in der einschlägigen Literatur zwar heftig umstritten[24], kann aber letztlich dahingestellt bleiben. Denn es scheint schon während der klassischen Epoche üblich geworden zu sein, dass der Minderjährige die *gestio* freiwillig auf den Kurator übertrug. Folglich sah man darin spätestens gegen Ende der Klassik eine seiner Hauptfunktionen.[25] Dem Wesen eines staatlichen Amts entsprach es auch, dass der *curator minorum* stets vom Prätor bzw. in den Provinzen durch den Statthalter im Anschluss an die *postulatio* sowie *nominatio* des mündigen Minderjährigen selbst (ab dem 3. Jahrhundert nach kaiserlichem Recht auch auf Antrag seiner Angehörigen oder des Prozessgegners[26]) bestellt wurde.[27] Das den Kurator ernennende Dekret legte dabei zunächst nur eine Tätigkeit für einzelne, im Antrag genau bezeichnete Zwecke fest.[28] Erst unter Mark Aurel wurde die *cura minorum* zu einem allgemeinen, umfassenden Rechtsinstitut ausgeweitet: Jetzt konnten die *curatores* für einen unbestimmten Kreis von Geschäften und damit für die gesamte Geschäftsführung erbeten werden.[29] Bei der Vornahme gewisser Rechtshandlungen benötigte der Minderjährige zwar den formlosen *consensus* des Kurators, doch war diese bloße „Zustimmung" – im Unterschied zur *auctoritas tutoris* – weder von der Gleichzeitigkeit noch von der persönlichen Anwesenheit bei Abschluss des jeweiligen Rechtsgeschäfts abhängig.

---

23 Honsell/Mayer-Maly/Selb, Römisches Recht, 431.

24 Dagegen etwa Perozzi I, 535; dafür z.B. Lenel, ZSS 35 (1914), 131f.

25 Vgl. Kaser/Knütel, Römisches Privatrecht, 316.

26 Vgl. C. 5, 31, 1 – vgl. Honsell/Mayer-Maly/Selb, Römisches Recht, 432 Fn. 16.

27 Kaser/Knütel, Römisches Privatecht, 316.

28 Kaser, RP I, 370.

29 Kaser, RP I, 370, mit Fn. 4 vgl. Call. D. 26, 7, 33, 1.

Da der *minor* nach der Rechtsordnung als geschäftsfähig galt, war der *consensus curatoris* zunächst auch nicht für die Gültigkeit zwingend erforderlich.[30] Einer späteren Codexstelle lässt sich entnehmen, dass man wohl seit Diokletian generell den Konsens des Kurators bei solchen verpflichtenden Geschäften forderte, die für den Minderjährigen einen Rechtsverlust zur Folge hatten.[31]

In der Nachklassik wurde es dann zum Regelfall, dass jeder *minor viginti quinque annorum*, der aufgrund seiner Mündigkeit nicht mehr unter der *tutela impuberum* stand, beim zuständigen Magistraten einen Kurator für sich postulierte und nominierte.[32] Damit gewann die *cura minorum* gegenüber den übrigen Pflegschaftsfällen zunehmend an Bedeutung und näherte sich der *tutela* über Unmündige stetig an. Die Verschmelzung der *cura minorum* mit der *tutela impuberum* erreichte unter Justinian schließlich ihren Höhepunkt. Allerdings ist es auch hier nie zu einer begrifflichen Gleichsetzung beider Rechtsinstitute gekommen.[33]

Neben den bisher genannten Haupterscheinungsformen der *cura* sind noch andere Anwendungsfälle bezeugt: Klassischen Quellen zufolge bestellten die Magistrate auch Pfleger für Stumme, Taube und Gebrechliche[34] sowie für die Leibesfrucht[35].

## II. Die *tutela*

*Tutela* stammt von dem lat. Verb *tutari* und bedeutet schützen, sichern oder bewahren. In die Rechtssprache übertragen ist der Begriff *tutela* gleichbedeutend mit Hut, Aufsicht oder Fürsorge und stellt damit den allgemeinen Terminus für Schutz und Bewahrung vor Gefahren sowie Nachteilen jeglicher Art dar. *Tutor* ist demzufolge der Beschützer von Personen, die seines Schutzes aus tatsächlichen und/oder rechtlichen Gründen bedürfen: *Tutores autem sunt qui eam vim ac potestatem habent, exque re ipsa nomen ceperunt: itaque appellantur tutores quasi tuitores atque defensores, sicut aeditui dicuntur qui aedes tuentur*

---

30 Vgl. Kaser, RP I, 370, mit Fn. 7: zur *auctoritas curatoris* siehe etwa Mod. D. 1, 7, 8; 49, 1, 17, 1.

31 C. 2, 21, 3 – vgl. Kaser, RP I, 370 Fn. 8.

32 Kaser, RP II, 223.

33 Vgl. Honsell/Mayer-Maly/Selb, Römisches Recht, 432.

34 Vgl. Ulp. D. 3, 1, 3, 3 (Taube und Stumme); Paul. und Ulp. eod. 4 und 5 (andere Gebrechliche) – vgl. Kaser, RP I, 372 Fn. 27.

35 Zum *curator ventris* siehe Ulp. D. 27, 10, 8; Mod. D. 26, 5, 20 pr – vgl. Kaser, RP I, 372 Fn. 28.

(Paul. D. 26, 1, 1, 1). Das lat. Wort *tutor* ist sprachgeschichtlich seit jeher gleichzusetzen mit der deutschen Bezeichnung Vormund/Vertreter.[36]

Bei der römischen *tutela* handelte es sich um eine Gewalt, die ebenso wie die Hausgewalt des *paterfamilias* eine *vis ac potestas* und damit ein Herrschaftsrecht war, welches aber durch den Schutzzweck zugunsten des Mündels abgeschwächt wurde: *Tutela est, ut Servius definit, vis ac potestas in capite libero ad tuendum eum, qui propter aetatem sua sponte se defendere nequit, iure civili data ac permissa* (Paul. D. 26, 1, 1 pr.). In ältester Zeit vermutlich nur durch das Sakralrecht und die Sitte begrenzt, hatte die Vormundschaft eine eigennützige und zugleich fremdnützige Seite, wenn auch das Eigeninteresse des Tutors zunächst deutlich im Vordergrund stand. In erster Linie eigennützig, weil derjenige zum Vormund berufen war, der beim Tod des Mündels in der Regel als sein nächster Erbe in Betracht kam und daher ein vorrangiges Interesse am Erhalt seines Vermögens hatte. Fremdnützig, weil die Tutel (zumindest auch) dazu diente, die *familia pecuniaque* zu erhalten.[37] Im Laufe der Zeit traten die Interessen des Mündels und damit einhergehend die Verpflichtung des Vormunds zu deren Wahrung immer deutlicher in den Vordergrund: Sah man in der altrömischen *tutela* vornehmlich ein nutzbares Recht des Tutors, betonte man spätestens in der Kaiserzeit vermehrt ihre Pflichtenseite.[38] In der Folge entstanden weitere Arten der Berufung, die den geänderten sozialen Standards gerecht werden sollten, und die Obrigkeit ging dazu über, die *tutela* nicht mehr als rein privatrechtliches Institut aufzufassen, sondern vielmehr als eine im öffentlichen Interesse liegende Angelegenheit. Dies beinhaltete, dass man sich im Rahmen der staatlichen Aufsicht verstärkt um Bestellung sowie Geschäftsführung des jeweiligen Tutors kümmerte.[39] Daneben kam dem Mündel ein besonderer Schutz aufgrund einer umfassenden zivilrechtlichen Haftung des Tutors zugute. Umgekehrt konnte aber auch der Vormund Ansprüche gegen das Mündel geltend machen.[40] In der spätklassischen Periode entwickelte sich die Tutel schließlich zu einem öffentlichen Verwaltungsamt *(munus)*, für das man sich nur noch aus bestimmten, in der kaiserlichen Reskriptenpraxis anerkannten Gründen *(excusationes)* entschuldigen konnte.[41] Die

36 Vgl. zur Etymologie Sachers, in: RE 7A/2, 1497.

37 Darauf lässt bereits der Name der Tutel (= Aufsicht, Obhut, Fürsorge) schließen; vgl. hierzu Kaser, RP I, 85f.

38 Kaser, RP I, 352.

39 Vgl. Jörs/Kunkel/Wenger, Römisches Privatrecht, 297.

40 Vgl. Sachers, in: RE 7A/2, 1501.

41 Jörs/Kunkel/Wenger, Römisches Privatrecht, 297. Da die Vormundschaft das Wohl einer Person zum Gegenstand hatte, wird sie in Call. D. 27, 1, 17, 4 noch als *munus*

nachklassische Epoche knüpfte daran an, indem sie diese auch weiterhin ausdrücklich als *munus publicum*, als öffentlichen Zwangsdienst bezeichnete und verstand.[42]

Die hier allenfalls grob skizzierte Entwicklung – wenn man sie denn als solche überhaupt bezeichnen kann – vollzog sich freilich nur stufenweise und keineswegs gleichmäßig bei allen Arten der Vormundschaft.[43] Staatliche Zwangsmittel zur Sicherstellung einer korrekten Führung der Vormundschaft kamen als erstes im Rahmen der magistratischen Tutel auf, sind aber auch hier erst für die Epoche des Claudius bezeugt.[44] Hingegen erhielten sich die ältesten Erscheinungsformen, die *tutela legitima* und *testamentaria*, viel länger noch als ein Recht des Vormunds.[45] Ebenso fand die Exkusationspraxis, die sich als Ausgleich zum Gestionszwang herausgebildet hatte, zunächst nur bei der *tutela decretalis* Anwendung und wurde erst später auf die testamentarische, zuletzt auf die gesetzliche Tutel erstreckt.[46]

In der Nachklassik gerieten die Eigeninteressen des Vormunds bzw. Pflegers gegenüber dem Schutzzweck zugunsten derjenigen Personen, die aufgrund ihrer Unmündigkeit, Geisteskrankheit oder Verschwendungssucht der Betreuung bedurften, bald vollständig in den Hintergrund. Dies kam in erster Linie dadurch zum Ausdruck, dass die Aufgabenbereiche der *tutores* sowie *curatores* nochmals bedeutend erweitert und zudem die staatliche Aufsicht über sie verstärkt wurde: In dieser umfassenden Fürsorge für schutzbedürftige Personen wurden bereits die Zielsetzungen des spätantiken Zwangsstaates erkennbar, innerhalb derer man bestrebt war, das Rechtsinstitut der Vormundschaft mit den christlichen Geboten der Nächstenliebe in Einklang zu bringen.[47]

---

*privatum* bezeichnet. Die Aufgaben und die Stellung des *tutor* führten allerdings dazu, dass die magistratische Bestellung von Pomponius in Pomp. D. 1, 6, 9 bereits eine *publica causa* genannt wird. In der Zeit der Severerkaiser wurde die *tutela* als *munus publicum* und damit als ein in das öffentliche Interesse fallendes Amt angesehen (Pap. D. 50, 5, 8, 4). Dies jedoch nur insoweit, als die staatliche Gewalt die Vormundschaft in engen Grenzen ihrer Aufsicht unterstellte, weshalb man die Übernahme des Amtes gegen Ende der klassischen Periode auch als *munus civile* oder *munus personale*, also als persönliche Last mit einer Reihe von Verpflichtungen (Mod. D. 27, 1, 6, 15) verstand, vgl. Sachers, in: RE 7A/2, 1500.

42 Siehe etwa C. 10, 48, 3.

43 Sachers, in: RE 7A/2, 1501.

44 Siehe Inst. 1, 20, 3.

45 Sachers, in: RE 7A/2, 1501.

46 Sachers, in: RE 7A/2, 1534.

47 Vgl. Kaser, RP II, 222.

Die Frauentutel schlug indes einen ganz anderen Weg ein, was vorrangig bedingt war durch eine allmähliche Änderung der sozialen Stellung der Frau. Die *manus*-Ehe, die in der altrömischen Epoche in lebendiger Funktion gestanden hatte, verblasste in den letzten Jahrzehnten v.Chr. zur absoluten Ausnahme und war im ersten nachchristlichen Jahrhundert aus dem Rechtsleben praktisch verschwunden.[48] In der Zurückdrängung der *manus*-Ehe ist einer der wichtigsten Gründe für die Begünstigung der Vermögensbildung in den Händen von Römerinnen zu sehen. Als Personen *sui iuris* waren sie nun in der Lage, sich im Rechtsverkehr deutlich selbstständiger zu bewegen und am Wirtschaftsleben aktiver teilzunehmen.[49] So bot die *tutela mulierum* schon in der jüngeren Republik ein Bild des Verfalls und blieb daher – im Unterschied zur *tutela impuberum* – vom Umwandlungsprozess zu einer fremdnützigen Einrichtung größtenteils verschont.[50] Sie diente wie in ältester Zeit vor allem dem Schutz der finanziellen Interessen des Vormunds in seiner Position als nächster Erbe der Frau.[51] Folglich übte der Tutor der klassischen Zeit weder eine Gewalt über sie selbst noch über ihr Vermögen aus. Vielmehr war es üblich geworden, dass die römischen Frauen ihr Vermögen eigenverantwortlich verwalteten oder ihnen nahestehende Personen ihrer Wahl mit dieser Aufgabe betrauten.[52] Dem Vormund blieb letztlich nur die Mitwirkung bei einigen wenigen, wirtschaftlich bedeutsamen Rechtsgeschäften (etwa bei Veräußerungen von *res mancipi*, Eingehen von Verpflichtungsgeschäften, bei der *acceptilatio*, Testamentserrichtung, Erbschaftsantritt oder bei der Freilassung von Sklaven).[53] Die hierzu erforderliche *auctoritas tutoris* konnte die *mulier* aber mit Hilfe des Prätors auch gegen den Willen des Tutors erwirken, so dass seine vornehmlichste Funktion zum bloßen Formalakt ohne jede verbleibende Daseinsberechtigung herabgestuft wurde.[54] Geradezu bezeichnend hierfür ist der Ausspruch des hochklassischen Juristen Gaius, der die Rechtswirklichkeit seiner Zeit darin treffend wiedergibt: *Feminas vero perfectae aetatis in tutela esse fere nulla pretiosa ratio suasisse videtur. Nam quae vulgo creditur, quia levitate animi plerumque decipiuntur et aequum erat eas tutorum auctoritate regi, magis speciosa videtur quam vera; mulieres enim quae perfectae aetatis sunt, ipsae sibi*

48 García Garrido, Ius uxorium, 30.
49 Vgl. Mönnich, Frauenschutz, 29.
50 Jörs/Kunkel/Wenger, Römisches Privatrecht, 303f.
51 Kaser, RP I, 367f; so ausdrücklich Gai. inst. 1, 192.
52 Vgl. Kaser, RP I, 368.
53 Buckland, A manual of Roman Private Law, 102; Gardner, Women in Roman Law & Society, 17ff.
54 Jörs/Kunkel/Wenger, Römisches Privatrecht, 304.

*negotia tractant, et in quibusdam causis dicis gratia tutor interponit auctoritatem suam; saepe etiam invitus auctor fieri a praetore cogitur* (Gai. inst. 1, 192).

Zusammenfassend kann also festgehalten werden, dass sich die *tutela mulierum* mit der fortschreitenden Emanzipierung der Frauen in Gesellschaft und Finanzwelt bereits in der jüngeren Republik zurückbildete, sowohl vom Gesetzgeber als auch von den Juristen stetig ausgehöhlt wurde, in der klassischen Zeit nur noch in minimalen Überresten fortbestand und während der Kaiserzeit in völliger Bedeutungslosigkeit versank.[55] Nachdem schon die klassischen Juristen nach rechtlichen Möglichkeiten gesucht hatten, der Mutter die Vermögensverwaltung ihrer Kinder zu gestatten, setzte die nachklassische Jurisprudenz einen gewissen Schlusspunkt in dieser Entwicklung, indem sie den hellenistischen Rechten folgte und ebenso wie diese von nun an auch Frauen als Vormünderinnen zuließ.[56]

## § 2. Vormundschaft und Pflegschaft in den „deutschen" Rechten

Auch im „deutschen" Recht gab es verschiedene Epochen, in denen das Rechtsinstitut der Vormundschaft unterschiedlich ausgeprägt war. In aller Regel unterstanden ihr – ähnlich wie im römischen Recht – vaterlose Kinder, unverheiratete Frauen, Greise, körperlich Behinderte, geistesschwache sowie geisteskranke Menschen.[57]

In der germanischen Frühzeit war die Idee von der Individualität des Menschen noch nicht sehr stark ausgeprägt. Vielmehr beruhte die Rechtsstellung des Einzelnen auf der Zugehörigkeit zu seiner Sippe (got. Sibja, ahd. Sippa), die man als blutgebundene Gemeinschaft verstand.[58] So stand die Vormundschaft (munt) über unverheiratete Frauen und Unmündige grundsätzlich der Sippe zur gesamten Hand zu. Diese wiederum übertrug – aus Gründen der Praktikabilität – die Führung derselben einem ihrer Sippegenossen, der treuhänderisch die vormundschaftlichen Aufgaben wahrnehmen sollte. Hierbei entschied sich die Sippe oftmals für den nächsten Schwertmagen des jeweiligen Schutzbefohlenen.[59] Der

55 Kaser, RP I, 367.

56 Kaser, RP II, 227; siehe hierzu vertiefend Chiusi, Zur Vormundschaft der Mutter, ZSS 111 (1994), 155ff.

57 Vgl. Oberloskamp, Vormundschaft, Pflegschaft und Beistand für Minderjährige, 2.

58 Vgl. Conrad, Deutsche Rechtsgeschichte I, 47.

59 Als Magen wurden die Blutsverwandten bezeichnet. Die Magschaft umfasste nicht nur wie bei der Sippe die Verwandten der Vaterseite, sondern auch die der Mutterseite; vgl. hierzu Brunner, Deutsche Rechtsgeschichte I, 113.

Grund für die Errichtung der Vormundschaft wurde zu dieser Zeit hauptsächlich in der Waffenunfähigkeit gesehen.[60]

Die vielschichtigen ökonomischen, sozialen sowie kulturellen Veränderungen während und nach der großen Völkerwanderung, insbesondere die Ausbreitung des Christentums in den Germanenreichen, blieben auch im Hinblick auf die Rechtsstellung des Einzelnen nicht ohne Folgen. Gemäß christlichen Lehren trat nun als Rechtsträger die Einzelperson in den Vordergrund, während die alte agnatische Sippe an Bedeutung für das Familienrecht verlor.[61] Im Zuge dieses Umgestaltungsprozesses gingen viele bisherige Aufgaben der Sippengemeinschaft auf den Blutsverband der Verwandten und auf die Obrigkeit über.[62] Folglich entwickelte sich in fränkischer Zeit aus der Gesamtvormundschaft eine Einzelvormundschaft, so dass der ehemalige Treuhänder der Sippe zum Muntwalt über die unmündigen Söhne und unverheirateten Töchter wurde. Von nun an galt der nächste Schwertmage des Mündels, über dessen Tätigkeit die an die Stelle der Sippe getretene Blutsverwandtschaft lediglich die Aufsicht zu führen hatte (Obervormundschaft), als geborener Vormund (ahd. foramundo, muntporo).[63] Zu einer weiteren Neuerung kam es in der karolingischen Epoche, als sich der König durch das christliche Gebot, Witwen und Waisen zu schützen, veranlasst sah, über diese Personen eine Obervormundschaft auszuüben. Fehlte es in derartigen Fällen an einem geborenen Vormund, konnte ein solcher vom königlichen Richter bestellt werden.[64]

Im Mittelalter veränderten sich die Grundlagen der Familienordnung umfassend und nachhaltig. Die familienrechtliche Bedeutung der agnatischen Sippe, die sich – wie gesehen – bereits seit der fränkischen Zeit im Schwinden befand, ging weiterhin zurück und auch die kognatische Verwandtschaft, die viele ehemalige Aufgaben des agnatischen Sippenverbandes übernommen hatte, büßte ihre frühere Stellung größtenteils ein. Im Vordergrund stand jetzt die auf dem heiligen Sakrament der Ehe basierende Gemeinschaft zwischen Mann und Frau.[65] Die sozio-kulturellen Umwandlungen zeigten sich am auffälligsten in den mittelalterlichen Städten. Dort wurden die Bindungen an Sippe und Blutsverwandtschaft bedingt durch den wirtschaftlichen Aufschwung und infolge des sich bildenden Individualismus des aufstrebenden Bürgertums recht

60 Rive, Geschichte der deutschen Vormundschaft I, 190.
61 Vgl. Conrad, Deutsche Rechtsgeschichte I, 206.
62 Conrad, Deutsche Rechtsgeschichte I, 207.
63 Vgl. Brunner, Deutsche Rechtsgeschichte I, 125.
64 Vgl. Hübner, Grundzüge des deutschen Privatrechts, 599.
65 Vgl. Conrad, Deutsche Rechtsgeschichte I, 533.

schnell überwunden.[66] So erfuhr letztlich auch das Recht der Vormundschaft, in der sich wie in keinem anderen Privatrechtsinstitut die sozialen und mentalen Standards der jeweiligen Epoche wiederspiegeln, eine grundlegende Änderung: Sie entwickelte sich von einem nutzbaren Recht zu einem öffentlichen Amt.[67] Während sich in ländlichen Gebieten und Adelsfamilien die alte sippenrechtliche Ordnung noch eine Weile erhalten konnte[68], war es in den Städten seit dem 13. Jahrhundert dem Vater gestattet, seinen Kindern per Testament einen Vormund zu bestellen und damit den nächsten Verwandten die gesetzliche Vormundschaft zu entziehen. Den Platz des geborenen Vormunds hatte nun der gekorene eingenommen.[69] Dem Charakter eines Amts entsprach es dann auch, dass die Aufsicht über dessen Tätigkeit vom Sippenverband auf die städtische Obrigkeit überging. Hierfür errichteten die Städte eigens Behörden und erließen Verordnungen, die das gesamte Vormundschaftswesen regeln sollten (die bekannteste unter ihnen ist die Vormundschaftsordnung der Stadt Nürnberg aus dem Jahre 1399).[70] Die Amtstätigkeit der städtischen Obervormundschaftsbehörden umfasste im Wesentlichen die Bestellung, Beaufsichtigung sowie Absetzung eines unredlichen Vormunds und die Bestrafung im Falle seiner Untreue.[71] Die Übernahme der Vormundschaft wurde somit zu einer bürgerlichen Pflicht, der man sich nur noch bei Vorliegen bestimmter Entschuldigungs- oder Unfähigkeitsgründe entziehen konnte. Als staatlicher Zwangsdienst brachte sie auch vermehrt Pflichten mit sich: Der Vormund hatte das Vermögen ordnungsgemäß zu verwalten, zu diesem Zweck war er befugt, Verfügungen darüber treffen, darüber hinaus musste er über seine rechtsgeschäftlichen Tätigkeiten Rechnung legen und schließlich nach Beendigung der Vormundschaft dem Mündel das Vermögen herausgeben.[72] Mit Erreichen der Mündigkeit des anvertrauten Knaben (dabei galten vielerorts andere Altersgrenzen als nach römischem Recht, etwa die Vollendung des 20. Lebensjahres) bzw. mit der Heirat des Mädchens

66 Vgl. Conrad, Deutsche Rechtsgeschichte I, 550.

67 Conrad, Deutsche Rechtsgeschichte I, 550.

68 So kennt der Sachsenspiegel noch die Vormundschaft, die dem nächsten Schwertmagen des Mündels zusteht: Swâr die sune binnen iren jâren sîn, ir eldere – [ebeneburtige] – swertmâc nimt daz herwête alleine, und ist der kindere vormunde dar an; … (Ssp I 23 § 1) – vgl. Conrad, Deutsche Rechtsgeschichte I, 550.

69 Vgl. Hübner, Grundzüge des deutschen Privatrechts, 600.

70 Vgl. Erler, in: HRG Band V, 1052.

71 Vgl. die Zusammenschau bei Pelz, Die Vormundschaft in den Stadt- und Landrechtsreformationen, 34.

72 Vgl. Conrad, Deutsche Rechtsgeschichte I, 551.

endete in der Regel das vormundschaftliche Amt.[73] Daneben kannte das mittelalterliche Recht auch eine Vormundschaft über Verschwender, Geisteskranke, Geistesschwache und über körperlich Behinderte (Stumme, Blinde, Menschen ohne Hände und/oder Füße).[74] Hieran wird besonders deutlich, dass es in den meisten Territorien des Heiligen Römischen Reiches Deutscher Nation nicht nur zu einer begrifflichen, sondern vor allem zu einer materiell-rechtlichen Verschmelzung von *tutela* und *cura* gekommen war.[75]

Die Stadt- und Landrechtsreformationen des 15. und 16. Jahrhunderts, die schon zuvor keinerlei Bestreben gezeigt hatten, die von der justinianischen Gesetzgebung noch vollzogene (begriffliche) Unterscheidung zwischen *tutela* und *cura* aufrechtzuerhalten, erfuhren durch die Reichspolizeiordnungen von 1548 und 1577 – eine der wenigen privatrechtlichen Bereiche, die Gegenstand der Reichsgesetzgebung waren – eine gewisse Bestätigung. Diese enthielten die beiden Begriffe überhaupt nicht mehr, sondern gingen von einem einheitlichen Institut der Vormundschaft aus, die grundsätzlich bis zum 25. Lebensjahr andauern sollte.[76] Es wurde bestimmt, dass durch Testament, Gesetz oder durch den Richter berufene Vormünder zur Aufnahme der Verwaltung des Mündelvermögens eines richterlichen Beschlusses bedurften.[77] Selbst die einsetzende Rezeption des römischen Rechts konnte den sich dadurch ausbildenden öffentlichen Charakter der Vormundschaft nicht mehr aufhalten und so wurde sie im gemeinen Recht zu einem Teil des öffentlichen Rechts.[78] In der Folge kam es zu einem weiteren, verstärkten Übergang der Verwaltung auf die staatliche Obrigkeit. Äußeres Zeichen hierfür war die Tatsache, dass der Vormund jetzt die rechtliche Stellung eines Beauftragten der Behörde einnahm, der das von ihr Beschlossene auszuführen hatte.[79]

Die höchste Steigerung erfuhr die Omnipotenz der staatlichen Obervormundschaft schließlich in Preußen und Österreich.[80] Im Zeitalter des aufgeklärten Spätabsolutismus, der geprägt war von der Zielsetzung, dass der Staatsapparat in allen Lebensbereichen für den Bürger zu sorgen und ihn zu führen habe, verlagerte sich die Leitung der Vormundschaft weitestgehend auf das Vormundschaftsgericht.[81]

73 Coing, Europäisches Privatrecht I, 259.
74 Conrad, Deutsche Rechtsgeschichte I, 551.
75 Dernburg, Pandekten 3, 76.
76 Vgl. Pelz, Die Vormundschaft in den Stadt- und Landrechtsreformationen, 44.
77 Coing, Europäisches Privatrecht II, 329.
78 Sittler, Das Vormundschaftsrecht in der Gesetzgebung Maximilian I., 5.
79 Vgl. Erler, in: HRG Band V, 1053.
80 Erler, in: HRG Band V, 1053.
81 Coing, Europäisches Privatrecht II, 331.

Das Preußische Allgemeine Landrecht von 1794 bezeichnete den Bevormundeten als Pflegebefohlenen des Staates und den Vormund gleichsam als Bevollmächtigten, der verpflichtet war, die dem Staat obliegende Aufsicht und Vorsorge in dessen Auftrag auszuüben.[82] Demnach bestimmte das Gesetz im Hinblick auf die „Rechte und Pflichten" des Vormunds: „In allen diesen Beziehungen sind die Vormünder als Bevollmächtigte des Staates anzusehen. Sie sind also schuldig, sich bey Führung ihres Amtes nach den Vorschriften der Gesetze, und den besonderen Anweisungen des vormundschaftlichen Gerichtes, sorgfältig zu achten."[83]

Von diesem staatlichen Übergewicht im Bereich des Vormundschaftswesens ist man im 19. Jahrhundert größtenteils wieder abgerückt. In Preußen wurde das Vormundschaftsrecht des ALR, das als zu bürokratisch, schwerfällig und somit nicht mehr zeitgemäß empfunden wurde, durch Gesetz vom 05. Juli 1875 abgelöst. Die sog. Preußische Vormundschaftsordnung kehrte zu den gemeinrechtlichen Grundsätzen zurück und legte wieder das Prinzip der Selbstständigkeit des Vormunds bei der Betreuung des Mündelvermögens zugrunde.[84] Hingegen erschöpften sich die Kompetenzen des Vormundschaftsgerichts im Wesentlichen in der Beaufsichtung sowie Erteilung bestimmter Genehmigungen.[85] Die Vormundschaftsordnung Preußens unterschied hierbei zwischen der Vormundschaft über Minderjährige bis zur Vollendung des 21. Lebensjahres[86], über Geisteskranke und Verschwender sowie über Taube, Stumme und Blinde[87] einerseits und dem Institut der Pflegschaft andererseits, die sich auf einzelne fürsorgebedürftige Angelegenheiten beschränkte.[88] Grundsätzlich wurden sowohl die Vormünder als auch die Pfleger von der Obrigkeit ernannt.[89] Neben der in der Vormundschaftsordnung geregelten Einzelvormundschaft traten vereinzelt auch landesrechtliche General- oder Sammelvormundschaften über uneheliche Kinder, eheliche Kinder, die der Armenpflege unterstanden, sowie Waisenkinder. Zusätzlich gab es auch schon zu dieser Zeit klar abgegrenzte öffentlich-rechtliche Normen, die auf geistig Behinderte, Trunksüchtige usw. angewendet werden konnten.[90]

---

82 Erler, in: HRG Band V, 1053.
83 ALR II, 18, §§ 235–236.
84 Vgl. Coing, Europäisches Privatrecht II, 333.
85 Hübner, Grundzüge des deutschen Privatrechts, 602.
86 Dernburg, Vormundschaftsrecht, 161.
87 Dernburg, Vormundschaftsrecht, 386.
88 Dernburg, Vormundschaftsrecht, 402.
89 Dernburg, Vormundschaftsrecht, 227; 404.
90 Vgl. Oberloskamp, Vormundschaft, Pflegschaft und Beistand für Minderjährige, 3.

## § 3. Vormundschaft, Pflegschaft und Betreuung im BGB

Am 01. Januar 1900 ist im Deutschen Reich das Bürgerliche Gesetzbuch in Kraft getreten. Die Preußische Vormundschaftsordnung von 1875 hatte als Vorbild gedient, weswegen ihr darin das BGB im Wesentlichen folgte.[91] Dementsprechend wurde auch hier zwischen Vormundschaft einerseits und Pflegschaft für einige wenige fürsorgebedürftige Teilbereiche andererseits unterschieden. Unter dem Institut der Vormundschaft verstand das BGB die von einer Person geführte und unter staatlicher Aufsicht des Vormundschaftsgerichts stehende Obhut über Person und Vermögen eines Menschen, der von der Rechtsordnung als noch nicht (Minderjähriger) oder nicht mehr (Volljähriger) fähig angesehen wurde, seine rechtlichen Angelegenheiten selbstständig zu regeln und für den eine anderweitige gesetzliche Fürsorge, insbesondere die elterliche Gewalt, nicht in Betracht kam.[92] Lag kein Fall von Minderjährigkeit vor, setzte die Einrichtung einer Vormundschaft zunächst voraus, dass der Betroffene entmündigt worden war (§ 1896 BGB a.F.). Gründe für eine Entmündigung waren gem. § 6 I BGB a.F. Geisteskrankheit, Geistesschwäche, Trunksucht, Rauschgiftsucht sowie Verschwendungssucht.[93] Geisteskrankheit und Geistesschwäche stellten aber keine medizinischen Begriffe im Sinne psychischer Krankheit oder geistiger Behinderung, sondern juristische Kategorien der Abweichung vom geistigen Normalzustand dar.[94] Entmündigungsverfahren fanden grundsätzlich vor den Amtsgerichten statt, in deren Bezirk die zu Entmündigten ihren allgemeinen Wohnsitz hatten (§§ 12, 13, 648 ZPO a.F.). Über einen Entmündigungsantrag des privaten oder öffentlichen Antragstellers (Staatsanwaltschaft, Sozialbehörden, Gemeinden) entschied das Gericht am Ende des Verfahrens stets durch Beschluss (§§ 645 I, 680 I ZPO a.F.). Eine Entmündigung wegen Geisteskrankheit führte zur Geschäftsunfähigkeit des Betroffenen nach § 104 Nr. 3 BGB a.F. Da er vor dem Gesetz damit einem Kind unter sieben Jahren gleichgestellt war, durfte er beispielsweise weder heiraten noch wählen, ein Arbeitsverhältnis eingehen oder seinen Aufenthaltsort frei bestimmen. Außerdem war er testierunfähig und konnte nur über diejenigen finanziellen Mittel verfügen, die ihm zuvor

---

91 Coing, Europäisches Privatrecht II, 333.

92 Oberloskamp, Vormundschaft, Pflegschaft und Beistand für Minderjährige, 3.

93 Das Entmündigungsgesetz ist am 1.1.1900 in Kraft getreten. Als einzige Änderung erfolgte am 31.07.1974 die Aufnahme des zusätzlichen Entmündigungsgrundes Rauschgiftsucht, vgl. Kewitz/Joester, in: Brill (Hrsg.), Zum Wohle der Betreuten, 14.

94 Egen, Das Ende der Entmündigung und Vormundschaft, 42.

sein Vormund bewilligt hatte.[95] Bei einer Entmündigung aus anderen Gründen (Geistesschwäche, Verschwendung, Trunk- oder Rauschgiftsucht) wurde die betreffende Person wie ein beschränkt Geschäftsfähiger behandelt (§ 114 BGB a.F.). Verlust des Aufenthaltsbestimmungsrechts, des Wahlrechts und der Verfügungsgewalt über das eigene Vermögen waren hier die Folgen. Ebenso konnten Rechtsgeschäfte nur noch mit vorheriger Zustimmung des Vormunds wirksam vorgenommen werden (§§ 106ff. BGB a.F.). Dessen Einwilligung wurde etwa bei einer Heirat oder beim Eingehen eines Arbeitsverhältnisses benötigt, darüber hinaus die des Vormundschaftsgerichts bei Abschluss eines Erbvertrags.[96] An das ordentliche Verfahren der Entmündigung schloss sich dann die Bestellung eines Vormundes durch das Vormundschaftsgericht in einem getrennten Verfahren der freiwilligen Gerichtsbarkeit.[97]

1975 kam eine vom Deutschen Bundestag eingesetzte Sachverständigenkommission in ihrem Bericht zur Lage der Psychiatrie in Deutschland (Psychiatrie-Enquête, BT-Drs. 7/4200 und 4201) zu dem Ergebnis, dass neben der Reform der medizinischen und psychosozialen Versorgung auch und vor allem eine rechtliche Reform der gesetzlichen Bedingungen für geistig Behinderte und psychisch Kranke erforderlich sei. Man hatte (wenn auch spät) erkannt, dass das Vormundschaftsrecht in seiner Gesamtheit überkommen sowie begrifflich veraltet, zudem diskriminierend ausgestaltet war und unter diesen Voraussetzungen den modernen sozialen und juristischen Anforderungen nicht mehr gerecht werden konnte.[98]

Dennoch wurde erst am 12. September 1990 das sog. Betreuungsgesetz erlassen, das schließlich am 01. Januar 1992 in Kraft getreten ist. Dieses Gesetz vollzog erstmalig in der Rechtsgeschichte die geforderte Trennung der Rechtsfürsorge über Minderjährige und Volljährige.[99] Die vorhergehende Entmündigung und die sich anschließende Vormundschaft über volljährige Personen wurden abgeschafft und durch das Rechtsinstitut der Betreuung (§§ 1896–1908 i BGB) ersetzt. Allein den Minderjährigen sollte die Vormundschaft vorbehalten bleiben (§§ 1773–1985 BGB). Gem. § 1896 I S. 1 BGB bestellt das Betreuungsgericht jetzt auf Antrag oder von Amts wegen einen Betreuer, wenn ein Volljähriger auf Grund einer psychischen Krankheit oder einer körperlichen, geistigen oder seelischen Behinderung

95 Kewitz/Joester, in: Brill (Hrsg.), Zum Wohle der Betreuten, 15.
96 Kewitz/Joester, in: Brill (Hrsg.), Zum Wohle der Betreuten, 15.
97 Egen, Das Ende der Entmündigung und Vormundschaft, 51.
98 Treffend bringt es Brill, in: idem (Hrsg.), Zum Wohle der Betreuten, 9 auf den Punkt: „Qualifizierte Hilfe statt Stigmatisierung und Entrechtung“ – das sollten die klaren Zielvorgaben der Reform sein.
99 Oberloskamp, Vormundschaft, Pflegschaft und Beistand für Minderjährige, 7.

seine Angelegenheiten ganz oder teilweise nicht selbst besorgen kann. Die Anordnung einer Vormundschaft durch das Familiengericht ist nach geltendem Recht bis zur Vollendung des 18. Lebensjahres und nur in den Fällen möglich, in denen der Minderjährige nicht unter elterlicher Sorge steht, wenn die Eltern weder in den die Person noch in den das Vermögen betreffenden Angelegenheiten zur Vertretung berechtigt sind oder wenn der Familienstand des Minderjährigen nicht zu ermitteln ist (§ 1773 I, II BGB).

Diese Zusammenschau verdeutlicht, dass das Recht der Vormundschaft schon immer Hand in Hand mit sozialen und gesellschaftspolitischen Fragen ging und daher nicht isoliert betrachtet werden kann – weder in Rom noch heute.

## Exkurs: Die Rezeption des römischen Vormundschaftsrechts

Die Bedeutung der Rezeption des römischen Rechts für die Entwicklung des Vormundschaftsrechts ist nicht ganz unumstritten. Die Aussagen gehen dabei weit auseinander. Sie reichen von „das römische Vormundschaftsrecht ist im Wesentlichen rezipiert worden“[100], über „ob und wieweit die Stadt- und Landrechte des 15. und 16. Jahrhunderts das gemeine Vormundschaftsrecht übernommen haben, lässt sich auch aus dem Inhalt der Bestimmungen nicht immer ersehen“[101] bis hin zu „die Behauptung, das römische Recht sei die Grundlage des Vormundschaftswesens geworden [...] überschätzt den Einfluss der Rezeption.“[102] Fakt ist aber, dass sich die Rezeption des römischen Rechts im Heiligen Römischen Reich Deutscher Nation tatsächlich vollzogen hat – teils direkt, indem das römische Recht als gemeines Recht *(ius commune)* Einzug in die Rechtsprechung hielt[103], teils indirekt durch das Eindringen in die partikulare, teilweise romanistisch beeinflusste Gesetzgebung des 15. und 16. Jahrhunderts *(ius proprium)*.[104] Es würde aber der geschichtlichen Gesamtbedeutung nicht gerecht werden, wenn man unter Rezeption ausschließlich die Aufnahme der Lehren des römischen Rechts in Rechtsprechung und Gesetzgebung verstehen würde. Die Rezeption führte in erster Linie – und darin liegt wohl ihr größter

---

100 Kaser/Knütel, Römisches Privatrecht, 317.

101 Pelz, Die Vormundschaft in den Stadt- und Landrechtsreformationen, 129.

102 Schlüter, Das Vormundschaftsrecht in den Kodifikationen der Aufklärungszeit, 4f.

103 Die Reichsgesetzgebung schrieb dem Reichskammergericht als dem obersten Gericht im Heiligen Römischen Reich Deutscher Nation in der Reichskammergerichtsordnung von 1495 vor, künftig nach des Reiches gemeinen Rechten, worunter auch das römische Recht verstanden wurde, zu richten, vgl. Conrad, Deutsche Rechtsgeschichte II, 341.

104 Hübner, Grundzüge des deutschen Privatrechts, 17.

Verdienst – zur Verwissenschaftlichung des sich am Ausgang des Mittelalters in der Krise befindlichen Rechtswesens sowie seiner fachlichen Träger.[105] Bis dahin hatte das „deutsche" Recht hauptsächlich auf dem Rechtsgefühl der Bevölkerung, das von (vermeintlich) frommen und sittlichen Vorstellungen jener Zeit geprägt war, basiert und in Urteilssprüchen der Gerichte seinen Ausdruck gefunden.[106] Mit Übernahme des gelehrten Rechts, dem das „deutsche" Recht in diesem Zusammenhang demnach nicht viel entgegen zu setzen hatte, ging auch die Rationalisierung des öffentlichen Lebens einher: Sowohl politische als auch private Konflikte konnten jetzt nicht mehr nur mit Gewalt, Emotionen oder unreflektierten Traditionen, sondern mittels logischer Diskussion des juristischen Sachverhalts und durch Entscheidung nach einer daraus abgeleiteten abstrakten Rechtsregel ausgefochten werden.[107] Beim Rezeptionsvorgang handelte es sich also um einen äußerst vielschichtigen kulturhistorischen sowie soziologischen Vorgang, der sich über viele Jahrhunderte erstreckt hat und dessen Ursachen, Wege sowie Auswirkungen in den einzelnen Territorien bedingt durch die rechtliche und politische Zersplitterung des Heiligen Römischen Reiches Deutscher Nation verschiedenartig waren.[108] Aber gerade dieses spezifische Nebeneinander von *ius commune* als gelehrtem, wissenschaftlich erfasstem Recht, das auf einer einheitlichen sozio-kulturellen Grundlage, einer einheitlichen europäischen Literatur sowie einer einheitlichen universitären Ausbildung beruhte und im Wesentlichen vom römischen Recht geprägt war[109] einerseits und der Fülle an territorialen und lokalen Rechtsquellen *(ius proprium)* andererseits machten es möglich, dass durch die Rezeption dem „deutschen Recht" eigentümliche Institute nicht gänzlich verdrängt wurden. Dies war für die weitere Ausbildung des hier interessierenden Vormundschaftsrechts gerade im Hinblick auf den Schutz des Mündels nur förderlich. Auch wenn die Vormundschaft weniger als andere Teile des Privatrechts in materieller Hinsicht vom römischen Recht „geformt" wurde, da sie an sich ändernde gesellschaftliche und soziale Standards stetig angepasst werden musste und daher zwangsläufig deutlich seltener in die Auseinandersetzung mit dem gemeinen Recht geriet, so ist eins doch gewiss: Das römische Recht hat im Rahmen des Rezeptionsvorgangs die wissenschaftliche Erschließung sowie Durchdringung der Materie erst ermöglicht und dann

105 Vgl. Wieacker, Privatrechtsgeschichte der Neuzeit, 131.
106 Conrad, Deutsche Rechtsgeschichte II, 341.
107 Wieacker, Privatrechtsgeschichte der Neuzeit, 131.
108 Coing, Europäisches Privatrecht I, 8.
109 Zimmermann, JZ 2007, 9.

entscheidend gefördert, indem es seine juristischen Begriffe dazu anbot.[110] Daher erscheint der Streit um den Einfluss der Rezeption auf das Vormundschaftsrecht, der unter den Rechtshistorikern weiterhin energisch geführt wird, eher als wissenschaftliche Disziplin „um der Sache Willen" und weniger unter praktischen Gesichtspunkten, die von tatsächlichem Nutzen sein könnten.

110 Schlüter, Das Vormundschaftsrecht in den Kodifikationen der Aufklärungszeit, 5.

# Zweites Kapitel: Rechtsdogmatische Untersuchungen zur römischen *tutela*

Obwohl, wie eingangs bereits deutlich gemacht, der Schwerpunkt der vorliegenden Abhandlung nicht in einer umfassenden Darstellung der römischen *tutela* in all ihren Facetten liegen soll, erscheint es zum besseren Verständnis dennoch geboten, bevor anhand der entsprechenden Quellen eine detaillierte Analyse zu den Vormundschaftsgesetzen erfolgen kann, auf die dogmatischen Grundlagen und Besonderheiten dieses Rechtsinstituts einzugehen. Dies vor allem vor dem Hintergrund, dass sich die bisherigen Abhandlungen zum römischen Vormundschaftsrecht (abgesehen von einigen Kurzlehrbüchern, die sich aber eher für den schnellen Zugriff eignen) häufig im Detail zu verlieren drohen, indem sie sich mit einer Vielzahl von Einzelproblem(ch)en befassen, ohne dabei den Blick für das Wesentliche zu behalten. Zudem sollen im Rahmen dieser Untersuchung einige Fehlanschauungen, die sich auch weiterhin hartnäckig in der einschlägigen Sekundärliteratur erhalten, aufgezeigt und berichtigt werden.

Der römischen *tutela* unterstanden sowohl Unmündige bis zum Eintritt der Geschlechtsreife als auch Frauen unabhängig von ihrem Alter, vorausgesetzt sie waren *sui iuris*. Aufgrund einiger grundlegender Unterschiede zwischen der *tutela impuberum* und der *tutela mulierum* werden sie im Folgenden getrennt behandelt.

## § 4. Die *tutela impuberum*

Die *tutela impuberum* trat – entsprechend ihrer Berufungsgründe – grundsätzlich in drei Erscheinungsformen auf, die sich in ihren Funktionen und in der rechtlichen Behandlung zunächst zwar unterschieden, sich aber schon während der klassischen Zeit stetig einander annäherten.[111]

### I. Berufung zur Vormundschaft

Im entwickelten Recht gab es drei Berufungsmöglichkeiten zur *tutela:* durch Gesetz infolge der agnatischen Verwandtschaft, aufgrund testamentarischer Verfügung und die behördliche *datio tutoris* durch den jeweils zuständigen Magistraten. Die Anfänge der gesetzlichen Vormundschaft reichen bis in die älteste Zeit zurück und sind daher schon im Zwölftafelgesetz überliefert. Hinzu trat

---

111 Kaser, RP I, 354.

bald die Möglichkeit, letztwillig einen Tutor zu ernennen. In diesem Falle ging der im Testament berufene *tutor* dem *tutor legitimus* vor. Schließlich konnte in Ermangelung oder bei Unsicherheit des *tutor testamentarius* bzw. *tutor legitimus*, die zusammen die Gruppe der *iusti tutores* bildeten, auch auf behördlichem Wege ein Vormund bestellt werden. Diese magistratische Form der Berufung zur Vormundschaft ist die jüngste.[112]

## 1. *Die tutela legitima*

Die *tutela legitima* über freigeborene Personen, denen durch Testament kein Vormund bestellt worden war, stand grundsätzlich den Agnaten zu: *Quibus testamento quidem tutor datus non sit, iis ex lege XII tabularum agnati sunt tutores, qui vocantur legitimi* (Gai. inst. 1, 155). Die Zwölftafeln, in denen das bis dahin geltende Gewohnheitsrecht nicht beseitigt oder durch ein völlig neues Recht ersetzt, wohl aber ergänzt und in Form gegossen werden sollte[113], folgten darin sicherlich einer längst praktizierten Gewohnheit, deren historische Wurzeln in der altrömischen *familia* zu vermuten sind.[114] Zum *tutor* berufen war zunächst der gradnächste agnatische Verwandte des Mündels: *Cum autem ad agnatos tutela pertineat, non simul ad omnes pertinet, sed ad eos tantum, qui proximo gradu sunt* (Gai. inst. 1, 164). Fiel der gradnächste Agnat aus, ging die *tutela* auf den zweitnächsten über usw. Eine anschauliche Erläuterung hierzu findet sich in Gai. inst. 1, 156: *Sunt autem agnati per virilis sexus personas cognatione iuncti, quasi a patre cognati, veluti frater eodem patre natus, fratris filius neposve ex eo, item patruus et patrui filius et nepos ex eo. At hi, qui per feminini sexus personas cognatione coniuguntur, non sunt agnati, sed alias naturali iure cognati. Itaque inter avunculum et sororis filium non agnatio est, sed cognatio. Item amitae, materterae filius non est mihi agnatus, sed cognatus; et invicem scilicet ego illi eodem iure coniungor, quia, qui nascuntur, patris, non matris familiam secuntur.*

In Frage kamen also nur männliche Verwandte auf Seiten des Vaters, die alle denselben Stammbaum hatten. Dazu gehörten die Brüder des Mündels, seine Onkel, Neffen, Cousins usw. Mehrere auf einer Stufe miteinander verwandte Agnaten übten die Vormundschaft demnach auch gemeinschaftlich aus.[115] Waren

112 Vgl. hierzu Sachers, in: RE 7A/2, 1505.

113 Wenger, Qu. 367.

114 Sachers, in: RE 7A/2, 1505.

115 Kaser, RP I, 356, mit Fn. 35 vgl. Paul., Gai. D. 26, 4, 8f.

diese selbst noch unmündig, ruhte ihre Tutorenstellung bis zum Eintritt der Geschlechtsreife.[116] Für den Fall, dass überhaupt keine Agnaten vorhanden waren, sah das Zwölftafelgesetz die Gentilen als Vormünder vor. Dabei ist schon alleine aus praktischen Erwägungen heraus zu vermuten, dass die *gens* die Tutel nicht kollektiv wahrgenommen hat, sondern die Führung einem ihrer Mitglieder überließ.[117] Sie erhielt sich noch bis zum Beginn der Prinzipatszeit, geriet dann aber rasch aus der Übung und fand daher weder bei Gaius noch beim spätklassischen Juristen Ulpian mehr Erwähnung.[118]

Die Berufung zur *tutela legitima* entsprach grundsätzlich der zur Intestaterbfolge.[119] Jedoch wurden Agnatinnen und männliche Abkömmlinge von weiblichen Seitenverwandten, obwohl sie erbberechtigt waren, von der Führung der Tutel ausgeschlossen.[120] Dies lag zum einen darin begründet, dass Frauen ja selbst zeitlebens eines Vormunds bedurften und die Ausübung der Vormundschaft im Allgemeinen als Amt des Mannes angesehen wurde: *Tutela plerumque virile officium est* (Gai. D. 26, 1, 16 pr). Zum anderen muss berücksichtigt werden, dass die *tutela legitima* nur eintrat, wenn es an einem testamentarischen Tutor fehlte. In aller Regel bestimmte der *paterfamilias* als Oberhaupt der Familie, wer nach seinem Tod Vormund seiner Abkömmlinge werden sollte. Gab es kein Testament (verstarb er also *intestatus*) oder war die letztwillige Verfügung unwirksam, konnte im Falle der dann greifenden gesetzlichen Vormundschaft mit der Regelung, keine Abkömmlinge der weiblichen Seite zuzulassen, sichergestellt werden, dass sie gemäß ihrer Funktion als Surrogat der väterlichen Gewalt auf eine mit dem *paterfamilias* verwandte und auf diese Weise mit ihm identifizierbare Person übergehen konnte.

Über unmündige Freigelassene und deren gewaltfreie Nachkommen stand die gesetzliche Tutel dem Patron, im Falle seines Todes, wiederum den agnatischen Abkömmlingen zu.[121] Auch dies erscheint nur konsequent, da sie die Rechtsfähigkeit erst mit ihrer Freilassung erlangt hatten und somit keine agnatischen Seitenverwandten haben konnten. Diesbezüglich enthielten die Zwölftafeln zwar keine ausdrücklichen Bestimmungen, in ihnen wurden aber Erbschaften testamentslos verstorbener *liberti* ihren Freilassern oder deren Kindern zugesprochen. Im

---

116 Kaser/Knütel, Römisches Privatrecht, 309.

117 Vgl. Kaser/Knütel, Römisches Privatrecht, 309.

118 Vgl. die Lücke hinter Gai. inst 1, 164; ferner 3, 17 – vgl. Kaser, RP I, 88 Fn. 22; vgl. aber für die Mitte des 1. Jhdt. n.Chr. noch die *laudatio Turiae*, in der auf sie hingewiesen wurde, Bruns, Fontes nr. 126 c. 1 Z. 21ff – vgl. Kaser, RP I, 356 Fn. 36.

119 Vgl. Gai. inst. 3, 6–17; Ulp. D. 26, 4, 1 pr – vgl. Sachers, in: RE 7A/2, 1507.

120 Kaser, RP I, 88, mit Fn. 23 siehe Ulp. D. 26, 4, 1, 1.

121 Kaser, RP I, 356, mit Fn. 37 vgl. Ulp. D. 26, 4, 3, 1ff.

Wege einer ausdehnenden Auslegung nahmen die Juristen jener Zeit daher an, dass auch hier im Sinne des Gesetzes die Analogie zum zivilen Erbrecht gelten müsse: *Ex eadem lege XII tabularum libertarum et inpuberum libertorum tutela ad patronos liberosque eorum pertinet. Quae et ipsa tutela legitima vocatur, non quia nominatim ea lege de hac tutela cavetur, sed quia proinde accepta est per interpretationem, atque si verbis legis introducta esset; eo enim ipso, quo hereditates libertorum libertarumque, si intestate decessissent, iusserat lex ad patronus liberosve eorum pertinere, crediderunt veteres voluisse legem etiam tutelas ad eos pertinere, quia et agnatos, quos ad hereditatem vocavit, eosdem et tutores esse iusserat* (Gai. inst. 1, 165).[122]

Nach dem rechtlichen Verständnis der Römer sollte der Vorteil der Erbschaft durch die Last der Vormundschaft ausgeglichen werden: ... *ubi successionis est emolumentum, ibi et tutelae onus esse debet* (Inst. 1, 17 i.f.). Demgemäß wurde auch der Freilasser, regelmäßig der *parens manumissor*, zum *tutor legitimus* des Emanzipierten.[123] Diese Sonderform nannte man *tutela fiduciaria.*[124]

Da die *tutela legitima* der gesetzlichen Erbfolge nachgebildet war, erwarb sie der Berufene, der römischer Bürger, mündig und *sui iuris* sein musste, *ipso iure,* d.h. ohne dass es eines Ernennungsaktes bedurft hätte, mit dem Tod des *paterfamilias.* Der Freilasser erhielt sie mit Vollendung des Rechtsgeschäfts. Ferner trat sie ein, wenn durch *abdicatio,* Tod oder *capitis deminutio* der testamentarische Vormund ausfiel.[125] Hatte wiederum der *tutor legitimus* eine *capitis deminutio* erlitten, erloschen die agnatische Verwandtschaft und dadurch auch die auf ihr beruhende *tutela.*[126]

Aufgrund der engen Verknüpfung mit dem agnatischen Prinzip und der Erbfolge war die *tutela legitima* stärker als jede andere Form der Vormundschaft an die Person des Vormunds gebunden, so dass sie sich deutlich länger als ein nutzbares Recht erhielt. So konnte noch in klassischer Zeit der *tutor legitimus* die Vormundschaft weder ablehnen *(abdicare)* oder sich ihrer entziehen *(se excusare)* noch die Möglichkeit für sich in Anspruch nehmen, sie *in iure cessio* an einen anderen zu übertragen.[127] Diese erheblichen Nachteile machten die *tutela*

122 Vgl. hierzu Kaser/Knütel, Römisches Privatrecht, 309; siehe auch Ulp. ep. XI, 3.

123 Vgl. Kaser/Knütel, Römisches Privatrecht, 309.

124 Siehe Gai. inst. 1, 166.

125 Vgl. hierzu Sachers, in: RE 7A/2, 1507.

126 Vgl. Gai. inst. 1, 163 – vgl. Jörs/Kunkel/Wenger, Römisches Privatrecht, 297.

127 In Gai. inst. 1, 168 wird berichtet, dass es nicht erlaubt ist, eine Vormundschaft über Unmündige vor Gericht abzutreten, *quia non videtur onerosa, cum tempore pubertatis finiatur;* siehe auch Ulp. ep. XI, 17.

*legitima* sowohl bei den Erblassern als auch bei den potenziellen Vormündern äußerst unbeliebt, weswegen man stets bestrebt war, sie durch anderweitige Bestellung zu umgehen.[128]

## 2. Die tutela testamentaria

Zur *tutela legitima* kam daher schon frühzeitig die Möglichkeit der *tutela testamentaria* (bisweilen auch *dativa* genannt) hinzu.[129] Auch sie lässt sich bereits auf die XII-Tafeln zurückführen[130], wobei wiederum anzunehmen ist, dass darin der tradierte Rechtszustand lediglich schriftlich fixiert wurde.[131] Während der Republik wurde sie dann zusammen mit der gewillkürten Erbfolge gerade in den höheren römischen Gesellschaftsschichten zur üblicherweise praktizierten Form der Vormundbestellung.[132] In diesem Falle trat, wie oben bereits erwähnt wurde, die gesetzliche hinter der testamentarischen Vormundschaft zurück.[133]

Einige Stellen berichten uns, dass es dem *paterfamilias* gestattet war, für die mit seinem Tod gewaltfrei werdenden Personen letztwillig einen Tutor zu ernennen: *Lege duodecim tabularum permissum est parentibus liberis suis sive feminini sive masculini sexus, si modo in potestate sint, tutores testamento dare* (Gai. D. 26, 2, 1 pr). Der Vormund musste darin *nominatim* und mittels der befehlenden Wortformel „*LUCIUM TITIUM LIBERIS MEIS TUTOREM DO*" oder „*LIBERIS MEIS TITIUS TUTOR ESTO*" (vgl. Gai. inst. 1, 149; 2, 289) bestellt werden. Dies konnte ursprünglich nur in Form eines Testaments und nicht in einer von diesem unabhängigen fideikommissarischen Anordnung oder in einem nicht bestätigten Kodizill vorgenommen werden.[134] Freilich aber war die Berufung jener *tutores* wirksam, *qui codicillis testamento confirmatis scripti sunt* (Ulp. D. 26, 2, 3, pr).[135]

Zwischen den beiden Rechtsschulen herrschte zudem lange Zeit Streit über die Frage, ob die testamentarische Bestellung des Vormunds der Erbeinsetzung

---

128 Vgl. Kaser, RP I, 368.

129 Vom *tutor dativus* sprechen Gai. inst. 1, 154 und Ulp. ep. XI, 14.

130 Überliefert wird der Zwölftafelsatz: *Uti legassit super pecunia tutelave suae rei, ita ius esto* (tab. V, 6).

131 Hinweise für eine vordezemvirale *tutela testamentaria* finden sich in der römischen Geschichtsschreibung: Livius erwähnt bei der Schilderung des Schicksals der Kinder des Ancus Marcius die Möglichkeit der *tutela testamentaria* für die Königszeit, Liv. I 34, 12 – vgl. Kaser, RP I, 89 Fn. 34.

132 Kaser, RP I, 354.

133 Siehe Ulp. D. 27, 3, 9, 1.

134 Siehe Gai. inst. 2, 289 i.f. – vgl. Sachers, in: RE 7A/2, 1511.

135 Sachers, in: RE 7A/2, 1511.

(ebenso wie andere letztwillige Verfügungen) zwingend nachfolgen müsse oder auch davor erfolgen könne. Letzteres befürworteten die Prokulianer, während die Sabinianer die erstgenannte Lösung favorisierten. Durchgesetzt hat sich schließlich die von den Sabinianern vertretene altrömische Auffassung, nach der nur die Berufung im Anschluss an die Erbeinsetzung rechtliche Wirkungen entfalten könne.[136] Später verzichtete man weitgehend auf diese strenge Bindung an formale Erfordernisse, indem einerseits dem Willen des Testierenden größere Bedeutung und andererseits dem Magistrat die Möglichkeit eingeräumt wurde, etwaige Formmängel im Wege der *confirmatio* zu heilen.[137]

Das Mündel musste im Zeitpunkt des Todes des *paterfamilias* ihm gegenüber erbberechtigt sein, weshalb ursprünglich eine testamentarische Vormundbestellung nur für die bis dahin gewaltunterworfenen *filii et filiae familias* zulässig war.[138] Die römischen Juristen erweiterten diesen Grundsatz aber in Anwendung der Rechtsregel *conceptus pro iam nato habetur* auf die nachgeborenen Kinder und Kindeskinder *(postumi)*.[139] Auch Kindern, die von ihm zuvor enterbt worden waren, konnte der Hausvater bald einen Vormund ernennen.[140] Interessant in diesem Zusammenhang ist daher die Frage, wie der Ausspruch des spätklassischen Juristen Paulus in D. 50, 16, 53 pr: *... tutor separatim sine pecunia dari non potest...* zu verstehen ist. Rudorff ist der Meinung, der einfache Sinn sei darin zu finden, dass der Vater, der einen Tutor ernennen wolle, zwangsläufig auch einen Erben einsetzen, also testieren müsse.[141] An der grundsätzlichen Richtigkeit dieser Aussage besteht kein Zweifel, jedoch vermag die alleinige Deutung der Paulus-Stelle dahingehend, dass ohne Erbeinsetzung das Testament und damit auch die Tutorenernennung hinfällig seien, nicht zu überzeugen. Besonderes Augenmerk ist in diesem Kontext nämlich auf die Bedeutung von *pecunia* zu richten: Das testamentarische *tutorem dare* soll nicht *separatim sine pecunia* erfolgen können, denn auch die Ernennung des Vormunds muss ein *legem dicere* für das Vermögen des *paterfamilias* darstellen. Darin kommt das besondere Wesen der letztwilligen Ernennung zum Ausdruck, die zwar in erster Linie als personenrechtliche Anordnung zu begreifen ist, in gleicher Weise aber auch vermögensrechtliche Rückwirkung auf das Vermögen des Testierenden haben soll. Der Hausvater war demzufolge angehalten, dem Mündel, für das er einen

---

136 Vgl. Gai. inst. 2, 229; 2, 231 – vgl. Sachers, in: RE 7A/2, 1511.

137 Siehe hierzu Mod., Iul. D. 26, 3, 1, 1; 3 – vgl. Kaser, RP I, 355 Fn. 21.

138 Scaev. D. 50, 17, 73, 1 – vgl. Sachers, in: RE 7A/2, 1509.

139 Gai. inst. 1, 147 – vgl. Jörs/Kunkel/Wenger, Römisches Privatrecht, 298 Fn. 4.

140 Kaser, RP I, 354, mit Fn. 10: siehe zum *exheredatus* Mod. D. 26, 2, 4.

141 Rudorff, Recht der Vormundschaft I, 304.

Vormund bestellen wollte, einen gewissen, wenn auch nur kleinen Anteil seines Vermögens zu legieren. *Sine pecunia* konnte von ihm für den Sohn oder die Tochter kein *tutor* gegeben werden.[142] Im Hinblick auf dieses Verständnis von der *tutela testamentaria* fügt sich im Übrigen auch die vorzugswürdige Meinung von Arangio-Ruiz ein, der den testamentarischen Vormund in seiner ursprünglichen Funktion als treuhänderischen Erwerber sowie Verwalter des Mündelvermögens sah.[143]

Neben der Erweiterung des Anwendungsbereichs der testamentarischen Tutel auf die *postumi* und *exheredati* ließen die Juristen und insbesondere die römischen Kaiser im Rahmen ihrer Rechtssetzungstätigkeit noch weitere Fälle zu: So war es spätestens in klassischer Zeit möglich, dass der Vater den emanzipierten *filii et filiae familias*[144] und seit Alexander Severus auch die Mutter nach deren vorheriger Einsetzung als Erben einen Vormund letztwillig ernannten.[145] Dasselbe galt zudem für den Bruder des Vaters bzw. der Mutter[146] und den Patron.[147] Die auf diese Weise eingesetzten Personen bedurften zur Übernahme der Vormundschaft der vorherigen Bestätigung durch den Magistraten *(confirmatio)*, die per Dekret zu erfolgen hatte. Bei Vormündern, die vom *paterfamilias* bestellt worden waren, handelte es sich hierbei um eine reine Formalität. In den übrigen Fällen erhielten sie die erforderliche Bestätigung allerdings erst nach erfolgreicher Durchführung einer Überprüfung der Tauglichkeit des Tutors für das Amt.[148]

Entsprechend der Testierfreiheit war der Kreis der ernennbaren Personen weit gefasst: Zu *tutores testamentarii* konnten Latiner, jedoch keine *Latini Iuniani*[149],

---

142 Vgl. hierzu Karlowa II, 275f.

143 Siehe Arangio-Ruiz, Rar. 149ff; auch De Visscher, Études de droit romain, 103ff; über das ursprüngliche Wesen der *tutela testamentaria,* insbesondere im Verhältnis zur Erbfolge vgl. weiterhin Bonfante, Corso I, 405ff; Corso VI, 117ff; Solazzi, Scritti Arnò 46ff (beide treten für eine notwendige Identität von testamentarischem Erben und Vormund ein); anders Rabel, ZSS 50 (1930), 316ff (gegen Solazzi und in Teilen gegen Bonfante); La Pira, Studi Bonfante III, 271ff (er sieht die testamentarische Tutel mit der Pupillarsubstitution verknüpft); ebenso Kaser, RP I, 89 – angesichts der fehlenden Quellen aus der Frühzeit erscheint es unmöglich, zu gesicherten Erkenntnissen zu gelangen.

144 Kaser, RP I, 355, mit Fn. 11 vgl. Mod. D. 26, 3, 1, 1.

145 Kaser, RP I, 355, mit Fn. 12 siehe Mod. D. 26, 2, 4; C. 5, 28, 4.

146 Kaser, RP I, 355, mit Fn. 13 vgl. Pap. D. 26, 3, 5; vgl. auch Sev. Ant.-Mod. D. 27, 1, 13, 12.

147 Kaser, RP I, 355, mit Fn. 14 vgl. Pap. D. 26, 2, 28, 2.

148 Vgl. hierzu Kaser, RP I, 355.

149 Kaser, RP I, 355, mit Fn. 22 siehe Gai. inst. 1, 23.

Freigelassene mit der Formel *„si liber erit, tutor esto“*[150], Haussöhne[151], *impuberes* für die Zeit nach Eintritt der Geschlechtsreife und *furiosi* für den Fall der gesundheitlichen Genesung berufen werden.[152] Grundsätzlich kam in der testamentarischen Bestellung zum Tutor über die eigenen Kinder die besondere Wertschätzung dieser Person zum Ausdruck, stellte dies doch eine für die römische Rechtsordnung wichtige Aufgabe dar. Daher rekrutierten sich die Tutoren in der Regel aus der Gruppe der vertrauenswürdigen Verwandten und engen Freunde des Testierenden: *Amicissimos quidem et fidelissimos parentes liberis tutores eligere solere et ideo ad suscipiendum onus tutelae etiam honore legati eos persequi* (Paul. D. 27, 1, 36 pr). War man als Vormund ohne Angabe von Gründen übergangen worden, wurde dies als ein Zeichen des Misstrauens gedeutet, ja sogar als persönliche Kränkung gewertet.[153]

Im Zeitpunkt des Eintritts der Wirksamkeit des Testaments bzw. nach Erteilung der gegebenenfalls erforderlichen *confirmatio* erhielt der Tutor automatisch sein Amt.[154] Da die *tutela testamentaria* als Ehrendienst[155] galt, der allein auf dem Vertrauen des Erblassers basierte, konnte er sie zwar nicht auf eine andere Person übertragen, wohl aber durfte er sie ablehnen.[156] Dieses allein dem *tutor testamentarius* zustehende Abdikationsrecht büßte seine frühere Bedeutung größtenteils ein, als Kaiser Claudius im 1. Jahrhundert n.Chr. den allgemeinen Gestionszwang einführte. Jetzt konnte man sich der Übernahme der *tutela* nur noch bei Vorliegen bestimmter Exkusationsgründe entziehen.[157] Bei Verlust des Bürgerrechts *(capitis deminutio)* erlosch schließlich die *tutela testamentaria* und es griff die ihr gegenüber subsidiäre *tutela legitima.*[158]

Zusammenfassend kann bezüglich der Voraussetzungen einer wirksamen Einsetzung folgendes festgehalten werden: Für den Eintritt der *tutela testamentaria* musste der Testierende überhaupt die Fähigkeit besitzen, einen Vormund zu

---

150 Kaser, RP I, 355, mit Fn. 23 vgl. Ulp. D. 26, 2, 10, 4.

151 Kaser, RP I, 355, mit Fn. 24 siehe Marc. D. 26, 7, 21.

152 Kaser, RP I, 355, mit Fn. 25 für den *impubes:* Ulp. D. 27, 3, 9, 1; für den *furiosus:* Ulp. D. 26, 2, 10, 3; Paul. D. 26, 1, 11. Bis zum Eintritt der Mündigkeit bzw. der geistigen Gesundung bedurfte es eines *tutor temporarius*, vgl. Sachers, in: RE 7A/2, 1520f.

153 Vgl. Karlowa II, 276.

154 Kaser/Knütel, Römisches Privatrecht, 310.

155 Vgl. Cic. pro Sestio, 52, 111; Cic. pro Cluento, 12, 34; 14, 41.

156 Siehe nochmals Ulp. ep. XI, 17.

157 Siehe Kaser/Knütel, Römisches Privatrecht, 310.

158 Jörs/Kunkel/Wenger, Römisches Privatrecht, 298.

ernennen[159], die Bestellung selbst hatte nach den gesetzlichen Bestimmungen zu erfolgen[160], das Mündel musste im Zeitpunkt des Todes des Hausvaters ihm gegenüber erbfähig sein[161], wonach ursprünglich nur für die gewaltunterworfenen Haussöhne und Haustöchter eine letztwillige Berufung möglich war, und letztlich war erforderlich, dass der *paterfamilias* etwas aus seinem Vermögen legierte.[162]

Sowohl die *tutela legitima* als auch die *tutela testamentaria* erhielten sich bis ans Ende der römischen Rechtsentwicklung als gelebtes Recht.[163] Die Nachklassik beendete die stete Angleichung der verschiedenen Erscheinungsformen der Tutel, die bereits in der klassischen Periode eingesetzt hatte, indem sie sie als eine einheitliche Institution verstand.[164] Im Hinblick auf die testamentarische Tutel fand dies seinen Ausdruck insbesondere darin, dass die letztwillige Berufung von Tutoren nicht mehr in Abhängigkeit zur *patria potestas* stand, da nun auch andere Personen zu dieser Form der Bestellung befugt waren. Später vergrößerte sich dieser Kreis der Berechtigten.[165] Darüber hinaus wurde kein besonderer Wert mehr auf die Einhaltung bestimmter Wortformeln gelegt. Insgesamt erfolgte die Auslegung der Testamente viel freier in dem Bestreben, dem Willen des Erblassers Geltung zu verschaffen.[166]

In der nachklassischen Zeit sanken die Zahl der Testamente, vermutlich aufgrund einer allgemeinen Verarmung unter der Bevölkerung, und damit auch die letztwillige Ernennung von Tutoren merklich ab. Dies hatte zur Folge, dass die *tutela legitima* an praktischer Bedeutung wieder erheblich zunahm.[167] Während die Tutel der Gentilen zusammen mit dem gentilizischen Erbrecht schon zu Beginn der Prinzipatszeit verschwunden war[168], stand die gesetzliche Vormundschaft der Agnaten während dieser Epoche noch in lebendiger Funktion.[169] Erst unter Kaiser Anastasius kam es im Rahmen der Berufung zur *tutela legitima* ebenso

---

159 Ulp. ep. XI, 16 – vgl. Sachers, in: RE 7A/2, 1508.
160 Ulp. D. 26, 2, 3, 1 – vgl. Sachers, in: RE 7A/2, 1508.
161 Scaev. D. 50, 17, 73, 1 – vgl. Sachers, in: RE 7A/2, 1508f.
162 Vgl. nochmals Paul. D. 50, 16, 53 pr.
163 Jörs/Kunkel/Wenger, Römisches Privatrecht, 299.
164 Kaser, RP II, 224.
165 Vgl. Kaser, RP II, 224.
166 Vgl. Kaser, RP II, 224f.
167 Vgl. Kaser, RP II, 225.
168 Jörs/Kunkel/Wenger, Römisches Privatrecht, 299.
169 In C. 5, 30, 3 wird berichtet, dass Kaiser Konstantin die *lex Claudia* aus dem 1. Jahrhundert n.Chr., die hier im konkreten Zusammenhang auf die Vormundschaft über (weibliche) Unmündige bezogen wird, aufgehoben hat. Dadurch konnte die gesetzliche Tutel der Agnaten wieder aufleben – vgl. Kaser, RP II, 225 Fn. 9.

wie bei der Intestaterbfolge zu einer Bevorzugung der Blutsverwandtschaft vor der Agnation.[170] Justinian griff diese Regelung auf und sah – entsprechend der Umwandlung der agnatischen Erbfolge in eine rein kognatische – nunmehr die männlichen Blutsverwandten als gesetzliche Tutoren vor.[171]

### 3. *Die tutela decretalis*[172]

Zu den bisherigen älteren Berufungsgründen der *tutela* ist in republikanischer Zeit ein dritter Delationsgrund hinzugetreten: die behördliche Ernennung eines Tutors. Ihr Aufkommen hat sich – was noch aufzuzeigen sein wird – wie keine andere Erscheinungsform modifizierend auf das Wesen und die rechtliche Ausgestaltung der römischen Tutel ausgewirkt.[173] Die Möglichkeit, einer schutzbedürftigen Person einen Vormund für die Fälle zu bestellen, in denen es ihr an einem anderen erforderlichen Tutor fehlte oder wenn dessen Vorhandensein ungewiss war (sie war zu den anderen beiden Arten stets subsidiär), wurde zunächst in Rom eingeführt und geht auf die *lex Atilia* zurück. Hierbei handelte es sich um das erste der berühmten Vormundschaftsgesetze, auf die noch gesondert und vertiefend einzugehen sein wird. Es sei nur an dieser Stelle bereits vorweggenommen, dass danach die magistratische Bestellung in Rom eines Beschlusses des Stadtprätors und der Mehrzahl der Volkstribunen bedurfte, in den Provinzen waren *ex lege Iulia et Titia* die Provinzstatthalter zuständig: *Si cui nullus omnino tutor sit, ei datur in urbe Roma ex lege Atilia a praetore urbano et maiore parte tribunorum plebis, qui „Atilianus tutor" vocatur; in provinciis vero a praesidibus provinciarum lege Iulia et Titia* (Gai. inst. 1, 185).[174]

### 4. *Fähigkeit zur Vormundschaft und Ausschließungsgründe*

Die römische *tutela* erforderte als privatrechtliches Institut des *ius civile* zunächst ganz allgemein Zivität, personenrechtliche Freiheit und die Stellung als *paterfamilias* des in Frage kommenden Vormunds. Als Ausfluss sowohl der *patria potestas* als auch der *manus* stand sie daher grundsätzlich nur den agnatisch verwandten männlichen Personen zu, so dass im ältesten Recht Nichtbürger, Sklaven sowie Frauen von der Vormundschaft ausgeschlossen waren. Durch die

---

170 Kaser, RP II, 225, mit Fn. 11 vgl. C. 5, 30, 4.

171 Kaser, RP II, 225, mit Fn. 13 siehe Nov. 118, 5.

172 Dies ist kein klassischer Begriff, eignet sich jedoch zur Unterscheidung im Hinblick auf die beiden anderen Berufungsgründe, vgl. auch Schulz, CRL, 165.

173 Karlowa II, 284.

174 Siehe auch Ulp. ep. XI, 18; Inst. 1, 20 pr.

Einführung der *tutela decretalis,* die letztlich auf der Fähigkeit zur Geschäftsführung beruhte, kam es im Laufe der Zeit zu gewissen Durchbrechungen dieser Grundsätze bei gleichsam allen Arten der Tutel.[175]

Im Folgenden soll ein kurzer Überblick zu den wichtigsten Regeln der Fähigkeit zur Vormundschaft gegeben werden:

### *a) Körperliche Gebrechen und geistige Krankheiten*

Körperliche Gebrechen und Geisteskrankheiten wurden innerhalb der Rechtsordnung unterschiedlich gehandhabt. Nach dem rechtlichen Verständnis der Römer wurden zwar Taube, Stumme und Blinde für das vormundschaftliche Amt als gänzlich unfähig angesehen, jede gesetzliche und testamentarische Berufung solcher Personen war folglich ungültig.[176] Jedoch konnten *furiosi* zumindest letztwillig zu Tutoren bestellt werden, allerdings auch hier nur unter der aufschiebenden Bedingung des Wiedereintritts ihrer Genesung. Fehlte im Testament diese ausdrückliche Bestimmung, wurde die Berufung vom spätklassischen Juristen Paulus als unwirksam eingestuft.[177] Ulpian hingegen hielt sie aufrecht, indem er eine Bestellung unter einer stillschweigenden Bedingung annahm.[178] Später ergingen zu diesen Fallkonstellationen einige Senatsbeschlüsse und kaiserliche Reskripte, aufgrund derer man sich dann mit der behördlichen Ernennung eines *tutor temporarius* behalf.[179] Im Rahmen der *tutela decretalis* des klassischen Rechts stellten sowohl körperliche Leiden als auch Geisteskrankheiten dauerhafte Exkusationsgründe dar.[180] Auch Kaiser Justinian hielt an dieser Regelung fest und schloss den *furiosus* von der Führung der *tutela* ausdrücklich aus.[181]

### *b) Sklaven*

Zur Vormundschaft fähig waren Sklaven nur bei gleichzeitiger letztwilliger Freilassung. Im Hinblick auf ihre Ernennung als Tutoren ist zwischen eigenen Sklaven des *paterfamilias* und fremden zu unterscheiden: Letztere konnten allein unter der Bedingung <*cum liber erit, tutor esto*> bestellt werden und mussten

175 Vgl. Sachers, in: RE 7A/2, 1527.

176 Siehe für Taube und Stumme: Paul. D. 26, 1, 1, 2; 3; für Blinde siehe C. 5, 34, 3 – vgl. Sachers, in: RE 7A/2, 1531.

177 Paul. D. 26, 1, 11 – vgl. Sachers, in: RE 7A/2, 1531.

178 Ulp. D. 26, 2, 10, 3 – vgl. Sachers, in: RE 7A/2, 1531.

179 Siehe hierzu etwa Paul. D. 26, 1, 17; Mod. D. 27, 1, 10, 8; Mod. D. 27, 1, 12 pr. – vgl. Sachers, in: RE 7A/2, 1531.

180 C. 5, 67, 1; Frag. Vat. 238 – vgl. Sachers, in: RE 7A/2, 1531.

181 Siehe Inst. 1, 14, 2.

anschließend vom jeweiligen Erben freigekauft werden.[182] Für die eigenen Sklaven wurde schon frühzeitig die fideikommissarische Form als wirksam erachtet.[183] Dies führte schließlich im justinianischen Recht in den Fällen, in denen im Testament nur die Bestellung zum Vormund verfügt worden war, zur Annahme einer konkludenten fideikommissarischen Freilassung.[184]

### *c) Filii familias*

Haussöhne kamen zu jeder Zeit nur als *tutores testamentarii* oder *decretales,* niemals aber als *tutores legitimi* in Betracht.[185] Bei einer letztwilligen bzw. behördlichen Berufung war als Ausgleich für das Haftungsrisiko stets die ausdrückliche oder zumindest stillschweigende Zustimmung des *paterfamilias* erforderlich.[186]

### *d) Impuberes und puberes*

Da die *impuberes* selbst der Alterstutel unterstanden, ist – trotz fehlender Zeugnisse in den Quellen – anzunehmen, dass sie nach der Rechtsordnung als nicht vormundschaftsfähig angesehen wurden. Mit Aufkommen der *tutela decretalis* scheint sich diesbezüglich eine andere Auffassung herausgebildet zu haben: Auch ein *pupillus* konnte nun letztwillig oder behördlich zum Vormund bestellt werden, wenn ihm bis zum Erreichen der Mündigkeit ein *tutor temporarius* beigeordnet wurde.[187] Das justinianische Recht knüpfte an diese Entwicklung an und bestimmte, dass ein Unmündiger, wenn er testamentarisch zum Tutor berufen worden war, mit Eintritt der Volljährigkeit *ipso iure* das Amt erhielt.[188]

Ebenso fehlt es im Hinblick auf die *puberes* an eindeutigen Aussagen in den uns überlieferten juristischen Texten. Dennoch kann zumindest für das altrömische und klassische Recht von einer Übernahme von Vormundschaften durch männliche *puberes,* die mit Vollendung des 14. Lebensjahres als mündig galten, ausgegangen werden. Für die nachklassische Zeit ergibt sich aus einer Zusammenschau von Inst. 1, 25, 13 und C. 5, 30, 5, dass Justinian das Mindestalter zur Führung der Vormundschaft auf das 25. Lebensjahr festgelegt und damit

182 Siehe Ulp. D. 26, 2, 10, 4; Inst. 1, 14, 1 – vgl. Sachers, in: RE 7A/2, 1527.
183 Pap. D. 26, 2, 28, 1 – vgl. Sachers, in: RE 7A/2, 1527.
184 Siehe Inst. 1, 14, 1.
185 Sachers, in: RE 7A/2, 1527.
186 Vgl. Marc. D. 26, 7, 21; Ulp. D. 26, 1, 7; 27, 1, 5 = Frag. Vat. 190 – vgl. Sachers, in: RE 7A/2, 1527f.
187 Karlowa II, 274.
188 Siehe erneut Inst. 1, 14, 2.

generell alle männliche Personen unter 25 Jahren von der Ausübung der *tutela* ausgeschlossen hatte.

### e) Latini

Die *Latini* waren zwar nicht zur *tutela legitima* fähig, konnten aber mittels einer testamentarischen Anordnung als Tutoren eingesetzt werden.[189] Diese Regelung galt nicht für die *Latini Iuniani,* denen die *lex Iunia* trotz anerkannter Erbfähigkeit die Möglichkeit zur Übernahme einer *tutela testamentaria* versagte.[190] Hinsichtlich der Befugnis der Latiner zur Ausübung der magistratischen Tutel – auch im Verhältnis zu den *cives Romani* – sei auf die Ausführungen im Zusammenhang mit den beiden Vormundschaftsgesetzen verwiesen.

### f) Tutela virile officium est – die Frau als Vormünderin?

Nach der Rechtsanschauung der Römer waren Frauen selbst schutzbedürftig und unterstanden daher unabhängig von ihrem Alter der *tutela mulierum.* So wurde die römische *tutela* im Allgemeinen auch als *munus virile* aufgefasst: *Tutela plerumque virile officium est* (Gai. D. 26, 1, 16 pr.).[191] Es handelte sich dabei um ein Amt, zu dessen Ausübung den Frauen bereits von Natur aus die Fähigkeit fehlte. Dies äußerte sich in erster Linie darin, dass die Mutter trotz Übernahme der Erbschaft nach ihrem Ehemann keine Vormundschaftsrechte über die gemeinsamen Kinder geltend machen konnte.[192] Darüber hinaus war ihr aber auch jede andere vergleichbare Tätigkeit untersagt: Nicht nur die Geschäfte, die sie selbst als Vermögensverwalterin ihrer Kinder führte[193], sondern auch diejenigen, die von einem von ihr bestellten Vermögensverwalter getätigt wurden, waren rechtlich ungültig[194].

Den Ausschluss der Frauen von jedweder vormundschaftlichen sowie vermögensverwaltenden Tätigkeit suchten die Juristen schon in klassischer Zeit zu umgehen. Einige Stellen im *Corpus Iuris Civilis* belegen, dass bisweilen Fälle vorgekommen sind, in denen der Mutter, wenn auch nicht *de iure,* so doch

189 Sachers, in: RE 7A/2, 1527.

190 Siehe Ulp. ep. XI, 16.

191 Siehe auch C. 5, 35, 1: *Tutelam administrare virile munus est, et ultra sexum femineae infirmitatis tale officium est;* ebenso Ner. D. 26, 1, 18: *Feminae tutores dari non possunt, quia id munus masculorum est ....*

192 Vgl. Scaev. D. 50, 17, 73 pr.; Ulp. D. 26, 4, 1, 1 – vgl. Sachers, in: RE 7A/2, 1528.

193 Vgl. Scaev. D. 46, 3, 88; Pap. Dig. 3, 5, 30, 6; 26, 2, 26 pr.; Ulp. D. 26, 7, 5, 8 – vgl. Sachers, in: RE 7A/2, 1528.

194 Vgl. Scaev. D. 26, 7, 47, 3 – vgl. Sachers, in: RE 7A/2, 1528.

*de facto* die Verwaltung des Kindesvermögen überlassen wurde.[195] Bei genauerer Analyse der verschiedenen Konstellationen wird erkennbar, dass die Tutoren zuvor in die Geschäftsführung der Mutter einwilligen mussten, wozu sie aber nicht gezwungen werden konnten.[196] Sollte nach dem Willen des Erblassers der Ehefrau die Vermögensverwaltung tatsächlich eingeräumt und die Gefahr der Einmischung des Vormunds weitestgehend gebannt werden, so bestand die Möglichkeit, sie zur Alleinerbin seines Nachlasses zu bestimmen und ihr ein Universalfideikommiss zugunsten der Kinder unter gleichzeitiger Enterbung derselben aufzuerlegen.[197] In ähnlicher Weise konnte auch die Großmutter zur Vermögensverwalterin und damit zum Quasivormund des Mündels werden.[198]

Abgesehen von diesen Einzelfällen blieb es im klassischen Recht bei einem generellen Verbot der Geschäftsführung römischer Frauen. Zu Beginn des 3. Jahrhunderts n.Chr. ist man zwar dazu übergegangen, die von ihr im Interesse der Kinder abgeschlossenen Rechtsgeschäfte als wirksam anzusehen, eine Vertretung durch die Mutter selbst war aber auch weiterhin nicht möglich.[199] Dies hatte zur Folge, dass der Tutor zunächst alleine für ihre Tätigkeiten haften musste.[200] Wurde er belangt, konnte der Vormund nur dann Regress bei der Mutter nehmen, wenn sie ihm zuvor Schadloshaltung versprochen hatte *(indemnitatem praestare, promittere)*.[201] An diese Entwicklung anknüpfend ergibt sich aus einigen späteren juristischen Quellen eine faktische Verwaltung des Mündelsvermögens durch die Mutter, indem sie das Risiko der Geschäftsführung auf sich nahm und die Tutoren durch Abgabe entsprechender Garantieerklärungen von der Haftung gegenüber dem Mündel freistellte.[202] Hierfür war es dann freilich erforderlich, die Wirkungen des *senatus consultum Velleianum*, welches eine Garantieübernahme durch Frauen für Handlungen Dritter untersagte[203], auszuschließen.[204] Schließlich erkannte man die Gestion der Mutter

195 Siehe etwa C. 4, 29, 6; C. 5, 45, 1; C. 5, 46, 2; Scaev. D. 46, 3, 88; Pap. Dig. 3, 5, 30, 6 – vgl. Kübler, ZSS 31 (1910), 187.

196 Kübler, ZSS 31 (1910), 187.

197 Vgl. Ulp. D. 38, 17, 2, 46; Paul. D. 36, 1, 76 (74), 1 – vgl. Sachers, in: RE 7A/2, 1529.

198 Vgl. Paul. D. 3, 5, 33 – vgl. Kübler, ZSS 31 (1910), 188.

199 Sachers, in: RE 7A/2, 1529.

200 Vgl. Ulp. D. 26, 7, 5, 8 – vgl. Sachers, in: RE 7A/2, 1529.

201 Sachers, in: RE 7A/2, 1529.

202 Chiusi, ZSS 111 (1994), 164.

203 Siehe Ulp. D. 16, 1, 2, 1; weiterführend hierzu etwa Mönnich, Frauenschutz, 33ff.

204 Vgl. Paul. Sent. II 11, 2; C. 4, 29, 6 pr.; C. 5, 46, 2; C. 5, 51, 9 – vgl. Sachers, in: RE 7A/2, 1529; vertiefend hierzu etwa Chiusi, ZSS 111 (1994), 164ff.

zugunsten ihrer Kinder an und ließ die Haftung neben der des Vormunds ausdrücklich zu.[205]

Angesichts dieser – hier allenfalls grob skizzierten – Entwicklung stellt sich die Frage nach den sozio-kulturellen Begebenheiten, die zur Durchbrechung des altrömischen Prinzips *tutela virile officium est* geführt haben. Die Antwort ist wohl in den graecoägyptischen Einflüssen auf das Provinzialrecht zu finden, deren „Druck" das römische Recht letztlich nachgegeben hatte.[206] Einige Papyri zeigen, dass die Ausübung der Vormundschaft durch die Mutter der hellenistischen Rechtstradition Ägyptens im 2. Jahrhundert n.Chr. nicht fremd war.[207] Die Mutter erscheint hier bisweilen als Vormund und wird daher als *επίτροπος* bezeichnet.[208] Daneben sind uns aber auch andere Rechtsmodelle überliefert: Mehreren Urkunden zufolge führt die Frau zusammen mit ihrem *κύριος* die Verwaltungsgeschäfte, nachdem sie zuvor vom Ehemann in einem Ehevertrag testamentarisch zum Mitvormund, *συνεπίτροπος*, ernannt worden war. In diesen Fällen wurde regelmäßig verfügt, dass nach dem Tod des Familienvaters die Vormundschaft über die minderjährigen gemeinsamen Kinder zwischen der Mutter und einer anderen berechtigten Person aufgeteilt werden sollte. Starb der Vormund vorzeitig, war die Frau aufgrund dieser vertraglichen Vereinbarung ermächtigt, die Rechtsgeschäfte im Interesse der Kinder alleine und selbstständig zu führen.[209] Urkundlich bezeugt sind hingegen auch Konstellationen, in denen Frauen mit römischer *civitas* in der Zeit nach Erlass der *constitutio Antoniniana* neben dem Tutor rechtsgeschäftliche Tätigkeiten selbst vorgenommen oder ihre Zustimmung hierzu erteilt haben. In dieser Weise übten sie zwar rein faktisch die Aufgaben eines Vormunds aus, waren aber kaum offiziell als *επίτροπος* anerkannt.[210] Somit wäre im Ergebnis eine Einflussnahme der hellenistischen Rechte lediglich auf das oströmische Reich zu bejahen.[211]

---

205 Vgl. C. 4, 32, 24 – vgl. Sachers, in: RE 7A/2, 1529.

206 Sachers, in: RE 7A/2, 1529.

207 Siehe hierzu etwa Chiusi, ZSS 111 (1994), 175ff; Kübler, ZSS 31 (1910), 184ff; Wenger, ZSS 26 (1905), 451ff.

208 Siehe etwa Papyri BGU VIII 1813; P. Oxy. VI 898. Bemerkenswert in diesem Zusammenhang: In der altgriechischen Terminologie standen sowohl *επίτροπος* als auch *κύριος* für den Begriff des Vormunds. Das hellenistische Recht unterschied begrifflich scharf zwischen dem Vormund über Unmündige *(επίτροπος)* und demjenigen über Frauen *(κύριος)*, vgl. Kübler, ZSS 31 (1910), 182.

209 Siehe beispielsweise P. Oxy. III 496; P. Oxy. II 265.

210 Etwa P. Oxy. VI 907; 909 – vgl. Sachers, in: RE 7A/2, 1530.

211 Wenger, ZSS 26 (1905), 455.

Obwohl die klassische Jurisprudenz – abgesehen von einigen Ausnahmen bedingt durch die besonderen Gegebenheiten in den Provinzen[212] – Frauen zur Vormundschaft generell nicht zuließ, so lässt sich doch eine zumindest in groben Zügen nachvollziehbare Entwicklung erkennen, die schließlich zu der in jüngeren Kaiserkonstitutionen überlieferten Vermögensverwaltung der Mutter geführt hat.[213]

Das Prinzip, nach dem die Mutter im Allgemeinen von der Vormundschaft ausgeschlossen war, erhielt sich noch bis zu den Kaisern Valentinian und Theodosius.[214] Erst im Jahre 390 n.Chr. wurde durch ein an den *praefectus praetorio* gerichtetes Reskript der drei Kaiser Valentinian, Theodosius und Arcadius die Vormundschaft der Mutter offiziell und nicht nur in den Provinzen, sondern auch in Rom anerkannt.[215] Nach der bislang unter den Rechtshistorikern weit verbreiteten Meinung stand der Mutter nach dem Tod des Familienvaters aufgrund dieses Reskripts erstmalig die Möglichkeit offen, die *tutela impuberum* über die gewaltfrei werdenden *filii et filiae* zu übernehmen. Voraussetzung hierfür war die Ablage eines Eides, in dem sie feierlich versprechen (schwören)[216] musste, nicht erneut zu heiraten. Den Grund dieser Einschränkung bildete wohl die drohende Gefahr, dass durch Bevorzugung der Kinder aus zweiter Ehe das Vermögen der Kinder aus erster Ehe geschmälert werden könnte.[217]

Diese gängige Interpretation von C. 5, 35, 2 stellt Crifò in der Abhandlung „Sul problema della donna tutrice in diritto romano classico" in Frage und gelangt zu

---

212 Die Zulassung der Vormundschaft der Mutter könnte sich aus der besonderen Situation in den teilweise weit entfernten Provinzen erklären: Dort war es schon aus rein praktischen Gesichtspunkten deutlich schwieriger als in Rom, die Agnatentutel zu verwirklichen. Da der gesetzliche Vormund oftmals unerreichbar war, verzichtete man darauf, den Verwandten aufzuspüren und die damit verbundenen rechtlichen Schritte einzuleiten. Auf diese Weise konnte auch der Verwaltungsaufwand spürbar minimiert werden.

213 Vgl. Sachers, in: RE 7A/2, 1530; Kübler, ZSS 31 (1910), 193; so sieht es im Ergebnis auch Feldner, in: Meder et al. (Hrsg.), Frauenrecht und Rechtsgeschichte, 12f.

214 Chiusi, ZSS 111 (1994), 192.

215 Vgl. C. 5, 35, 2.

216 Es sei nur auf folgendes hingewiesen: die Worte *sacramento praestito* (C. 35, 5, 2 pr.) fehlen in Cod. Theod. 3, 17, 4 pr., so dass man zu der Annahme gelangen könnte, dies sei durch die justinianischen Kompilatoren beim Erstellen des Codex I bzw. II hinzugefügt worden. In sachlicher Hinsicht dürfte sich aber dadurch am Inhalt des Textes nichts geändert haben, vgl. Chiusi, ZSS 111 (1994), 160 Fn. 15; vertiefend hierzu Crifò, BIDR 67 (1964), 89 Fn. 4.

217 Vgl. Chiusi, ZSS 111 (1994), 192.

dem Schluss, dass die Mutter nach klassischem Recht die Tutel über ihre Kinder in den Fällen beantragen konnte, in denen es an den erforderlichen *iusti tutores* fehlte oder diese zur Übernahme des vormundschaftlichen Amts nicht in Betracht kamen. Dabei geht Crifò von § 3 der Konstitution aus, der die Voraussetzungen für eine Übertragung der Vormundschaft auf die Großmutter festlegt: *His illud adiungimus, ut mulier, si aetate maior est, tunc demum petendae tutelae ius habeat, cum tutor testamentarius vel legitimus defuerit vel privilegio a tutela excusetur vel suspecti genere submoveatur vel ne suis quidem per animi aut corporis valetudinem administrandis facultatibus idoneus inveniatur.* Auf dieser Grundlage stellt er die These auf, dass die drei römischen Kaiser in ihrem Reskript die Befugnis der Mutter nicht erst einführten, sondern den bereits bestehenden Rechtszustand schriftlich fixierten und einer umfassenden gesetzlichen Regelung unterzogen. Das wirklich Neue daran sei seiner Ansicht nach allein das Erfordernis der vorherigen Eidesablage durch die Mutter.[218]

Daher hält Crifò auch zwei Texte klassischer Juristen, die in der älteren Literatur gewöhnlich als interpoliert gelten, für genuin: *Tutela plerumque virile officium est* (Gai. D. 26, 1, 16 pr.) und *Feminae tutores dari non possunt, quia id munus masculorum est, nisi a principe filiorum tutelam specialiter postulent* (Ner. D. 26, 1, 18).[219]

Gerade im Hinblick auf den Neratius-Text ist häufig angenommen worden, bei dem Passus *nisi – postulent* handle es sich um einen Zusatz der Kompilatoren. Insbesondere das Wort *specialiter* weise auf einen Einschub hin, um eine Verbindung zwischen dem klassischen und dem späteren Recht herzustellen, da man sich generell nicht um eine Vormundschaft bewarb.[220] Zu beachten ist jedoch, dass die für eine Interpolation angeführten Gründe allesamt auf der Vorstellung beruhen, die Mutter habe nach klassischem römischem Recht eine Tutel überhaupt nicht ausüben dürfen. Vor dem Hintergrund der bisweilen tatsächlich praktizierten Vermögensverwaltung der Mutter und der Befreiung ihrerseits von der *tutela mulierum* unter Berufung auf das augusteische *ius liberorum* wäre aber eine Zulassung zur Vormundschaft durch den Kaiser, wenn sich dies als zweckmäßig erwies, durchaus denkbar.[221]

In gleicher Weise soll das *plerumque* in D. 26, 1, 16 pr. einen justinianischen Zusatz darstellen. Unabhängig davon, ob man *plerumque* in diesem Fall mit „meistens", „für gewöhnlich" oder „regelmäßig" übersetzt, erscheint eine Übernahme der Vormundschaft durch Frauen in Anbetracht dieser Wortwahl

---

218 Vgl. Crifò, BIDR 67 (1964), 115ff.
219 Vgl. Crifò, BIDR 67 (1964), 97ff.
220 So etwa Eisele, ZSS 10 (1889), 316.
221 Vgl. Chiusi, ZSS 111 (1994), 193.

immerhin möglich.[222] Viel bedeutender ist in diesem Zusammenhang allerdings die Frage, ob dies nur für die Provinzen oder auch für die Stadt Rom galt. Angesichts der Tatsache, dass das Fragment aus dem gaianischen Kommentar zum Provinzialedikt stammt, liegt ein Bezug zur besonderen Situation in den Provinzen deutlich näher. Dieser Umstand spricht wiederum eher für die Unverfälschtheit des Textes.[223]

Aber selbst die Annahme einer Interpolation würde nicht zwingend bedeuten, eine Vormundschaft der Mutter sei in bestimmten Fällen nicht bereits vor dem Erlass der Konstitution 390 n.Chr. möglich gewesen. Die Anerkennung gewisser Ausnahmen für die Mutter ließ das Wesen der *tutela* als *officium virile* unangetastet, denn auch weiterhin blieben Frauen ja grundsätzlich von der Führung der Vormundschaft ausgeschlossen.[224]

Vor dem Hintergrund der Regelung in C. 5, 35, 2, 3 und in Ansehnung der Genuität der vorgenannten Quellentexte vertritt Crifò – wie bereits angedeutet – die Auffassung, dass bereits in klassischer Zeit der Mutter das Recht zustand, die *tutela impuberum* über ihre Kinder zu erbitten, wenn keine Tutoren vorhanden oder diese als ungeeignet zurückgewiesen worden waren.[225] Letztlich geht er damit nicht von einer nur in Ausnahmefällen gehandhabten Praxis der römischen Kaiser, sondern von Regelfällen aus.

Obwohl einiges dafür spricht, ist die Schlussfolgerung Crifòs im Ergebnis abzulehnen. Zunächst ist darauf hinzuweisen, dass das *principium* der Konstitution keinen Aufschluss darüber gibt, ob es sich um eine erstmalige Einführung oder lediglich um eine gesetzliche Zusatzregelung handelt. Aber gerade weil der Wortlaut dies offen lässt, wäre es unzulässig, das Ergebnis der Interpretation gewissermaßen vorwegzunehmen.[226] Eine weitere Schwäche seiner Argumentation liegt darin, dass es ihm zum Beweis seiner These nicht gelungen ist, eindeutige Fälle, in denen die Mutter als anerkannte Vormünderin auftritt, anzuführen.[227] Er nimmt für das Recht dieser Zeit Regelfälle an, obgleich die klassischen Quellen vielmehr für einen allgemeinen Ausschluss der Frauen von der Vormundschaft sprechen. Daher ist die herkömmliche Deutung von C. 5, 35, 2 zu bevorzugen.

Die Konstitution aus dem Jahre 390 n.Chr. wurde schließlich von Kaiser Justinian in C. 5, 35, 3 und Nov. 89, 14 ausdrücklich bestätigt. Auch im justinianischen

---

222 Feldner, in: Meder et al. (Hrsg.), Frauenrecht und Rechtsgeschichte, 12.
223 Vgl. Chiusi, ZSS 111 (1994), 193f.
224 Vgl. Chiusi, ZSS 111 (1994), 194.
225 Vgl. Crifò, BIDR 67 (1964), 90ff.
226 Vgl. Chiusi, ZSS 111 (1994), 195.
227 Chiusi, ZSS 111 (1994), 195.

Recht kam allein der Mutter und Großmutter die Berechtigung zu, eine Vormundschaft zu übernehmen.[228] Ihre Haftung wurde unter Androhung solcher Strafen und Nachteile verschärft, wie sie in Nov. 22, 22 für die das Trauerjahr verletzende Witwe vorgesehen waren. Hatte die Mutter darüber hinaus bei Wiederheirat nicht rechtzeitig die Bestellung eines Vormunds für die Kinder aus erster Ehe postuliert, erhielten diese ein gesetzliches Pfandrecht an ihrem Vermögen.[229] Demgegenüber hob Justinian in Nov. 94, 1, 2 das strenge Erfordernis des eidlichen Versprechens auf.[230] Er begnügte sich mit einer einfachen Erklärung der Mutter, nicht erneut heiraten zu wollen, und verlangte zudem einen ausdrücklichen Verzicht auf die Geltendmachung der Wirkungen aus dem *senatus consultum Velleianum.*[231]

### *g) Das spätklassische und justinianische Recht*

Das spätklassische Recht kannte noch andere Auschließungs- bzw. Unfähigkeitsgründe zur Vormundschaft im Interesse der Mündel: letztwilligen Ausschluss im Testament des Vaters oder der Mutter, Bewerbung für Geld, Feindschaft mit dem *pupillus* oder dem *paterfamilias,* ein schlechter sowie unsittlicher Lebenswandel und der Militärdienst eines Soldaten.[232]

Im Zuge der allgemeinen Vereinheitlichung des Instituts der *tutela* galten im nachklassischen Recht auch im Hinblick auf die Fähigkeit zur Vormundschaft – unabhängig vom Berufungsgrund – nunmehr einheitliche Grundsätze. Der verstärkte Schutz des Mündels im Rahmen der staatlichen Fürsorge im spätantiken Zwangsstaat hatte außerdem zu einem weiteren Ausbau der Unfähigkeitsgründe geführt.[233] Dabei griff man auf einige Konstellationen zurück, die von der Jurisprudenz bereits zu Beginn des 3. Jahrhunderts n.Chr. als Exkusationsgründe zugelassen worden waren[234], und ergänzte sie entsprechend der aktuellen Bedürfnisse jener Zeit: Gewährung der *immunitas* von jeglicher Vormundschaft für Bischöfe, Mönche, Priester, Diakone[235] sowie Verbot der Übernahme einer Tutel aufgrund eines bestehenden Schuldverhältnisses zwischen Tutor und Mündel.[236]

---

228 Vgl. Nov. 118, 5.

229 Vgl. Sachers, in: RE 7A/2, 1530.

230 Sachers, in: RE 7A/2, 1530.

231 Vgl. nochmals Nov. 118, 5.

232 Sachers, in: RE 7A/2, 1531; Bonfante, Corso I, 430.

233 Vgl. Kaser, RP II, 227.

234 Mit ihnen hat sich jedenfalls Ulpian noch befasst, vgl. Lenel, Palingenesia II, 899ff – vgl. Sachers, in: RE 7A/2, 1531.

235 Kaser, RP II, 227, mit Fn. 27 siehe C. 1, 3, 51 sowie Nov. 123, 5.

236 Kaser, RP II, 227, mit Fn. 29 vgl. Nov. 72.

## II. Die Aufgaben des Vormunds

Die Führung der Vormundschaft bezog sich zum einen auf die Sorge um die Person des Mündels, zum anderen auf die Verwaltung des Pupillarvermögens, wobei der Schwerpunkt der Tätigkeit zumindest im klassischen Recht eindeutig bei der Vermögensverwaltung lag.[237]

### 1. *Die gestio im altrömischen Recht*

In ältester Zeit stellte die *tutela impuberum* ebenso wie die Gewalt des *paterfamilias* über die Personen in seinem Familienverbund eine umfassende *vis ac potestas* dar: *Tutela est, ut Servius definit, vis ac potestas in capite libero ad tuendum eum, qui propter aetatem sua sponte se defendere nequit, iure civili data ac permissa* (Paul. D. 26, 1, 1 pr.). Folglich lebte das Mündel zunächst im Haus des Vormunds und unterstand damit dessen unmittelbarer Aufsicht. Im Gegenzug war der Tutor verpflichtet, ihm eine gute Erziehung zu ermöglichen und genügend Unterhalt zukommen zu lassen. Die auf der Sitte und sakralen Riten basierende Hausordnung regelte entsprechend den jeweiligen Verhältnissen seine Ausbildung sowie Lebensweise, über deren Einhaltung stets der Familienrat zu wachen hatte.[238]

Über die älteste Ausgestaltung der Gestion ist man angesichts der schwierigen Quellenlage nur mangelhaft unterrichtet. Vermutlich war die Tutel als personenrechtliche Gewalt durch eine *vindicatio* gegenüber jedermann geschützt, der sie unter Behauptung einer eigenen (aber nicht zwingend vormundschaftlichen) Rechtsmacht bestritt.[239] Weiterhin ist davon auszugehen, dass ihre Grenzen – wiederum der *patria potestas* vergleichbar – allein durch das Sakralrecht und die Sitte bestimmt wurden, da es wohl keine anderweitige Möglichkeit gab, sie prozessual geltend zu machen. Privatrechtlich war lediglich anerkannt, dass der Tutor das Mündel weder *in mancipium* noch in Arrogation, die Frau nicht gegen ihren Willen verheiraten oder in eine *manus*-Ehe geben durfte.[240] Vereinzelten Aussagen in früheren Quellen lässt sich entnehmen, dass der Tutor innerhalb des Vormundschaftsverhältnisses seinem Mündel gegenüber grundsätzlich zur *fides* verpflichtet war[241], deren Verletzung offenbar als *fraus* ein Sakralverbrechen zur Folge hatte.[242] Außerdem ist anzunehmen, dass die Vermögensverwaltung

237 Sachers, in: RE 7A/2, 1542.

238 Siehe hierzu Sachers, in: RE 7A/2, 1543; vgl. auch Karlowa II, 271f. m.w.N.

239 Kaser, RP I, 87.

240 Vgl. Kaser, RP I, 87.

241 Vgl. *fides* in Gell. 5, 13, 2; 5, 19, 10 – vgl. Kaser, RP I, 87 Fn. 13.

242 *fraus* in Liv. I 40, 2 – vgl. Kaser, RP I, 87 Fn. 13.

ursprünglich nur die *pecunia (res nec mancipi)* umfasste, und nicht – wie es in späterer Zeit üblich geworden war – das gesamte Vermögen, welches der *paterfamilias* den Hauskindern hinterlassen hatte *(familia pecuniaque)*.[243]

Das Vermögen des Mündels als einer Person *sui iuris* war nach altem Recht von dem des Tutors noch strikt getrennt. Entsprechend der Funktion der römischen *tutela* wurde das Eigentum am Mündelgut vermutlich zwischen den beiden aufgeteilt.[244] Hinsichtlich desjenigen Teils, das im alleinigen Eigentum des Mündels stand, kam dem Tutor zudem eine treuhänderische Gewalt zu. Diese Position *domini loco* beinhaltete, dass er hierüber auch aus eigenem Recht und im eigenen Namen verfügen konnte, er selbst wurde aus Rechtsgeschäften berechtigt und verpflichtet, hatte das Pupillarvermögen zumindest in seinem Besitz und durfte es veräußern und verpfänden, ohne sich hierfür verantworten bzw. Rechenschaft ablegen zu müssen.[245] Ebenso wird der Tutor die Prozesse sowohl als Kläger wie auch als Beklagter für den *pupillus* im eigenen Namen geführt und über den in Streit stehenden Anspruch selbstständig verfügt haben.[246] Folglich repräsentierte er weder das Vermögen noch die Person des Mündels. Seine Funktion erschöpfte sich vielmehr in der Stellung als eine Art Treuhänder, der über die *pecunia familiaque domini loco* verfügte und somit auch als solcher von der Rechtsordnung anerkannt war: *Tutor, qui tutelam gerit, quantum ad providentiam pupillarem domini loco haberi debet* (Paul. D. 26, 7, 27).

Diese herrenähnliche Stellung nahm der Tutor wohl seit jeher ein. Als *extraneus* konnte er aber nur solche Rechtshandlungen vornehmen, deren Wirkungen in seiner Person eintraten, jedoch nicht solche, die als höchstpersönliche Vorgänge eine eigene Berechtigung erforderten – wie beispielsweise ein Erbschaftsantritt, der Verzicht, die *mancipatio, in iure cessio, acceptilatio,* die Bestellung eines *procurator ad litem* oder die Anstrengung einer *legis actio*.[247] Vor dem Hintergrund, dass darüber hinaus zu dieser Zeit die Möglichkeit einer direkten Stellvertretung des Mündels nicht anerkannt war, wurde das, was der Tutor im Interesse des *pupillus* erhalten oder erworben hatte, zunächst Bestandteil seines eigenen Vermögens und bedurfte anschließend einer Übertragung in das Pupillarvermögen.[248]

243 Sachers, in: RE 7A/2, 1544.
244 Vgl. Kaser, RP I, 87.
245 Vgl. Sachers, in: RE 7A/2, 1544f.
246 Siehe Paul. D. 12, 2, 17, 2; Jul. D. 47, 2, 58, 4 – vgl. Sachers, in: RE 7A/2, 1545.
247 Siehe Sachers, in: RE 7A/2, 1545 m.w.N.
248 Kaser, RP I, 87.

Während er unter der *tutela impuberum* stand, ruhten die Rechte des Mündels, so dass er sie selbst nicht ausüben konnte. Dies kam insbesondere dadurch zum Ausdruck, dass es ihm trotz Anerkennung als Mitberechtigter im Familienverband und Teil der Hausgemeinschaft verwehrt blieb, seine Eigentumsrechte im Prozessweg geltend zu machen.[249] Als einzige Klage, um sich zumindest den Besitz an den in der Gewalt des Tutors befindlichen Vermögensgegenständen zu verschaffen, kam die *rei vindicatio* in Betracht.[250] Hingegen war es dem *pupillus* gestattet, entweder selbst durch tatsächliche Vorgänge (Fruchtziehung, bloße Aneignung) oder aber mit Hilfe seiner Sklaven für das eigene Vermögen zu erwerben. Inwieweit er zur Vornahme von Rechtsakten befugt war, richtete sich nach seiner Handlungsfähigkeit und damit wiederum nach dem Alter.[251] Trat beim Mündel mit Erreichen der erforderlichen Altersstufe schließlich die Pubertät ein, erlosch die Vormundschaft über ihn *ipso iure*. Infolgedessen erstarkten seine bisherigen Rechte am Vermögen zum Vollrecht, ohne dass eine rechtsgeschäftliche Übertragung vom Tutor auf das Mündel erforderlich gewesen wäre. Notwendige Voraussetzung war allein die Besitzverschaffung durch den nun Mündigen.[252]

Bereits im älteren Recht gehörte zu den Aufgaben des Tutors auch die Erteilung der *auctoritas tutoris*. Hierbei handelte es sich um eine förmliche Bestätigung des vom *pupillus* getätigten Rechtsgeschäfts zur Eingehung von Verpflichtungen oder zur Aufgabe bzw. Belastung von Rechten, mittels der der Vormund den noch unvollkommenen und somit unwirksamen Akt ergänzte und ihm dadurch rechtliche Wirkung verlieh. Die *auctoritas* musste bei Vornahme des jeweiligen Geschäfts erfolgen und enthielt vermutlich auf einfache Nachfrage des Vertragspartners hin die förmliche Erklärung des *tutor „auctor fio"*.[253]

## 2. *Die gestio im klassischen Recht*

Ab der 2. Hälfte des 2. Jahrhunderts n.Chr. wird die *tutela impuberum* eines der wichtigsten Zentren kaiserlicher Rechtssetzung sowie der sie begleitenden Gutachtentätigkeit der Juristen und damit für uns anhand von Quellen deutlich greifbarer.[254] Folglich sind wir über diese Zeit auch im Hinblick auf die Ausgestaltung

---

249 Siehe hierzu etwa Gai. inst. 2, 157; Paul. D. 28, 2, 11 – vgl. Sachers, in: RE 7A/2, 1545.
250 Sachers, in: RE 7A/2, 1545.
251 Kaser, RP I, 87.
252 Vgl. Kaser, ZSS 59 (1939), 42.
253 Vgl. Kaser, RP I, 87, mit Fn. 19 siehe Paul. D. 26, 8, 3; Inst. 1, 21, 2.
254 Nörr, ZSS 118 (2001), 23.

der *gestio* im Einzelnen besser informiert. Zum Pflichtenkreis des Tutors des klassischen römischen Rechts gehörte neben der Vermögensverwaltung weiterhin die Personensorge, allerdings hatte sich die Gewalt an der Person des Mündels als umfassende *vis ac potestas* in dieser Epoche bereits stark zurückgebildet: Das Herrschaftsrecht war hinter die Pflicht getreten, für die Person, insbesondere für den angemessenen Unterhalt und eine entsprechende Erziehung Sorge zu tragen.[255] In diesem privaten Bereich hielten sich die Behörden mit einer staatlichen Aufsicht vorerst noch zurück. Sie bildete sich in der jüngeren Klassik aus, wobei man sich zunächst mit der Fürsorge für die Person des Mündels und erst später mit der Vermögensverwaltung befasste.[256]

Schon während der Republik war es üblich geworden, dass der Unmündige nicht mehr im Hausverband seines Vormunds heranwuchs. Vielmehr oblag die gesellschaftliche und schulische Erziehung für gewöhnlich der Mutter, sonstigen Verwandten oder sogar Freigelassenen, es sei denn, es lag diesbezüglich eine andere letztwillige Bestimmung des verstorbenen *paterfamilias* vor.[257] Zudem war der Tutor nicht mehr verpflichtet, den erforderlichen Unterhalt aus eigenen finanziellen Mitteln zu bestreiten. Die Entlohnung der Lehrer und Erzieher, den Unterhalt für Sklaven und Feigelassene, Anstandsgeschenke an Verwandte sowie die Kosten für eine Mitgift-Bestellung der Schwestern sollte der Vormund aus dem Mündelvermögen nach Maßgabe desselben und entsprechend der sozialen Stellung gewähren.[258] Hierfür war er auch berechtigt, im wirtschaftlichen und sozialen Interesse des Mündels notwendige Schulden machen.[259] Es wurde geraten, sich den auszuzahlenden Unterhaltsbeitrags *causa cognita* per Dekret vom Magistraten exakt festsetzen zu lassen, um nach Beendigung der Vormundschaft nicht etwaigen Ersatzansprüchen des Pupillen ausgesetzt zu sein, die weder dessen Vermögen noch dessen Bedürfnissen entsprochen hatten.[260] Weiterhin war er dafür zuständig, den Aufenthaltsort und die Art der Ausbildung zusammen mit dem Familienrat im Einvernehmen mit dem *praetor tutelarius* zu bestimmen und zu überwachen.[261] Dabei lag die letzte Entscheidung hinsichtlich des Orts

255 Vgl. Kaser, RP I, 360, mit Fn. 1 siehe hierzu Ulp. D. 27, 2, 1ff.

256 Vgl. Kaser, RP I, 360; Sachers, in: RE 7A/2, 1543.

257 Vgl. Sachers, in: RE 7A/2, 1543.

258 Siehe etwa Paul. D. 27, 7, 12, 3; Ulp. D. 27, 2, 3, 1–3, 5 – vgl. Sachers, in: RE 7A/2, 1543.

259 Vgl. Ulp. D. 27, 4, 3, 1 – vgl. Sachers, in: RE 7A/2, 1543.

260 Siehe C. 5, 50, 2 – vgl. Sachers, in: RE 7A/2, 1543.

261 Jörs/Kunkel/Wenger, Römisches Privatrecht, 300.

der Unterbringung, des Umfangs der Erziehung sowie der Höhe des Unterhalts freilich beim jeweils zuständigen Magistraten.[262]

Wie eingangs bereits erwähnt wurde, stand dem Tutor ein Recht zur Verfügung über die Person des Mündels zumindest in der jüngeren Zeit nicht mehr zu. Dies äußerte sich darin, dass im Hinblick auf eine *manus*-freie Ehe nunmehr allein der Familienrat zu entscheiden hatte und eine Zustimmung des Vormunds hierzu nicht mehr erforderlich war.[263] Des Weiteren blieb ihm jegliche Einflussnahme auf die Begründung oder Auflösung eines Verlöbnisses versagt.[264] Ebenso durfte der Tutor sein Mündel weder adoptieren noch an Kindes statt annehmen *(adrogatio)*.[265] Aufgrund eines Senatsbeschlusses unter den Kaisern Mark Aurel und Commodus wurde schließlich bestimmt, dass die Berufung zur *tutela* ein Eheverbot für den Vormund und alle seine männlichen Nachkommen mit der ihnen anvertrauten Person nach sich zog.[266]

### *a) Negotia gerere im Besonderen*

Im klassischen Recht lag der wesentliche Inhalt des vormundschaftlichen Amts auf der Verwaltung des Pupillarvermögens. Da der *impubes* nach dem Verständnis der Römer nicht in der Lage war, rechtsgeschäftliche Handlungen wirksam vorzunehmen, bedurfte er der verwaltenden sowie geschäftsführenden Tätigkeit eines Tutors, um sich seine bisherigen Rechte zu sichern oder neue zu erwerben.[267]

Dabei übte der Vormund grundsätzlich zwei Funktionen aus: *Pupillorum pupillarumque tutores et negotia gerunt et auctoritatem interponunt* (Ulp. ep. XI, 25).[268] *Negotia gerere* bedeutete die Besorgung aller rechtlicher und faktischer Rechtsgeschäfte, die im wirtschaftlichen Interesse des Mündels erforderlich und zweckmäßig erschienen.[269] Diese führte der Tutor in den Fällen, in denen der *pupillus*

---

262 Siehe Ulp. D. 27, 2, 1 pr., 1, 1 – vgl. Sachers, in: RE 7A/2, 1543.

263 Vgl. Sachers, in: RE 7A/2, 1544.

264 Vgl. Ulp. D. 1, 6 – vgl. Sachers, in: RE 7A/2, 1544.

265 Siehe Gell. 5, 19, 10 – vgl. Sachers, in: RE 7A/2, 1544.

266 Siehe Paul. D. 23, 2, 59; 60 – vgl. Sachers, in: RE 7A/2, 1544.

267 Sachers, in: RE 7A/2, 1544.

268 Man darf heute relativ gesichert davon ausgehen, dass der *liber singularis regularum* nicht – wie im 19. Jahrhundert noch aufgrund der Inskription einzelner Parallelüberlieferungen in Digesten und Collatio sowie aufgrund der dem Text im Manuskript vorangestellten Überschrift *„Incipiunt Tituli ex corpore Ulpiani"* angenommen – vom spätklassischen Juristen Ulpian stammt, sondern von einem uns unbekannten Autor etwa aus dem Jahre 280 n.Chr.; vgl. Avenarius, Die pseudo-ulpianische Einzelschrift der Rechtsregeln *(liber singularis regularum)*, 8.

269 Karlowa II, 277.

entweder selbst nicht herangezogen werden konnte oder eine Stellvertretung nicht möglich war, in eigener Person oder übertrug sie als *mandatum tutelae* auf einen unbeteiligten Dritten.[270] Letztlich stellte die *gestio* damit eine Spielart der indirekten Stellvertretung dar, bei der der Vormund dem Mündel gegenüber stets in vollem Umfang selbst[271], der Dritte wohl als *negotiorum gestor*[272] haftete.

Obgleich auch in der Klassik die Verwaltung des Mündelguts im Allgemeinen auf denselben rechtlichen Grundlagen wie im altrömischen Recht beruhte, erhielt sie durch die Einführung der staatlichen Aufsicht in diesem Bereich ein völlig anderes Gepräge, das sich in zahlreichen Normen niedergeschlagen hat. Regelungen und Einzelfallentscheidungen hierzu finden sich insbesondere in D. 26, 7 *(De administratione et periculo tutorum et curatorum qui gesserint vel non et de agentibus vel conveniendis uno vel pluribus)*, in C. 5, 37 *(De administratione tutorum vel curatorum, et pecunia pupillari foeneranda vel depondenda)* und in C. 5, 38 *(De periculo tutorum et curatorum)*. Der umfangreichen Kasuistik lässt sich zunächst entnehmen, dass man die *gestio* des klassischen Rechts als eine einheitliche verstand und Verstöße des Tutors – unabhängig davon, ob es sich dabei um aktive Handlungen oder Unterlassungen handelte – als Pflichtverletzungen einordnete.[273] Im Rahmen der behördlichen Aufsicht konnte der zuständige Magistrat den Tutor nach seinem Ermessen sowohl zur Ausübung des vormundschaftlichen Amts zwingen als auch ihm jederzeit die Geschäftsführung wieder entziehen. Zudem war er befugt, vor der Zulassung des Tutors zur *gestio* eine Sicherheitsleistung zugunsten des Mündels zu verlangen *(satisdatio rem pupilli salvam fore)*. Schließlich bestand die Möglichkeit, zum Schutz der Rechte des Mündels sowie zur Vorbeugung etwaiger Schäden im Bedarfsfall einen *tutor decretalis* zu bestellen oder neben dem Vormund einen Kurator einzusetzen.[274]

Hinsichtlich der Stellung des Tutors am Pupillarvermögen wird erkennbar, dass diese weiterhin als *domini loco* eingestuft wurde, jedoch hatte sich ihr sachlich-juristischer Bedeutungsgehalt wesentlich geändert: Der Vormund galt nun nicht mehr als Miteigentümer, sondern als Machthaber und damit Besitzer über ein ihm fremdes Vermögen, das er sorgsam zu verwalten hatte.[275] Die Betonung der treuhänderischen Funktion des Tutors führte einerseits zur schrittweisen

---

270 Sachers, in: RE 7A/2, 1544.

271 Vgl. etwa Ulp. D. 3, 5, 5, 2; Ulp. D. 27, 7, 5, 3; Tryph. D. 27, 7, 55 pr.; 55, 2 – vgl. Sachers, in: RE 7A/2, 1544.

272 Siehe P. Oxy. IV 727 – vgl. Sachers, in: RE 7A/2, 1544.

273 So auch Sachers, in: RE 7A/2, 1545.

274 Vgl. Jörs/Kunkel/Wenger, Römisches Privatrecht, 300f.

275 Siehe hierzu Kübler, in: Albertario et al. (ed.), Studi Besta I, 85ff.

Beseitigung einer freien Geschäftsführung und zu einer gewissen Anerkennung der Repräsentation des Mündels im Rechtsverkehr.[276] Andererseits hatte diese Auffassung zur Folge, dass die Juristen der Kaiserzeit den Satz *quantum ad providentiam pupillarem domini loco* für nicht anwendbar hielten, wenn der Vormund einen Vermögensgegenstand des Mündels entwendet oder unterschlagen hatte: *nam tutor in re pupilli tunc domini loco habetur, cum tutelam administrat, non cum pupillum spoliat* (Iul. D. 41, 4, 7, 3). Folglich wurde angenommen, dass die Aneignung bzw. Unterschlagung von Pupillarvermögen ein *furtum* des Tutors darstelle, woraus sich zwangsläufig die *actio furti* gegen ihn ergebe. Besonders deutlich wird dies in einer Äußerung des spätklassischen Juristen Ulpian in D. 47, 2, 33: *Tutor administrationem quidem rerum pupillarium habet, intercipiendi autem potestas ei non datur: et ideo si quid furandi animo amoverit, furtum facit nec usucapi res potest. Sed et furti actione tenetur, quamvis et tutelae agi cum eo possit.*[277] Eine ältere Anschauung hatte in der Unterschlagung von Gegenständen des Mündels durch den Vormund noch ein *perfide agere* gesehen, aber die Möglichkeit der Begehung eines *furtum* durch die ihm *domini loco* zustehende Verfügungsgewalt ausgeschlossen.[278] Diese spiegelt sich wohl in einer Textstelle von Tryphonin in D. 26, 7, 55, 1 wieder: *sed tutores propter admissam administrationem non tam invito domino contrectare eam videntur quam perfide agere.*

### *b) Einzelne Rechte und Pflichten des Tutors*

Innerhalb der behördlichen Aufsicht (seit Mark Aurel fiel diese Aufgabe hauptsächlich in den Kompetenzbereich des neu geschaffenen Amts des *praetor tutelarius,* der im Kognitionsverfahren tätig wurde) und auf der Grundlage der *bona fides* als Richtlinie der neugeschaffenen *actio tutelae* entwickelten die römischen Juristen im klassischen Recht eine Reihe von festen Grundsätzen für die Führung der vormundschaftlichen Geschäfte.[279] Im Zuge dieser Entwicklung kam es nicht nur zu einer bedeutenden Erweiterung einzelner Pflichten des Tutors, insbesondere wurde auch seine Haftung dem Mündel gegenüber verstärkt.[280]

276 Sachers, in: RE 7A/2, 1545f.
277 Vgl. hierzu Karlowa II, 277f.
278 Karlowa II, 278.
279 Kaser, RP I, 361.
280 Sachers, in: RE 7A/2, 1546.

Die wichtigsten Rechte und Pflichten lassen sich wie folgt zusammenfassen[281]:

Der Vormund war im Rahmen der *gestio* befugt, Gegenstände des Mündels zu verpfänden[282], zu veräußern[283], förmlich zu manzipieren oder nur formlos zu tradieren[284], ebenso zu novieren[285], Gelder anzulegen[286], Vergleiche abzuschließen[287] sowie Realservituten oder Nießbrauchsrechte zu bestellen.

Weiterhin kam ihm das Recht zu, in unbeschränkter Weise Zahlungen von Schuldnern entgegenzunehmen, vor allem wenn er in seiner Funktion als Vormund Geschäfte geführt hatte.[288] Bei mehreren Tutoren war dies nur dem Geschäftsführenden unter ihnen erlaubt.[289]

Im Gegenzug war der Tutor verpflichtet, von Natur aus leicht verderbliche oder entbehrliche Gegenstände zu veräußern[290] und bewegliche Sachen in Verwahrung zu geben.[291]

Darüber hinaus musste zur Verfügung stehendes Kapital in beständigen Werten, insbesondere in Grundstücken durch Ankauf solcher[292] oder gewinnbringend durch die Gewährung von Darlehen angelegt werden.[293] Für Letztere wurde zur Absicherung des Mündels, in den Fällen, in denen es entweder abwesend oder noch *infans* war, das Stellen eines Bürgens und die Vornahme einer Stipulation des Vormunds gefordert. Dadurch sollte der *pupillus* eine selbstständige, jederzeit durchsetzbare *actio utilis ex stipulatu* gegen den Dritten erwerben.[294] Zudem hatte die Verpflichtung zur sicheren Anlage von Mündelvermögen sowohl die Haftung des Tutors für entgangenen Zinsgewinn[295] als auch die Haftung für die Sicherheit der Kapitalanlage an sich zur Folge.[296] Erträge aus der

281 Vgl. hierzu die Zusammenschau bei Sachers, in: RE 7A/2, 1546ff mit Quellenangaben.
282 Vgl. etwa Ulp. D. 7, 11, 7.
283 Paul. D. 12, 2, 17, 2; 26, 7, 12, 1.
284 Ulp. D. 41, 1, 35.
285 Etwa Paul. D. 26, 7, 22.
286 Paul. D. 26, 7, 46, 2.
287 Iul. D. 47, 2, 57, 4.
288 Vgl. Paul. D. 26, 7, 46, 5; 12, 2, 17, 2; 46, 3, 100; 14, 1; Scaev. D. 46, 7, 47, pr.
289 Ulp. D. 46, 3, 14, 5.
290 Ulp. D. 26, 7, 7, 1.
291 C. 5, 37, 24.
292 Vgl. etwa Ulp. D. 26, 7, 5 pr.; 3, 2; 7, 2; 7, 3; C. 5, 56, 3.
293 Siehe etwa Ulp. D. 26, 7, 8; 7, 13, 1.
294 Vgl. hierzu Ulp. D. 26, 7, 9 pr; 13, 5, 5, 9.
295 Scaev. D. 26, 7, 58, 1; 58, 3.
296 Herm. D. 26, 7, 50; Pap. D. 26, 7, 35; Paul. D. 26, 7, 44 pr.

Vermögensverwaltung (insbesondere Zinserträge) waren herauszugeben oder sollten zugunsten des Mündels verwendet werden.[297]

Hinsichtlich des verantwortungsvollen Umgangs mit Verbindlichkeiten ist festzuhalten, dass der Vormund zunächst dafür zu sorgen hatte, das Mündel von besonders hohen Schulden so schnell als möglich zu befreien.[298] Im Allgemeinen sollten Verbindlichkeiten zeitnah erfüllt[299], Forderungen rechtzeitig eingetrieben[300] und deren Begleichung vor allem in den Fällen bewirkt werden, in denen der Tutor selbst Schuldner war.[301] Diese Verpflichtungen führten zu einer Haftung des Tutors, wenn der Schuldner infolge der Hinauszögerung der Belangung zahlungsunfähig geworden war.[302]

Besonders bedeutsam war die erstmalig von Arcadius und Honorius[303] als obligatorisch eingeführte Pflicht des Tutors, über den Bestand des Pupillarvermögens ein Verzeichnis zu führen, welches als *inventarium* bezeichnet wurde.[304] Schon zuvor hatte sich eine Inventarerrichtung für eine übersichtliche Verwaltung und im Hinblick auf die nach der Beendigung der *tutela* erforderliche Rechnungslegung sowie Herausgabepflicht des Mündelvermögens als zweckmäßig erwiesen.[305]

Obwohl von einer echten Stellvertretung des Mündels durch den Tutor zu keiner Zeit ausgegangen werden kann, gelangte das klassische Recht zumindest in engen Grenzen zu einer solchen Anerkennung. Bereits auf frühe Zeiten geht die Möglichkeit zurück, dass der Vormund durch Sklaven des Mündels Rechtsgeschäfte durchführen ließ, um auf diese Weise beim *pupillus* unmittelbar Rechte und Verpflichtungen eintreten zu lassen. Zudem ist anzunehmen, dass der Tutor auch einige wenige Verfügungsgeschäfte, wie beispielsweise die *mancipatio* oder die *in iure cessio* mit Wirkung für das Mündel vornahm.[306] Im altrömischen Prozess konnte er eine *legis actio* zugunsten des Mündels nur während bestehender *infantia* anstellen. Darüber hinaus war ihm eine prozessuale Vertretung, ein *agere*

297 Vgl. Scaev. D. 26, 7, 47, 6; 58 pr.

298 Ulp. D. 26, 7, 9, 5.

299 Ulp. D. 26, 7, 9, 1; C. 5, 37, 23.

300 Paul. D 26, 7, 46, 7.

301 Ulp. D. 26, 7, 9, 1–3.

302 Siehe etwa Paul. D. 26, 7, 15; 43 pr.; Pap. D. 26, 7, 39, 14; 16; Scaev. D. 26, 7, 57 pr.; C. 5, 37, 18; C. 5, 51, 2.

303 Siehe Cod. Theod. 3, 30, 6 = C. 5, 37, 24.

304 Vgl. Ulp. D. 26, 7, 7 pr.; P. Oxy. X 1269.

305 Siehe etwa Ulp. D. 27, 3, 1, 3.

306 Vgl. Sachers, in: RE 7A/2, 1548.

*nomine pupilli* nicht erlaubt.[307] Zwar konnte der Tutor im späteren Formularprozess im Namen des *pupillus* eine Klage anstrengen[308], die Bestellung eines Prozessvertreters blieb ihm aber auch weiterhin verwehrt.[309] Wollte er dies, musste er beim zuständigen Magistraten einen *actor* postulieren und ihn per Dekret auf seine Gefahr hin bestellen lassen.[310] In diesen Fällen bestand für den *actor* allerdings die Pflicht, die *cautio de rato* zu leisten[311], so dass es sinnvoller erschien, das Mündel selbst mit Zustimmung des Tutors als Kläger im Verfahren auftreten zu lassen. Ohne die erforderliche *auctoritas tutoris* wäre ein solcher Prozess nichtig gewesen.[312]

Gegen Ende der Kaiserzeit ging die Jurisprudenz schließlich dazu über, dem Tutor eine gewisse Stellvertretung im Besitz- und Eigentumserwerb zu ermöglichen: So wurden sowohl der Besitz-[313] als auch der Eigentumserwerb[314] *nomine pupilli* für wirksam erachtet. Dies führte – gestützt und bestätigt in einigen kaiserlichen Konstitutionen des Septimius Severus, Caracalla und Alexander – zur Auffassung, dass dem Mündel an den vom Tutor erworbenen und in seinem Besitz befindlichen Sachen ein gesetzliches Pfandrecht zukam.[315] Abgesehen von diesen anerkannten Einzelfällen blieb es insbesondere im Vertragsrecht bei den althergebrachten Grundsätzen: Da der Vormund niemals im fremden Namen für sein Mündel Forderungen erwerben konnte, war der *pupillus* darauf angewiesen, entweder selbst zu stipulieren oder mittels eines Sklaven eine Stipulation vornehmen zu lassen.[316]

### c) Schranken der Verfügung

Zu diesen strengen Richtlinien für die Geschäftsführung traten im Laufe der klassischen Rechtsentwicklung unmittelbare Beschränkungen der Verfügungsmacht des Tutors hinzu, die ihm zum weiteren Ausbau des Mündelschutzes auferlegt wurden. Dies hatte zur Folge, dass die letzten Überreste seiner ehemaligen

---

307 Siehe etwa Ulp. ep. XI, 24; Gai. inst. 1, 184; 4, 82; Inst. 4, 10 pr.; Ulp. D. 50, 17, 123 pr.
308 Vgl. Ulp. D. 46, 7, 3, 5.
309 Ulp. D. 36, 1, 37, 1.
310 Siehe Paul. D. 26, 7, 24 pr.; Pap. D. 26, 9, 6; Inst. 1, 23, 6; C. 5, 61, 1.
311 Siehe Ulp. D. 46, 8, 9.
312 Vgl. C. 3, 6, 1; C. 5, 44, 1.
313 Vgl. Paul. D. 41, 2, 1, 20; Ulp. D. 13, 7, 11, 6; Ulp. D. 6, 2, 7, 10.
314 Siehe Ner. D. 41, 1, 13, 1; zu beidem auch Kübler, Studi Besta I, 84ff.
315 Siehe Ulp. D. 20, 4, 7 pr.; 9, 3 pr.; C. 7, 8, 6.
316 Vgl. Ulp. D. 26, 7, 9 pr.

Herrenstellung am Pupillarvermögen und damit die Ausgestaltung der *tutela impuberum* als umfassende *vis ac potestas* endgültig verschwanden.

Die wichtigsten Schranken seien im Folgenden kurz skizziert:

Zum Schutz vor schädlichen Interessenskollisionen war dem Tutor das Selbstkontrahieren ausdrücklich untersagt. Folglich durfte er Rechtsgeschäfte, die das Vermögen des Mündels unmittelbar betrafen, weder zu seinen eigenen Gunsten noch in seinem eigenen Interesse tätigen.[317] Ein weitergehendes Verbot eines Insichgeschäfts – vergleichbar der Regelung des heutigen § 181 BGB – gab es mangels einer echten Stellvertretung durch den Vormund nicht.

Geschäfte, die der Tutor in Schädigungsabsicht vorgenommen hatte, waren stets ungültig.[318] Die Rechtsfolge der Nichtigkeit führte auch zum Ausschluss der Ersitzung derjenigen Sachen des Mündels, die auf diese Weise veräußert worden waren.[319] In den Fällen, in denen das Mündel durch Rechtsgeschäfte des Vormunds tatsächlich geschädigt worden war, gewährte der Prätor die Wiederherstellung des früheren Zustands *(in integrum restitutio)*.[320]

Praxis und Jurisprudenz stellten zudem den Rechtssatz auf, dass der Tutor zu Schenkungen aus dem Pupillarvermögen nicht befugt sei, soweit es sich dabei nicht um solche aus üblichen gesellschaftlichen oder in Erfüllung verwandtschaftlicher und sittlicher Verpflichtungen – wie etwa Anstandsgeschenke sowie Unterhaltszahlungen an Verwandte – handelte.[321]

Insbesondere bezweckte eine *oratio* des Septimius Severus aus dem Jahre 195 n.Chr. die Erhaltung des im Eigentum des *pupillus* stehenden Vermögens mit sicherem Ertrag oder ohne Gefahr der Verwertung, indem sie die Veräußerung und Verpfändung ländlicher und stadtnaher Grundstücke *(praedia rustica et suburbana)* grundsätzlich untersagte.[322] Damit war jede Art von Liegenschaftsbesitz (Bergwerke, Salinen und Steinbrüche)[323] erfasst und die Rechtswissenschaft dehnte das Verbot auf alle dinglichen Rechte an diesen Liegenschaften

317 Vgl. Scaev. D. 26, 7, 59; Paul. D. 18, 1, 34, 7 – vgl. Sachers, in: RE 7A/2, 1549.

318 Sachers, in: RE 7A/2, 1549.

319 Paul. D. 26, 7, 12, 1; Jul. D. 41, 4, 7, 3 – vgl. Sachers, in: RE 7A/2, 1549f.

320 Z.B. bei einem Vergleich: Paul. D. 26, 7, 46, 7; bei Schädigung durch einen behördlich bewilligten Verkauf: C. 5, 71, 11, 1 – vgl. Sachers, in: RE 7A/2, 1550.

321 Paul. D. 26, 7, 12, 3; Gai. D. 26, 7, 13, 2; Ulp. D. 27, 3, 1, 2; 1, 4; vgl. aber Ulp. D. 27, 3, 1, 5 – vgl. Sachers, in: RE 7A/2, 1549; siehe hierzu auch Rudorff, Recht der Vormundschaft II, 381f; Bonfante, Corso I, 442f.

322 Sachers, in: RE 7A/2, 1550; Wortlaut der *oratio Severi* ist in Ulp. D. 27, 9, 1, 2 überliefert.

323 Ulp. D. 27, 9, 3, 6; 5 pr.; 5, 1 – vgl. Sachers, in: RE 7A/2, 1550.

(Hypotheken, gesetzliche Pfandrechte, Servituten) sowie auf jegliche Verfügungen daran aus.[324] Es ist anzunehmen, dass diesem Senatsbeschluss in erster Linie ökonomische Erwägungen zugrunde lagen: Risiken im Bereich der Realkredite und ein allgemein hohes Zinsniveau ließen wohl eine Kapitalanlage in Grundbesitz deutlich sicherer erscheinen als die Aufnahme von Gelddarlehen.[325] Ausdrücklich ausgenommen aus dem Anwendungsbereich der *oratio Severi* waren nur Veräußerungen, die der Erblasser letztwillig erlaubt hatte, ferner *causa cognita* des *praetor urbanus* (an dessen Stelle in den Provinzen der Statthalter trat)[326] solche, mit denen die Mittel zur Bezahlung von Mündelschulden beschafft werden sollten und schließlich Rechtsgeschäfte im Rahmen einer Aufteilung von Miteigentum.[327] Verstöße gegen diese Verbote führten zunächst zur Nichtigkeit der vom Tutor vorgenommenen Veräußerungshandlungen.[328] Darüber hinaus bewirkte die Unwirksamkeit ein Recht zur Rückforderung, das jederzeit gegenüber dem jeweiligen Erwerber geltend gemacht werden konnte.[329] Bei Erfolglosigkeit der Klage gegen den Dritten blieb dem Mündel die Möglichkeit einer Regressklage gegen den Vormund vorbehalten, wenn bewiesen werden konnte, dass der Prätor hintergangen worden war.[330]

Angesichts der sich seit dem 3. Jahrhundert n.Chr. im Vordringen befindlichen Inflation und damit der Notwendigkeit der Erhaltung der Sachwerte im Pupillarvermörgen[331], sah sich Kaiser Konstantin im Jahre 326 n.Chr. dazu veranlasst, den Anwendungsbereich der *oratio Severi* auf *praedia urbana* und kostbare bewegliche Sachen zu erweitern.[332] Die freie Veräußerungsbefugnis des Tutors erstreckte sich folglich nur noch auf überflüssiges Vieh, abgenutzte Kleider, Früchte und sonstige Erträge von Liegenschaften.[333]

---

324 Siehe Ulp. D. 27, 9, 3, 4; 3, 5; C. 5, 71, 4; 13 – vgl. Sachers, in: RE 7A/2, 1550.

325 Jörs/Kunkel/Wenger, Römisches Privatrecht, 301 Fn. 2.

326 Ulp. D. 27, 9, 9 – vgl. Jörs/Kunkel/Wenger, Römisches Privatrecht, 301.

327 Zu diesen drei Ausnahmefällen siehe nochmals Ulp. D. 27, 9, 1, 2.

328 Vgl. erneut Ulp. D. 27, 9, 1, 2.

329 Seit Kaiser Justinian war dies nur noch innerhalb eines Zeitraums von 5 Jahren nach Vollendung des 25. Lebensjahres möglich, vgl. C. 5, 74, 3 – vgl. Sachers, in: RE 7A/2, 1550.

330 Vgl. Ulp. D. 27, 9, 5, 15 – vgl. Sachers, in: RE 7A/2, 1550.

331 Jörs/Kunkel/Wenger, Römisches Privatrecht, 301 Fn. 4.

332 Cod. Theod. 3, 30, 3 = C. 5, 37, 22 – vgl. Sachers, in: RE 7A/2, 1550.

333 C. 5, 37, 22; C. 5, 37, 28; C. 5, 72, 4; Cod. Theod. 3, 30, 3, 7 – vgl. Sachers, in: RE 7A/2, 1550.

### 3. Die Geschäftsführung bei einer Mehrheit von Tutoren

Bei allen drei Arten der römischen Vormundschaft bestand die Möglichkeit der Berufung mehrerer Personen als Tutoren. Im Falle der *tutela legitima* kam dies immer dann in Betracht, wenn eine Mehrheit gleichnaher Agnaten als Nächstverwandte vorhanden war. Im Rahmen der *tutela decretalis* stand dem Magistraten die Befugnis zu – falls er es für erforderlich hielt – per Dekret mehrere Tutoren zu bestellen und auch vom *paterfamilias* konnten in beliebiger Zahl *tutores testamentarii* letztwillig bestimmt werden.[334] Gerade die Erblasser machten von diesem Recht gerne und häufig Gebrauch, um mit der Ernennung bestimmten Personen eine besondere Ehre zuteil werden zu lassen, ohne sie gleichzeitig mit der Bürde des vormundschaftlichen Amtes zu belasten.[335] Daher waren die *tutores honoris causae dati* von der Pflicht zur Geschäftsführung befreit.[336] Diese Regelung galt hingegen nicht für die *tutores propter rerum notitiam dati,* die meistens Freigelassene und vom *paterfamilias* lediglich zur Unterstützung der anderen Tutoren ernannt worden waren.[337] Obgleich sie an der *gestio* nicht beteiligt wurden, hafteten sie in ihrem Wirkungskreis in voller Höhe.[338]

Fraglich ist, wie die Geschäftsführung bei einer Mehrheit von Tutoren im Einzelnen ausgestaltet war. Hierbei galten entsprechend der Art der Berufung unterschiedliche Maßstäbe. Die *tutores legitimi* waren zunächst zur gemeinsamen Ausübung der Vermögensverwaltung befugt.[339] Im Falle von mehreren *tutores decretales* entschied stets die behördliche Anordnung durch den zuständigen Magistraten über die Frage, wer von ihnen die *gestio* zugunsten des Mündels ausüben sollte.[340] Dagegen konnte der Erblasser bei der *tutela testamentaria* grundsätzlich selbst bestimmen, welcher unter den von ihm bestellten Tutoren die Geschäfte des Mündels zu führen hatte.[341] An diese Verfügung des *paterfamilias* war dann auch der Prätor gebunden, es sei denn, die Ernennung erwies sich als unzweckmäßig.[342]

334 Vgl. Jörs/Kunkel/Wenger, Römisches Privatrecht, 301f.

335 Jörs/Kunkel/Wenger, Römisches Privatrecht, 301 Fn. 5.

336 Vgl. Pap. D. 26, 2, 26, 1; siehe hierzu Levy, ZSS 37 (1916), 71ff, insbesondere zur Herkunft und Bedeutung des Namen *tutor honorarius* Levy, ZSS 37 (1916), 72.

337 Kaser, RP I, 362.

338 Vgl. Paul. D. 26, 2, 32, 1; C. 5, 38, 1 – vgl. Sachers, in: RE 7A/2, 1522; siehe hierzu vertiefend wiederum Levy, ZSS 37 (1916), 49f.

339 Kaser, RP I, 362.

340 Sachers, in: RE 7A/2, 1553.

341 Kaser, RP I, 362.

342 Siehe Ulp. D. 26, 7, 3, 1; Inst. 1, 24, 1; zu den Ausnahmen vgl. Ulp. D. 26, 7, 3, 3 – vgl. Kaser, RP I, 362 Fn. 20.

Bot sich einer der letztwillig Berufenen durch Stellen der *cautio rem pupilli salvam fore* zur Übernahme der Geschäftsführung an, ohne dass sich hierzu auch die übrigen Mitvormünder bereit erklärten, dann war dieser den anderen vorzuziehen.[343] Es wird davon ausgegangen, dass die Klausel ursprünglich nur innerhalb der testamentarischen Tutel Anwendung fand, da ein genereller Zwang zur Sicherheitsleistung nicht bestand, vielmehr im prätorischen Edikt nur demjenigen die Führung der *tutela* verheißen war, der sich zu dieser freiwilligen *cautio* anbot oder hierzu von den übrigen Mittutoren aufgefordert wurde.[344] Hatte der Erblasser hingegen hinsichtlich der Verwaltung des Mündelvermögens keinerlei Regelung getroffen oder lehnte sie der von ihm Ernannte ab, sollte derjenige die Geschäftsführung übernehmen, *cui maior pars tutorum tutelam decrevit.*[345] Diese Bestimmung wurde von den Juristen bereits im spätklassischen Recht auf die gesetzlichen Vormünder[346] und unter Justinian schließlich auf die aufgrund des Kognationsprinzips berufenen Tutoren erweitert.[347] In den Fällen, in denen eine Übereinkunft zwischen den testamentarischen Vormündern nicht zustande kam, musste hierüber – entsprechend der Festlegung im Edikt – der Prätor (in den Provinzen der Statthalter) entscheiden und den künftigen geschäftsführenden Tutor gegen Sicherheitsleistung bestimmen.[348] Dies galt auch dann, wenn eine gemeinschaftliche *gestio* aller berufenen Tutoren nicht zu erreichen war.[349]

Zusammenfassend lässt sich somit festhalten, dass die klassische Jurisprudenz infolge des Grundsatzes der einheitlichen Verwaltung und aus rein praktischen Erwägungen (vereinfachtes Verfahren, keine Gefahr der widerstreitenden Interessen, verstärkter Schutz des Mündels) bestrebt war, die *gestio* entweder in der Hand eines einzigen Tutors zu vereinen oder sie unter den mehreren zu verteilen. Zu diesem Zweck konnte der Prätor – wie bereits dargestellt wurde – die Vormünder sowohl zum Abschluss einer entsprechenden Vereinbarung zwingen als auch die Geschäftsführungsbefugnis auf einen einzelnen übertragen. Lag das Pupillargut räumlich weit auseinander oder war eine besondere Ortskenntnis

---

343 Kaser, RP I, 362, mit Fn. 21 vgl. etwa Ulp. D. 26, 2, 17 pr.; Lenel, EP, 316f; Inst. 1, 24, 1; siehe hierzu auch vertiefend Kübler, Krit. Vjschr. 16 (1914), 10ff gegen Taubenschlag, Vormundschaftsrechtliche Studien, 2ff; 11ff.

344 Sachers, in: RE 7A/2, 1554.

345 Ulp. D. 26, 7, 3, 7; Inst. 1, 24, 1 – vgl. Sachers, in: RE 7A/2, 1552f.

346 Ulp. D. 26, 4, 5, 2; dagegen Peters, ZSS 32 (1911), 229.

347 Vgl. hierzu nochmals Nov. 118, 5.

348 Siehe Ulp. D. 26, 7, 3, 7; Ulp. D. 46, 3, 14, 1; Paul. D. 46, 7, 3, 5 – vgl. Sachers, in: RE 7A/2, 1553.

349 Ulp. D. 26, 7, 3, 8; Call. D. 26, 2, 18 – vgl. Sachers, in: RE 7A/2, 1553.

erforderlich, dann erschien es bisweilen sinnvoller, die *gestio* nach sachlichen Gesichtspunkten bzw. nach verschiedenen Verwaltungsbezirken unter den einzelnen Tutoren aufzuteilen.[350] Dies konnte nur letztwillig vom Erblasser verfügt[351] oder vom Magistraten bei Vorliegen eines Exkusationsgrundes (hier: verschiedene geographische Lage, besondere örtliche Geschäftskreise) *causa cognita* angeordnet werden.[352] Außerdem trat sie ein, wenn nach dem Tode eines der *tutores testamentarii* die Mutter beim Prätor die Bestellung eines Nachfolgers beantragte und das Mündel in diesem Falle dann mehrere Vormünder aus unterschiedlichen Berufungsgründen hatte.[353] Jede Aufteilung der Geschäftsführungsbefugnis führte dazu, dass die verwaltende Tätigkeit eines Tutors in einem Gebiet oder Geschäftszweig, der ihm nicht zugesprochen worden war, als nichtig angesehen wurde.[354] Obwohl uns diese Einzelfälle in den Quellen überliefert sind, dürfte ihr Anwendungsbereich denkbar schmal gewesen sein: Da in Rom und Italien berufenen Tutoren das Recht zukam, mit Zustimmung des Prätors oder – in Alexandria – des Iuridicus das in den Provinzen gelegene Mündelvermögen zu verwalten und Verfügungen darüber zu treffen, war eine Aufteilung der *gestio* oftmals gar nicht erforderlich.[355]

In den Fällen, in denen die Vormünder nicht zu einer Geschäftsverteilung gelangten, waren gleichsam alle zur *gestio* sowohl berechtigt als auch verpflichtet. Der Grundsatz der gemeinsamen Geschäftsführung beinhaltete, dass ihnen das *periculum* der Verwaltung gemeinsam war und jeder von ihnen *in solidum* gegenüber dem Mündel haftete.[356] Inwieweit sie überhaupt nur zum gemeinschaftlichen Handeln befugt waren, hing wiederum von der jeweiligen Art der Berufung ab.[357]

### 4. *Die Erteilung der auctoritas tutoris*

Im Hinblick auf die Aufgaben der Alterstutoren sei nochmals auf die Feststellung des unbekannten Verfassers der *Ulpiani epitome* in Ulp. ep. XI, 25 verwiesen: *Pupillorum pupillarumque tutores et negotia gerunt et auctoritatem interponunt.*

350 Vgl. Jörs/Kunkel/Wenger, Römisches Privatrecht, 302.
351 Ulp. D. 26, 7, 3, 4; Ulp. D. 26, 2, 15; Frag. Vat. 229 – vgl. Sachers, in: RE 7A/2, 1552.
352 C. 5, 52, 2 – vgl. Sachers, in: RE 7A/2, 1552.
353 Vgl. Paul. D. 26, 7, 46, 6 – vgl. Sachers, in: RE 7A/2, 1552.
354 Pomp. D. 26, 8, 4; dieses Fragment gilt auch hinsichtlich der magistratischen Teilung der Verwaltungsgeschäfte unter den Vormündern, vgl. Sachers, in: RE 7A/2, 1552.
355 Vgl. Pap. D. 26, 7, 39, 8; Ulp. D. 27, 9, 5, 12 – vgl. Sachers, in: RE 7A/2, 1552.
356 Paul. D. 26, 7, 55 pr.; Pap. D. 27, 7, 6 – vgl. Sachers, in: RE 7A/2, 1551.
357 Siehe hierzu weiterführend die Übersicht bei Sachers, in: RE 7A/2, 1551.

Wie bereits dargelegt wurde, übte der Tutor also grundsätzlich zwei Funktionen aus: *negotia gerere* und *auctoritatem interponere*. Unter *negotia gerere* ist die einseitige Besorgung aller rechtlichen sowie tatsächlichen Geschäfte durch den Tutor zu verstehen, die zugunsten seines Mündels notwendig und zweckmäßig erschienen.[358] Die *auctoritatis interpositio* zeichnete sich hingegen durch ein gemeinsames Zusammenwirken von Vormund und Mündel aus. Die engen Grenzen, innerhalb derer der Tutor für den *pupillus* handeln konnte, hatten bereits in älterer Zeit dazu geführt, dass man ihn – sobald er nicht mehr *infans* war – die Rechtsgeschäfte in der Regel selbst vornehmen ließ.[359] Dies hatte den Vorteil, dass die Wirkungen des Handelns allein in seiner Person eintraten, während den Tutor das jeweilige Geschäft nicht unmittelbar betraf und der Dritte somit keine Rechte gegen ihn erwerben konnte.[360] Zur Ergänzung der Handlungsmacht bedurfte es allerdings der formellen Zustimmung des Tutors.[361]

Da die Erteilung der *auctoritas tutoris* in Akzessorietät zur Willenserklärung des Pupillen stand, konnte sie der Tutor nur dann erklären, wenn das Mündel überhaupt zu einer Willensäußerung fähig war sowie die erforderliche Einsichts- und Urteilsfähigkeit besaß. Kam aber aufgrund des Alters gar kein rechtsgeschäftlich erhebliches Handeln in Betracht, gab es auch noch keine Möglichkeit des Hinzutretens der *auctoritatis interpositio*. Dies liegt in der Funktion der *auctoritas* begründet, bei der es sich um eine zweite, die Willenserklärung des Mündels ergänzende Erklärung handelte: *ipsius actus et voluntas fuit necessaria* (C. 6, 30, 5).[362] Ohne die *auctoritatis interpositio* blieb der Pupillarakt ein bloßes faktisches Tun ohne jegliche rechtliche Wirkung und wurde von der Rechtsordnung daher nicht anerkannt. Bei Geschäften, die keinem bestimmten Formalismus unterlagen, war das Sprechen der jeweiligen Worte durch den *pupillus* zwar nicht erforderlich, jedoch musste er den Bedeutungsgehalt seines Handelns erfassen können.[363] Deshalb galten Kleinkinder während der *infantia*, also bis zur Vollendung des 7. Lebensjahres, nach dem rechtlichen Verständnis als völlig handlungsunfähig. Von diesem Grundsatz ist uns in den Quellen eine anerkannte Ausnahme überliefert. Nach Maecian konnte der Testamentserbe, dem vom Erblasser ein Universalfideikommiss zugunsten eines *pupillus infans* auferlegt worden war, die Erbschaft an diesen *tutore auctore* herausgeben: *Si pupillo infanti restituere hereditatem quis*

358 Siehe nochmals Karlowa II, 277.
359 Kaser, RP I, 361.
360 Sachers, in: RE 7A/2, 1554.
361 Kaser, RP I, 361.
362 Vgl. Karlowa II, 278.
363 Vgl. Iul. D. 26, 8, 13 – vgl. Karlowa II, 278.

*rogatus sit, si sponte adierit, etiam servo eius et ipsi pupillo tutore auctore restituetur hereditas: si quidem eo, quod fari non potest, non magis ea res impedietur, quam in muto pubere volente sibi restitui hereditatem* (D. 36, 1, 67, 3). Für die Annahme der Restitutionserklärung des Erben bedurfte es nicht des Sprechens irgendwelcher (förmlichen) Worte, vielmehr erfolgte sie stillschweigend und damit formlos. Zu einer solchen Entgegennahme der Erklärung wurde also auch das Kind als befähigt angesehen, da ein *fari* nicht Voraussetzung für den Eintritt der rechtlichen Wirkungen war.[364]

Die Erteilung der *auctoritas* selbst stellte einen rechtlichen Willensakt dar, so dass sie neben der Handlungsfähigkeit des Mündels auch die des Tutors voraussetzte. Folglich blieb die *auctoritatis interpositio* Vormündern, die selbst nicht in der Lage zur Bildung eines vernünftigen Willens waren, versagt.[365] Da sie dem Handeln des Mündels Rechtscharakter verleihen sollte, konnte die rein faktische Anwesenheit des Tutors bei Vornahme des Rechtsgeschäfts freilich nicht genügen. Vielmehr sollte ihre Bedeutung auch nach außen hin dadurch zum Ausdruck kommen, dass er die *auctoritas* unmittelbar, mündlich und schließlich unbedingt[366] erteilte. Obgleich sie im klassischen Recht nunmehr formlos abgegeben werden konnte, war es dem Tutor selbst in späterer Zeit nicht möglich, die Zustimmung gegebenenfalls nachzuholen.[367] Fehlte es an der erforderlichen Zustimmung des Vormunds, hatte dies die Nichtigkeit des Rechtsgeschäfts zur Folge, soweit es für das Mündel rechtliche Belastungen oder Nachteile mit sich brachte. Als Ausgleich sah ein *rescriptum divi Pii* erstmals eine Haftung des *impubes* in der Höhe seiner Bereicherung vor.[368]

Auf die dogmatische Frage, für welche rechtsgeschäftlichen Akte die *auctoritatis interpositio* im Einzelnen notwendig war, soll an dieser Stelle nicht eingegangen werden. Allerdings darf eine (zumindest scheinbare) Befremdlichkeit nicht unerwähnt bleiben: In Handbüchern zum römischen Privatrecht findet sich häufig die allgemeine Feststellung, dass zu ausnahmslos allen Geschäften, denen ein bestimmter Rechtsformalismus immanent war, das Mündel der Zustimmung seines Tutors bedurfte. Dies erscheint auf den ersten Blick durchaus richtig und wird uns auch in Paul. D. 26, 8, 19 bestätigt: *Curatorem etiam impuberi dari posse, sed ad ea, quae sollemnitatem iuris desiderant, explicanda tutore*

---

364 Vgl. Karlowa II, 278.

365 Zum *tutor furiosus* siehe etwa Ulp. D. 27, 6, 1, 2 – vgl. Karlowa II, 278.

366 Ulp. D. 26, 8, 8.

367 Kaser, RP I, 361f, mit Fn. 16 siehe Paul. D. 26, 8, 3.

368 Vgl. Kaser, RP I, 362.

*auctore opus esse.* Dagegen berichtet der hochklassische Jurist Gaius in Gai. D. 26, 8, 9 pr.: *adquirere autem sibi stipulando et per traditionem accipiendo etiam sine tutoris auctoritate potest.* Hieraus ergibt sich, dass das Mündel durch Stipulation auch ohne vorherige Zustimmung des Tutors erwerben könne. In Anbetracht der scheinbaren Widersprüchlichkeit beider Aussagen drängt sich die Hypothese auf, dass unter der *sollemnitas iuris* etwas anderes verstanden werden müsse als jede besondere Förmlichkeit eines Rechtsgeschäfts. Dieser Konflikt lässt sich wohl nur auf folgende Weise lösen: Unter die förmlichen Handlungen, welcher der *auctoritas tutoris* tatsächlich bedurften, sind nur diejenigen Akte zu fassen, die dem *ius civile* im engeren Sinne angehörten. Im Hinblick auf die *stipulatio* war dies das mündliche Schuldversprechen in Form der *sponsio,* das allein römischen Bürgern vorbehalten war.[369]

Bei einer Mehrzahl an Tutoren galten für die *auctoritas*-Erteilung andere Grundsätze. Vor dem Hintergrund divergierender Quellenaussagen ist davon auszugehen, dass die Fallkonstellationen von den römischen Juristen bisweilen unterschiedlich gehandhabt wurden und es an einer einheitlichen Regelung hierfür fehlte. Dennoch lassen sich einige Leitlinien für das klassische Recht skizzieren: In erster Linie kam es auf den jeweiligen Berufungsgrund zur Vormundschaft an. Bei mehreren *tutores legitimi* und *tutores decretales* war stets die Zustimmung aller erforderlich.[370] Im Falle einer Aufteilung der *tutela legitima* nach verschiedenen Geschäftszweigen genügte zwar die *auctoritas* des betreffenden Tutors, diese konnte aber nur Wirkungen für die Rechtsgeschäfte innerhalb des jeweiligen Tätigkeitskreises entfalten.[371] Von den letztwillig berufenen und den nach vorheriger Untersuchung behördlich bestellten Vormündern war zunächst jeder Einzelne befugt, die *auctoritas* zu erteilen, wenn er tatsächlich die *gestio* ausübte.[372] Als die testamentarische Tutel bald ein verpflichtendes Amt und die Pflicht zur Sicherheitsleistung eingeführt wurde, erachtete man im Zuge dieser Entwicklung nunmehr die *auctoritas* aller *tutores testamentarii* für notwendig.[373]

---

369 Vgl. hierzu ebenso Karlowa II, 279.

370 Ulp. ep. XI, 26; Cic. pro Flacco, 84 – vgl. Sachers, in: RE 7A/2, 1555.

371 Sachers, in: RE 7A/2, 1555.

372 Siehe Pomp. D. 26, 8, 4 – vgl. Sachers, in: RE 7A/2, 1555.

373 Sachers, in: RE 7A/2, 1555.

## 5. *Kurzüberblick über die nachklassischen Entwicklungen*

Im Zeitalter des spätantiken Wohlfahrtsstaates rückten auch im Bereich der Aufgaben des Tutors christliche Wertvorstellungen und sittliche Bindungen immer stärker in den Vordergrund.[374]

Die Sorge über die Person des Mündels erschöpfte sich in der Bereitstellung der erforderlichen Mittel für den angemessenen Unterhalt sowie für dessen Erziehung, die wie bereits im klassischen Recht hauptsächlich der Mutter zukam.[375] Im Hinblick auf die Verwaltung des Pupillarvermögens wurden die Pflichten des Vormunds nochmals deutlich strenger gefasst: Um das Kapital vor der wachsenden Geldentwertung zu bewahren, sollte es der Tutor entweder langfristig in Grundbesitz oder – wenn dies nicht möglich war – zumindest ertragsbringend anlegen.[376] Darüber hinaus waren Gold, Silber und andere wertvolle Gegenstände sicher in Verwahrung zu geben.[377] Ebenso wurde die Errichtung eines Bestandsverzeichnisses, das dem Tutor schon zuvor zum Schutz vor unberechtigten Ansprüchen des Mündels im Zusammenhang mit der Rechnungslegung bindend vorgeschrieben war, mit ausdrücklichem Hinweis auf die Ermittlung des Umfangs seiner Herausgabepflicht nach beendeter Tutel rechtlich erzwingbar gemacht.[378] Nach Erweiterung des Anwendungsbereichs der *oratio Severi* unter Kaiser Konstantin auf städtische Grundstücke und wertbeständige Sachen, verlangte Justinian die behördliche Erlaubnis schließlich auch bei der Einziehung von Forderungen.[379] Ausgenommen von dieser Regelung waren sowohl regelmäßig wiederkehrende Einkünfte als auch Zinsen, diese aber nur für zwei Jahre und bis zur Höchstgrenze von 100 *solidi*.[380]

Aus den Quellen des weströmischen Reiches dieser Zeit lässt sich schließen, dass die Grenzen zwischen der Erteilung der *auctoritas tutoris* und dem *consensus curatoris* zunehmend verschwammen.[381] Unter Justinian scheint man zwar wieder die bei Vornahme des Rechtsgeschäfts unmittelbar und mündlich zu erteilende

374 Kaser, RP II, 229 mit Fn. 1: So musste der Tutor vor Amtsantritt feierlich schwören, dass er die Vormundschaft pflichtgemäß und zum Vorteil seines Mündels führen werde, vgl. Nov. 72, 8.

375 Kaser, RP II, 229, mit Fn. 2 vgl. hierzu etwa Cod. Theod. 3, 30, 6, 1; Nov. 72, 7f.

376 Kaser, RP II, 229.

377 Kaser, RP II, 229, mit Fn. 4 vgl. Cod. Theod. 3, 30, 6, 1 = C. 5, 37, 24, 1.

378 Kaser, RP II, 229, mit Fn. 5 siehe Cod. Theod. 3, 30, 6 pr. = C. 5, 37, 24 pr.; C. 5, 51, 13, 2f.

379 Kaser, RP II, 229, mit Fn. 8 vgl. C. 5, 37, 25.

380 C. 5, 37, 27 – vgl. Kaser, RP II, 230 Fn. 8.

381 Kaser, RP II, 230, mit Fn. 9 vgl. Frag. Vat. 326 i.f.; siehe aber auch C. 3, 6, 2 i.f.

Zustimmung des Tutors eingeführt zu haben.[382] Es bleibt aber unsicher, inwieweit sich die nachklassische Praxis tatsächlich an die Rückkehr zu dieser alten Rechtsregel gehalten hat.[383]

Die treuhänderische Stellung des Vormunds *(domini loco)* wurde auf solche Rechtsgeschäfte beschränkt, die für das Mündel ausschließlich vorteilhaft waren.[384] Das nachklassische Recht knüpfte zudem an die Entwicklung an, wonach bereits in der Spätklassik nach beendeter Vormundschaft über die Fälle des *infans* oder des *absens* hinaus aus Verpflichtungsgeschäften, die der Tutor zugunsten oder zu Lasten des *pupillus* getätigt hatte, gegenseitige *actiones utiles* gewährt wurden und machte dieses Vorgehen zur allgemeinen Regel.[385] Ob es darüber hinaus hinsichtlich der Prozessführung des Tutors für das Mündel zu einer Erweiterung des klassischen Rechtszustands gekommen ist, erscheint indes eher fraglich. Immerhin ist anzunehmen, dass unter Justinian die Kautionspflicht vor Prozessbeginn grundsätzlich beseitigt wurde.[386]

Auch in den nachklassischen Rechtsentwicklungen war eine Mehrheit von Tutoren bei allen Arten der Vormundschaft denkbar.[387] Justinian schuf endlich eine umfassende Regelung, welche die bis dahin bestehenden Unsicherheiten beseitigen sollte. Vor dem Hintergrund der allgemeinen Vereinheitlichung der Tutel genügte es bei einer Mehrheit von Vormündern, die gemeinsam zur Führung der Verwaltungsgeschäfte berufen waren, wenn einer von ihnen die *auctoritas* erteilte. Nur bei Rechtsgeschäften, die die Aufhebung der *tutela* zum Gegenstand hatten, bedurfte es weiterhin der Zustimmung aller.[388]

## III. Der Rechtsschutz des Mündels – prozessuale Klageformen und Rechtsbehelfe als Fundament einer effizienten Vormundschaft

Macht man es sich zur Aufgabe, die Rechtsschutzmöglichkeiten des Mündels während sowie nach Beendigung der *tutela* aufzuzeigen, erscheint es sinnvoll, sich zunächst die Bedeutung der römischen *tutela impuberum* erneut vor Augen zu führen: *Tutela est, ut Servius definit, vis ac potestas in capite libero ad tuendum*

382 Kaser, RP II, 230, mit Fn. 10 siehe Inst. 1, 21, 2 i.f.: *post tempus vero aut per epistulam interposita auctoritas nihil agit.*

383 Kaser, RP II, 230.

384 Kaser, RP II, 230, mit Fn. 11 siehe bereits Paul. D. 26, 7, 27; Iul. D. 41, 4, 7, 3 (gelten als interpoliert).

385 Kaser, RP II, 230.

386 Sachers, in: RE 7A/2, 1548f.

387 Kaser, RP II, 231.

388 C. 5, 59, 5 – vgl. Sachers, in: RE 7A/2, 1555f.

*eum, qui propter aetatem sua sponte se defendere nequit, iure civili data ac permissa* (Paul. D. 26, 1, 1 pr.). Seit jeher besteht das gesellschaftliche Erfordernis, sich Personen anzunehmen, die noch nicht selbstständig und eigenverantwortlich Teil des jeweiligen Gemeinwesens sein können. Mangels Lebenserfahrung sind sie in ihrem Urteilsvermögen eingeschränkt und somit besonders schutzbedürftig – dies gilt insbesondere im rechtlichen Bereich. Wie das vorliegende Fragment des spätklassischen Juristen Paulus zeigt, gewährte daher auch die römische Rechtsordnung einer Person die umfassende Rechtsmacht über den Unmündigen, die aufgrund seines Alters notwendig war, um dessen Interessen effizient und ordnungsgemäß zu vertreten. Dabei ist evident, dass gerade in dieser Gewährung von Macht auch die Gefahr des Missbrauchs und damit das Risiko einer Konterkarierung des eigentlich angestrebten Ziels besteht – nämlich Schutz und Fürsorge für das Mündel. Aus diesem Umstand ergibt sich das Bedürfnis, dass eine unabhängige Instanz – vornehmlich der Staat – zwar nicht notwendigerweise die Vormundschaft selbst übernimmt, wohl aber deren Führung durch Privatpersonen sorgsam verfolgt und überwacht. Auf diese Weise sollen staatliche Stellen in der Lage sein, frühzeitig regulierend einzugreifen, wenn das Wohl des Mündels in Gefahr steht, beeinträchtigt zu werden. Aber selbst eine wohldurchdachte materiell-rechtliche Regelung bleibt vor diesem Hintergrund letztlich nur allzu ineffektiv, sofern es eben nicht möglich ist, seine Rechte auch tatsächlich geltend zu machen, sich also „sein Recht zu verschaffen". Diesem Gedanken folgte auch das römische Recht, welches die *tutela* als umfassendes Rechtsinstitut vorsah. Dessen Wertigkeit und Bedeutung bestimmen sich folglich nach dem Grad an Sanktionsmöglichkeiten, die von der Rechtsordnung zur vollumfänglichen Durchsetzung und Bewahrung der Mündelinteressen bereitgestellt wurden.

Im Folgenden gilt es daher zu ermitteln, inwiefern Praxis und Jurisprudenz den Rechtsschutz des Mündels im römischen Recht gewährleisteten. So werden die einzelnen Rechtsbehelfe und ihre prozessuale Struktur differenzierend in den Blick genommen, wobei auch der Bezug zu dem sie prägenden sozio-kulturellen Rahmen und des sich wandelnden Charakters der *tutela* hergestellt werden soll.

## *1. Rechtsschutzmöglichkeiten des Mündels im altrömischen Recht*

Dem ältesten Recht blieb die Vorstellung, dass zwischen Tutor und Mündel eine Obligation zur Entstehung gelange, die darüber hinaus im Wege einer *actio* prozessual geltend gemacht werden könne, grundsätzlich fremd. Vielmehr vermittelte das zwischen ihnen bestehende *officium* eine unmittelbare personenrechtliche Verbundenheit, die gerade nicht mit einer *obligatio* gleichgesetzt werden konnte. Dieses enge Verhältnis – vergleichbar mit der vertrauensvollen

Beziehung zwischen dem *patronus* und seinem *cliens* – basierte auf einer natürlichen Grundlage, so dass die Rechtsordnung etwaige Rechtsschutzmöglichkeiten gar nicht erst vorsah, ja sogar als unnötig erachtete.[389] Vor diesem Hintergrund erscheint es naheliegender, dass der Vormund hinsichtlich der Führung der *tutela* allein der Überwachung des Familienverbands unterlag.[390] Daneben dürften die Grenzen der Tutorengewalt und die Sanktionen bei Missbräuchen durch das Sakralrecht und die Sitte bestimmt gewesen sein.[391] Es ist jedoch anzunehmen, dass diese Kontrollmechanismen bald nicht mehr ausreichten, um einen umfassenden Schutz der Interessen und Rechte des Mündels zu gewährleisten. Daher wurde der Vormund wegen der Geschäftsführung zur strafrechtlichen Verantwortung gezogen, die in der Ausbildung zweier Pönalklagen auf deliktischer Grundlage zum Ausdruck kam: die *accusatio suspecti tutoris* und die *actio rationibus distrahendis*.[392] Obwohl letztlich dahingestellt bleiben muss, ob sie auf noch älterem Gewohnheitsrecht beruhen, entspricht es der einhelligen Meinung, dass diese beiden Rechtsbehelfe in den Zwölftafeln gesetzlich verankert waren.[393] Da es allerdings an aussagekräftigen Quellen fehlt, die Rückschlüsse auf die dezemvirale Zeit zulassen könnten, sind wir über ihre genauere Ausgestaltung nur rudimentär unterrichtet.

### *a) Die actio rationibus distrahendis*

Bei der *actio rationibus distrahendis* handelte es sich um eine private Bußklage gegen den Tutor, der sich durch Unterschlagung(en) am Mündelgut treulos verhalten hatte.[394] Die Gerundivform lässt zwar auf einen Ursprung in ältester Zeit schließen, allerdings erscheint zweifelhaft, dass die Bezeichnung als *actio rationibus distrahendis* bereits auf das Zwölftafelgesetz zurückzuführen ist. Dagegen spricht insbesondere die Tatsache, dass man für die dezemvirale Epoche wohl noch nicht von einer technischen „Rechnungslegung“ im engeren Sinn ausgehen kann.[395] Vermutlich sollte die *actio rationibus distrahendis* in ihrer ursprünglichen Anwendungsform die herkömmliche *actio furti* ersetzen, die man für erforderlich hielt, da Unterschlagungen aufgrund der Herrenstellung des Vormunds am Pupillarvermögen *domini loco* nicht als deliktische Handlungen verfolgt werden

389 Vgl. Karlowa II, 280; 290.
390 Sachers, in: RE 7A/2, 1556.
391 Kaser, RP I, 87; 89.
392 Vgl. Sachers, in: RE 7A/2, 1556.
393 Siehe tab. VIII, 20.
394 Karlowa II, 280.
395 Vgl. Kaser, RP I, 89.

konnten.[396] Folglich bestand das zu sanktionierende Delikt des Vormunds auch nicht im „Wegtragen" der im Eigentum des Mündels stehenden Vermögensgegenstände – hierzu war er ja im Rahmen seiner Funktion als Treuhänder befugt – sondern in der unterlassenen Herausgabe derselben nach beendeter Tutel.[397] Entsprechend dieser Auffassung konnte die Klage auch erst nach Beendigung der Vormundschaft gegen den Tutor angestrengt werden.[398]

Mit ihr forderte der *pupillus* zunächst Rechnungslegung und anschließend den doppelten Wert der als unterschlagen nachgewiesenen Sache.[399] Dies ergibt sich aus einer späteren Aussage von Tryphoninus in D. 26, 7, 55, 1, der sie darin umschrieb als *ea actione, quae proponitur ex lege duodecim tabularum adversus tutorem in duplum.* Im Hinblick auf den Klagegegenstand ist zu beachten, dass die *actio rationibus distrahendis* nicht die gesamte Geschäftsführung des Vormunds umfasste, sondern nur im Einzelnen bestimmbare Unterschlagungen ahndete: *et ideo, sive tutelae fuerit actum, de rationibus distrahendis agi non potest, sive contra, tutelae actio quod ad speciem istam perempta est* (Ulp. D. 27, 3, 1, 21).[400] Weiterhin ist zu vermuten, dass sie sich zunächst nur gegen den *tutor legitimus* richtete, während der zweite Rechtsbehelf – die *accusatio suspecti tutoris* – allein im Rahmen der testamentarischen Tutel Anwendung fand.[401] Diese Hypothese drängt sich bei einer Zusammenschau von Ulp. D. 26, 10, 1, 5 und Ulp. D. 27, 3, 1, 19 auf. Das erste Fragment besagt, die *accusatio* betreffe nicht nur die letztwillig berufenen Tutoren, sondern auch andere, insbesondere die *tutores legitimi: nunc videamus, qui suspecti fieri possunt. Et quidem omnes tutores possunt, sive testamentarii sint, sive non sint, sed alterius generis tutores.* Hingegen berichtet uns Ulpian im zweiten Text, dass die *actio rationibus distrahendis* nicht nur gegen die *tutores legitimi* gerichtet werden kann, sondern gegen gleichsam alle Tutoren, die die vormundschaftlichen Geschäfte unabhängig vom Berufungsgrund geführt haben: *Rationibus distrahendis actione non solum hi tenetur tutores, qui legitimi fuerunt, sed omnes, qui iure tutores sunt et gerunt tutelam.* Da die *tutores testamentarii* und *legitimi* dabei stets an erster Stelle im Rahmen eines „nicht nur … sondern auch"-Satzes genannt werden, spricht dies für eine

396 Sachers, in: RE 7A/2, 1563.
397 Kaser, RP I, 89f.
398 Kaser, RP I, 89.
399 Jörs/Kunkel/Wenger, Römisches Privatrecht, 299.
400 Vgl. Karlowa II, 280f.
401 Jörs/Kunkel/Wenger, Römisches Privatrecht, 299.

Erstreckung der beiden Rechtsbehelfe auf die jeweils anderen Arten der Tutel erst in späterer Zeit.[402]

### *b) Die accusatio suspecti tutoris*

Im Gegensatz zur *actio rationibus distrahendis* war der zweite Rechtsbehelf der altrömischen Epoche – die *accusatio suspecti tutoris* – auf Absetzung des Vormunds gerichtet und stand daher dem Mündel bereits während bestehender Tutel zur Verfügung.[403] Der Name lässt erkennen, dass es sich hierbei nicht um eine privatrechtliche *actio,* sondern um eine Anklage handelte, die ein öffentliches Strafverfahren zur Folge hatte.[404] Ursprünglich wohl nur gegen den letztwillig berufenen Tutor anwendbar, wurden im Rahmen dieses Verfahrens *crimen suspecti tutoris* bei Verdacht der Untreue *(fraus)* verfolgt.[405] Haben die XII-Tafeln ein *crimen* angenommen, so könnte dieses nach altrömischem Recht mit einer Kriminal- oder Kapitalstrafe bedroht gewesen sein.[406]

Auch die *accusatio suspecti tutoris* wird von der klassischen Jurisprudenz auf eine Bestimmung in den XII-Tafeln zurückgeführt: *Sciendum est suspecti crimen e lege duodecim tabularum descendere* (Ulp. D. 26, 10, 1, 2; Inst. 1, 26 pr.). Diese Aussagen in jüngeren Quellen scheinen durch das (mittlerweile zuverlässig rekonstruierte) prätorische Edikt bestätigt zu werden. So geht Lenel davon aus, dass es eine offene Klausel gegeben habe, die die Verheißung enthielt, der Magistrat werde Tutoren unter gewissen Voraussetzungen von der Vormundschaft entfernen.[407] Schließlich sei auf eine Stelle in Ciceros berühmtem Werk *de officiis* verwiesen: *Atque iste dolus malus et legibus erat vindicatus, ut tutela duodecim tabulis, circumscriptio adulescentium lege Plaetoria, …* (Cic. de off. 3, 15, 61). Angesichts dieser allgemeinen Feststellung Ciceros entspricht es der herkömmlichen Auffassung unter den Rechtshistorikern, dass sich nicht mehr nachvollziehen ließe, auf welches der beiden Rechtsmittel er sich beziehe.[408] Hierbei werden jedoch zwei wichtige Aspekte übersehen, die für den Umstand sprechen, dass Cicero allein die *accusatio suspecti* im Blick gehabt habe: Zunächst ist zu bedenken, dass es im zweiten Halbsatz um das Verfahren wegen *circumscriptio adulescentium lege Plaetoria* geht. Aus einer Zusammenschau mit Cic. de natura deorum

402 Vgl. Jörs/Kunkel/Wenger, Römisches Privatrecht, 299 Fn. 9.

403 Sachers, in: RE 7A/2, 1556.

404 Karlowa II, 281.

405 Kaser, RP I, 90.

406 Kaser, AJ, 44f.

407 Lenel, EP, 318.

408 So etwa Kaser, RP I, 89 Fn. 37.

3, 30 ergibt sich, dass darunter keine gewöhnliche Zivilklage – vergleichbar der *actio rationibus distrahendis* – zu verstehen sei, sondern dies ein *iudicium publicum rei privatae* darstelle. Des Weiteren ist der Begriff des *dolus malus in tutela* viel weiter gefasst als ein bestimmter Fall der Unterschlagung. Damit fällt im Ergebnis eine Zuordnung zur *actio rationibus distrahendis*, die nur einzelne Pflichtverletzungen des Tutors umfasste und sich daher nicht auf die gesamte Geschäftsführung bezog, sehr schwer.[409]

Obwohl die wenigen Informationen eine detaillierte Beleuchtung des Rechtszustands dieser Epoche nicht ermöglichen, spiegelt sich in der rudimentären Ausgestaltung des Rechtsschutzes eindeutig das Wesen der *tutela impuberum* jener Zeit wieder: Als umfassende personenrechtliche *vis ac potestas* – zwar in engen Grenzen zum Schutz des Mündels abgeschwächt – diente sie in erster Linie den finanziellen Interessen des Vormunds als nächstem Erben des *pupillus*.

### 2. Rechtsschutzmöglichkeiten des Mündels im klassischen Recht

Die Vielzahl von Quellen des klassischen römischen Rechts erlaubt nun eine genauere Analyse der Rechtsschutzmöglichkeiten des Mündels gegen den Tutor. Sie nimmt im Rahmen der Untersuchung der rechtsdogmatischen Grundlagen der *tutela impuberum* eine herausragende Stellung ein, weil sich in der Fortbildung der Rechtsmittel und Klagen die Umgestaltung der Tutel von einem nutzbaren Recht zu einem staatlichen Amt mit betonter Pflichtenseite des Vormunds am auffälligsten zeigt.

Allgemein gilt zu beachten, dass die verschiedenen Rechtsbehelfe zunächst gesondert für die einzelnen Typen der Tutel entwickelt und erst im Laufe der klassischen Rechtsentwicklung gleichsam auf alle Arten erstreckt wurden.[410]

#### a) Die actio rationibus distrahendis

Die *actio rationibus distrahendis* erhielt sich im klassischen Recht als private Pönalklage und war wie in ihrer ursprünglichen Anwendungsform zunächst auf Vorlage sowie Überprüfung der Rechnungen gerichtet. Auf diese Weise sollten nicht nur einzelne Hinterziehungen an Vermögensgegenständen des Mündels, sondern auch allgemeine Pflichtverletzungen des Tutors festgestellt werden.[411] Zunehmend

---

409 Vgl. Karlowa II, 281f.

410 Kaser, RP I, 363.

411 So noch Tryph. D. 26, 7, 55, 1: *perfide agere;* Paul. Sent. II 30, 1: *fraudare* – vgl. Sachers, in: RE 7A/2, 1563.

verlagerte sich ihr Schwerpunkt aber auf die Aufdeckung bestimmter Unterschlagungen am Pupillargut.[412] Das Verfahren selbst stellte ein *iudicium extra ordinem* dar und konnte im Gegensatz zur *accusatio suspecti tutoris* auch vom Mündel angestrengt werden. In diesen Fällen bestellte der Magistrat einen sog. *tutor praetorius*, der nach seiner Ernennung dem *pupillus* für die Erhebung der Klage und die Führung des Rechtsstreits zur Seite gestellt wurde.[413] Als Beklagte kamen anfangs nur die *tutores legitimi*, am Ende der Klassik die behördlich bestellten und spätestens seit Justinian sämtliche Arten von Tutoren in Betracht.[414] Es ist davon auszugehen, dass die *actio* auch im klassischen Recht nur nach Beendigung der Tutel Anwendung fand und nicht bereits während bestehender Vormundschaft angestellt werden konnte.[415] Zum einen erfährt diese These eine gewisse Bestätigung durch eine Kommentierung Ulpians zum prätorischen Edikt, in der er einen aufschlussreichen Vergleich zwischen der *actio rationibus distrahendis* und der späteren *actio tutelae* zieht: *Haec actio tunc competit, cum et tutelae actio est, hoc est finita demum tutela* (Ulp. D. 27, 3, 1, 24). Anhaltspunkte dafür, dass der Text den Änderungen der Kompilatoren zum Opfer gefallen ist, sind in diesem Fragment – entgegen anderer Stimmen in der Literatur – nicht ersichtlich.[416] Zum anderen ergibt sich aus einem Zitat des Juristen Paulus die Erkenntnis, dass man in klassischer Zeit aufgrund der unterschiedlichen Klagevoraussetzungen neben der *actio rationibus distrahendis* die *actio furti* zuließ, was bei Handeln in Diebstahlsabsicht eine Haftung des Vormunds nach beiden Deliktstatbeständen erzeugte: *Actione de rationibus distrahendis nemo tenetur, nisi qui in tutela gerenda rem ex bonis pupilli abstulerit.* 1. *Quod si furandi animo fecit, etiam furti tenetur* (Paul. D. 27, 3, 2 pr., 1). Hierbei gilt zu beachten, dass nach gängiger Meinung in diesen Konstellationen die Erhebung der *actio furti* erst ab dem Zeitpunkt möglich war, wenn der Tutor sein Amt niedergelegt und er damit seine treuhänderische Stellung als *dominus*

---

412 Siehe Ulp. D. 27, 3, 1, 22: *intercipere;* Iul. D. 46, 4, 7, 3: *subripere, spoliare* – vgl. Sachers, in: RE 7A/2, 1563.

413 Vgl. Gai. inst. 1, 184; Ulp. ep. XI, 24 – vgl. Sachers, in: RE 7A/2, 1564.

414 Siehe Ulp. D. 27, 3, 1, 19 – vgl. Sachers, in: RE 7A/2, 1564; ob die Erstreckung auf alle Arten der Tutel bereits dem klassischen Recht zuzuschreiben ist, erscheint zweifelhaft, kann aber letztlich dahingestellt bleiben, vgl. hierzu etwa Solazzi, Cur. imp., 50ff; Bonfante, Corso I, 453; Taubenschlag, Vormundschaftsrechtliche Studien, 27ff.

415 Anders Sachers, in: RE 7A/2, 1564, der dies mit einem Ulpian-Fragment in Ulp. D. 27, 3, 1, 19 zu belegen sucht: … *qui iure tutores sunt et gerunt tutelam.*

416 Anders wiederum Sachers, in: RE 7A/2, 1564; Solazzi II, 204ff; Bonfante I, 454, die diese Stelle für interpoliert halten.

verloren hatte.[417] Im Hinblick auf den Anknüpfungspunkt der *actio rationibus distrahendis* müsste folglich dasselbe gelten. Im Ergebnis sprechen also die besseren Argumente für eine Zulassung der Klage nach Beendigung der Tutel.[418]

Die *actio rationibus distrahendis* war stets auf den doppelten Schätzungswert des hinterzogenen Vermögens und nicht auf das positive Interesse des Mündels gerichtet. So gewährte sie keinen prozessualen Schutz wegen anderer Schäden durch eine ungeschickte Verwaltung oder sonstiger Bereicherungen des Vormunds.[419] Machte der Kläger über den eigentlichen Klagetatbestand hinaus Ansprüche geltend, die mit der *actio rationibus distrahendis* nicht verfolgbar waren *(plus petitio)*, wurde er dadurch sachfällig.[420] Erwies es sich im Rahmen der Beweiserhebung, dass der Tutor arglistig gehandelt hatte, erhielt der Kläger ein obsiegendes Urteil.[421] Eine Verurteilung des Tutors führte aber weder zu seiner Absetzung – bei den *tutores legitimi* bestand diese Möglichkeit infolge ihrer agnatischen Stellung ohnehin nicht – noch zur Infamie, wohl aber hatte sie ein Gestionsverbot zur Folge.[422] Um dem *pupillus* den nach der Rechtsordnung erforderlichen gerierenden Tutor zu verschaffen, erfolgte im Anschluss die magistratische Bestellung eines *tutor adiunctus*.[423]

### *b) Die accusatio suspecti tutoris*

Die *accusatio suspecti tutoris* des klassischen Rechts war wie ihr Vorläufer in den XII-Tafeln auf Absetzung des treulosen Tutors gerichtet. Obgleich die Bezeichnung als *accusatio suspecti tutoris* darauf schließen lassen könnte, bestand ihr Zweck in späterer Zeit nicht darin, dem Vormund die Begehung eines Verbrechens *(crimen)* anzulasten. Vielmehr sollte er mittels der Anklage öffentlich und im Interesse des Mündels belangt werden.[424] Daher ist anzunehmen, dass sie aus

417 So auch Sachers, in: RE 7A/2, 1563.

418 Im Ergebnis auch Kaser, RP I, 364.

419 Sachers, in: RE 7A/2, 1564.

420 Aus einem bei Cicero in Cic. de orat. 1, 36, 166 enthaltenen Bericht über einen Rechtsfall geht hervor, dass sich der Kläger bei der Durchführung der *legis actio* einer *plus petitio* schuldig machen und daher *causa cadere* konnte; siehe auch Lenel, EP, 320 Fn. 8. Jedoch ist nicht mehr nachzuvollziehen, worin genau die hier erwähnte *plus petitio* lag; vgl. auch Karlowa II, 281 mit möglichem Erklärungsversuch.

421 Sachers, in: RE 7A/2, 1564.

422 Vgl. Ulp. D. 46, 3, 14, 1: *interdicere administrationem* – vgl. Sachers, in: RE 7A/2, 1564.

423 Sachers, in: RE 7A/2, 1564.

424 Vgl. Sachers, in: RE 7A/2, 1556.

einem öffentlichen Strafverfahren mit Anklage gegen den eines Verbrechens verdächtigten Tutors entwickelt wurde.[425] Da die *tutores legitimi* wegen ihrer Agnatenstellung zunächst als unabsetzbar galten und die Möglichkeit der behördlichen Bestellung eines Vormunds durch die *lex Atilia* in der jüngeren Republik eingeführt wurde, konnte die *accusatio suspecti tutoris* in ihrer ursprünglichen Form nur gegen letztwillig berufene Tutoren gerichtet werden.[426] Ob ihre Erstreckung auf die *tutores legitimi* und *decretales* eine Errungenschaft des klassischen Rechtszustands ist oder erst in den nachklassischen Entwicklungen in Übung kam, muss angesichts mangelhafter Quellenangaben letztlich dahingestellt bleiben. Spätestens unter Justinian wurde ihre Anwendbarkeit gegen alle Arten von Vormünder und gegen den Patron für zulässig erklärt.[427]

Wie bereits angeführt wurde, charakterisierte Cicero das Verfahren in Cic. de natura deorum 3, 30 als ein *iudicium publicum rei privatae.* Diesem Begriff ist zu entnehmen, dass es sich hierbei um eine Art Popularklage gehandelt haben muss. Und tatsächlich entsprach es ihrem Wesen als Popularklage, dass grundsätzlich jedem Bürger die Möglichkeit offenstand, sie zu erheben.[428] Hierunter fielen sogar dem Mündel nächstverwandte weibliche Personen (Mutter, Großmutter, Schwester) und ihm sonst nahestehende Frauen (z.b. die Amme), die schon in klassischer Zeit aufgrund kaiserlicher Reskripte zur Antragstellung legitimiert waren.[429] Obwohl Unmündige im Allgemeinen öffentliche Anklage wegen ihnen zugefügter Beleidigungen erheben konnten, ist zu beachten, dass dem *pupillus* selbst zu keiner Zeit das Recht zukam, die *accusatio suspecti tutoris* in seinem eigenen Interesse anzustrengen.[430] Vor diesem Hintergrund handelte der jeweilige Ankläger stets in Vertretung des Mündels *(alieno nomine agere)* und wurde als *defensor pupilli* angesehen.[431]

Die Untersuchung der Anklage erfolgte im Kognitionsverfahren und wurde von der Erhebung der *accusatio* bis zum Erlass einer Entscheidung per Dekret durch den jeweils zuständigen Jurisdiktionsmagistraten durchgeführt.[432] Dies schließt jedoch nicht aus, dass in früheren Zeiten eine Einsetzung von

425 So Kaser, RP I, 363.
426 Kaser, RP I, 364.
427 Siehe Inst, 1, 26, 2.
428 Vgl. Ulp. D. 26, 10, 1, 6 – vgl. Sachers, in: RE 7A/2, 1556.
429 Siehe Ulp. D. 26, 10, 1, 7; Inst. 1, 26, 3 – vgl. Sachers, in: RE 7A/2, 1556f.
430 Sachers, in: RE 7A/2, 1557.
431 Siehe Ulp. D. 49, 4, 1, 14 – vgl. Sachers, in: RE 7A/2, 1557.
432 Vgl. Marc. D. 48, 16, 1, 11 – vgl. Karlowa II, 282.

Geschworenen bisweilen vorkam.[433] Als Verfahren mit Kognitionscharakter wurde es *agnoscere de suspecto tutore* genannt oder auch als *cognitio suspecti* bezeichnet, welches außerhalb des ordentlichen Formularprozesses stand.[434] Wie uns die klassischen Quellen überliefern, stand das *ius cognitionis* in Rom dem Stadtprätor und in den Provinzen dem Statthalter zu.[435] Danach ist zu vermuten, dass dieses Recht vor der Ausbildung der Prätur den alten Imperiumsträgern – den Konsuln – aufgrund einer Bestimmung im Zwölftafelgesetz zugesprochen worden war.[436] Vor diesem Hintergrund drängt sich die Frage auf, ob die Zuständigkeit bereits nach altem Recht als mandierbar angesehen wurde. Da es sich hierbei um eine durch Gesetz übertragene Befugnis gehandelt haben dürfte, galt sie nach dem rechtlichen Verständnis damit wohl auch als unmandierbar.[437] Irgendwann ging der Prätor vielleicht auf der Grundlage einer Ediktsklausel dazu über, in den Fällen, in denen er durch das Zwölftafelgesetz hierzu nicht berufen war, Tutoren zu removieren. Im Zuge dieser Entwicklung mag man die *cognitio* in späterer Zeit auf das *imperium* zurückgeführt und damit spezielle Mandierungen schließlich zugelassen haben.[438] Selbst in dieser Epoche dürfte sich für die Jurisprudenz mangels ausdrücklicher Ermächtigung die Beurteilung solcher Konstellationen als problematisch erwiesen haben. Weiterhin blieb fraglich, ob das generelle Mandat der Jurisdiktionsgewalt das spezielle Mandat der *cognitio* über verdächtige Tutoren umfasste. Diese Zweifel konnten erst durch ein Reskript der Kaiser Antoninus und Septimius Severus an Bradua Mauricus, den Prokonsul von Africa, ausgeräumt werden.[439] Die Entscheidung bezog sich zwar nur auf den *legatus proconsulis,* ihr Anwendungsbereich wurde aber auf alle Magistrate erweitert, denen der Prätor das *ius iurisdictionis* übertragen hatte. Nun konnte das Verfahren der *accusatio suspecti tutoris* auch vor den Legaten des Prokonsuls und sonstigen Stellvertretern durchgeführt werden.[440]

433 Kaser, RP I, 363 Fn. 4.

434 Sachers, in: RE 7A/2, 1556.

435 Ulp. D. 26, 10, 1, 3 – vgl. Sachers, in: RE 7A/2, 1557.

436 Taubenschlag, Vormundschaftsrechtliche Studien, 30; Karlowa II, 282. Rudorff hingegen behauptet, die *accusatio suspecti tutoris* habe den Konsuln aufgrund ihrer Jurisdiktionsgewalt zugestanden und nicht aufgrund einer speziellen *lex,* vgl. Rudorff, Recht der Vormundschaft III, 179.

437 Taubenschlag, Vormundschaftsrechtliche Studien, 30; Karlowa II, 282.

438 Vgl. Taubenschlag, Vormundschaftsrechtliche Studien, 30; Karlowa II, 282.

439 Siehe Ulp. D. 26, 10, 1, 4.

440 Vgl. Taubenschlag, Vormundschaftsrechtliche Studien, 30; Karlowa II, 282.

Eingeleitet wurde das Verfahren mit einem Antrag des Klägers *(postulatio suspecti)*, der die Anschuldigung(en) gegen den Tutor enthielt *(suspectum facere)*. Nach Eingang des Antrags beim zuständigen Magistraten prüfte dieser selbst alle Anklagepunkte *(examinare pro tribunali)*, indem er Nachforschungen anstellte und Beweise sammelte.[441] Während des Verfahrens bis zur Beendigung desselben blieb der Angeklagte Vormund.[442] Aus diesem Grundsatz kann geschlossen werden, dass er zur Zeit der Klageerhebung das vormundschaftliche Amt tatsächlich ausüben, also *tutor gerens* sein musste.[443] Dies wiederum bedeutet, dass das gesamte Verfahren im Unterschied zur *actio rationibus distrahendis* nur bei bestehender Tutel zulässig war und umgekehrt die *causa suspecti* erlosch, wenn währenddessen aus irgendeinem Grund die Beendigung der Vormundschaft eintrat.[444] Um aber in der Zwischenzeit den Schutz des Mündels vor einem untreuen Tutor zu gewährleisten, führte die Rechtspraxis eine Art einstweilige Verfügung in Form eines Gestionsverbots ein, welches der Magistrat verbunden mit der Bestellung eines *tutor adiunctus* erlassen konnte.[445]

Nach Abschluss der Untersuchungen erfolgte die Entscheidung über die *accusatio suspecti tutoris* per Dekret. Darin sprach der Magistrat in der Form eines Feststellungsurteils ausdrücklich aus *(pronuntiatio, cognitio)*, ob der Vormund suspekt *(cognitio suspecti, suspectum pronuntiare)* und, wenn ja, aus welchen Gründen er zu entfernen sei *(remotio)*.[446] Der Vorwurf gegen den Tutor gründete sich den XII-Tafeln zufolge zunächst auf doloses Verhalten *(dolus malus, fraus)*, wobei hierunter nicht nur bestimmte Unterschlagungen am Pupillarvermögen fielen, sondern jede dolose Schädigung des Mündels bei der Führung der Tutel.[447] Gegen Ende der klassischen Periode wurden auch sonstige grobe Pflichtverletzungen *(dolus)*[448] und Nachlässigkeiten, die an böse Absicht oder Arglist grenzten[449], geahndet. Hingegen genügten einfaches nachlässiges Verhalten oder eine ungeschickte Verwaltungsführung für eine *remotio suspecti* nicht.[450] Gerade in der Ausweitung der Haftungstatbestände spiegelt sich die zunehmende Bedeutung des Mündelschutzes wieder,

441 Vgl. zum genauen Ablauf des Verfahrens Sachers, in: RE 7A/2, 1558ff.
442 Ulp. D. 27, 3, 9, 5.
443 Siehe Ulp. D. 26, 10, 3 pr. – vgl. Sachers, in: RE 7A/2, 1557.
444 Karlowa II, 283.
445 Vgl. Ulp. D. 46, 3, 14, 1 i.f.; Inst. 1, 26, 7 – vgl. Sachers, in: RE 7A/2, 1559.
446 Siehe Paul. D. 4, 4, 38 pr. i.f. – vgl. Sachers, in: RE 7A/2, 1560.
447 Karlowa II, 283.
448 Siehe Ulp. D. 26, 10, 3, 5 – vgl. Kaser, RP I, 363 Fn. 5.
449 Vgl. etwa Ulp. D. 26, 10, 3 §§ 14, 16f; 7, 1–3 – vgl. Kaser, RP I, 363 Fn. 6.
450 Karlowa II, 283.

der von der Jurisprudenz verstärkt ins Zentrum ihrer Tätigkeit gerückt wurde. Die Gründe, die zur Entfernung aus dem vormundschaftlichen Amt geführt haben, musste der Magistrat im Dekret immer genauestens auflisten und sorgfältig begründen. Dadurch sollte einerseits die Verhängung weiterer vollstreckender Maßnahmen gegen den Tutor sichergestellt und andererseits die Folgen der *remotio* gerechtfertigt werden.[451] Wer als suspekt von seinem Amt als Vormund per Dekret removiert worden war, erlitt dadurch Infamie[452] – die wohl schwerwiegendste Folge, die die Rechtsordnung in diesen Fällen vorsah.

Die Frage nach den Voraussetzungen der *remotio* und insbesondere ihr Verhältnis zur *accusatio suspecti* waren häufig Gegenstand wissenschaftlicher Auseinandersetzungen, die teilweise zu den unterschiedlichsten Ergebnissen geführt haben. Anhand der Quellen lassen sich diesbezüglich verschiedene Stadien der Entwicklung – zumindest in groben Zügen – nachzeichnen: Auszugehen ist dabei von der entsprechenden Klausel im prätorischen Edikt. Ihr Inhalt ist uns zwar nicht überliefert, allerdings geht Lenel wohl zu Recht davon aus, der Prätor habe sich im Rahmen einer allgemein gefassten Klausel zunächst auf die Verheißung beschränkt, dass er vertrauensunwürdige Tutoren aus dem Amt entfernen werde.[453] Unter der Bezeichnung *suspecti* können ursprünglich aber nur diejenigen Vormünder verstanden werden, die nach durchgeführter *accusatio* aufgrund eines Treuebruchs *(fraus)* während der *gestio* vom jeweiligen Magistraten per Dekret für vertrauensunwürdig befunden worden sind.[454] Wie bereits festgestellt, ging die Jurisprudenz im Zuge der Umgestaltung der *tutela impuberum* zu einer fremdnützigen Institution dazu über, die Haftungstatbestände stetig zu erweitern und stellte schließlich sonstige grobe Pflichtverletzungen der *fraus* gleich. Hierüber informiert uns ein Fragment des spätklassischen Juristen Ulpian: *Si fraus non sit admissa, sed lata neglegentia, quia ista prope fraudem accedit, removeri hunc quasi suspectum oportet* (Ulp. D. 26, 10, 7, 1). Aus dieser Stelle ergibt sich, dass ein Tutor, der sich keines Vertrauensbruchs schuldig gemacht hat, zwar nicht als suspekt postuliert, wohl aber removiert werden kann. Damit wird letztlich die Absetzung eines Vormunds trotz Nichtvorliegens einer *fraus* ohne vorherige *accusatio suspecti* für zulässig erklärt.[455] Allerdings ist zu beachten, dass es in Fällen geringerer Nachlässigkeiten nur zu einer einfachen *remotio* kam, d.h. der Angeklagte hörte auf Tutor zu sein, ohne dabei Schaden

451 Ulp. D. 46, 10, 4, 1 – vgl. Sachers, in: RE 7A/2, 1560.

452 Kaser, RP I, 363.

453 Lenel, EP, 318.

454 Taubenschlag, Vormundschaftsrechtliche Studien, 36.

455 Vgl. Taubenschlag, Vormundschaftsrechtliche Studien, 37.

an seinem Ruf zu erleiden *(integra existimatione)*.[456] Diese Form der einfachen *remotio* ist jüngeren Datums und vermutlich erst im Anschluss an den Senatsbeschluss aus der ersten Hälfte des 1. Jahrhunderts, der in Gai. inst. 1, 182 und Ulp. ep. XI, 23 erwähnt wird, aufgekommen.[457] Gegen den von Beginn an nicht gerierenden Vormund konnte die *accusatio* zunächst nicht erhoben werden. Folglich versagte sie der Spätklassiker Ulpian noch gegen *qui nihil gesserunt, non possunt suspecti postulari ...* (Ulp. D. 26, 10, 4, 4). Aber auch über diesen Rechtszustand ist das klassische Recht hinausgegangen. Wie die Institutionen Justinians bezeugen, erkannte der Jurist Julian die vollkommene Untätigkeit als legitimen Grund für eine *remotio* an: *Sed et ante, quam incipiat gerere tutelam tutor, posse eum quasi suspectum removeri idem Iulianus scripsit et secundum eum constitutum est* (Inst. 1, 26, 3). Diese Auffassung fand in späteren kaiserlichen Konstitutionen reiche Bestätigung.[458] Allen Konstellationen ist gemeinsam, dass die Absetzung des Vormunds noch vor Übernahme der *tutela* von Amts wegen durch den Magistraten angeordnet wurde.[459] Daran anknüpfend ging die Entwicklung in der Fortbildung der *remotio* noch einen letzten Schritt: Möglich war es nun auch wegen doloser *gestio* als suspekt zu gelten und abgesetzt zu werden, ohne dass zuvor eine *accusatio* gegen den Tutor erfolgen musste.[460] Aufschluss hierüber geben die Fragmente Ulpians in Ulp. D. 26, 10, 3, 13–16. Die Stellen finden sich in jenem Teil seines Kommentars zum prätorischen Edikt, in dem er die Frage behandelt, aus welchen Gründen Tutoren aus ihrem Amt entfernt werden können. Bei den von ihm aufgeführten Tatbeständen, wie etwa Veräußerung von Pupillargut ohne erforderlichen Beschluss (§ 13), Nichtgewährung von Unterhalt (§§ 14, 15) oder Nichtverwendung bzw. Nichthinterlegung von Geld zum Ankauf von Immobilien (§ 16), handelt es sich um solche, die sich zu einer *postulatio suspecti* an sich eignen würden. Dennoch wird sie an keiner Stelle im Wortlaut der Texte erwähnt, vielmehr wird die *remotio* ohne Begründung für zulässig erachtet. Zwar gilt dies nicht ausdrücklich für § 16, doch erscheint dies so selbstverständlich, dass Ulpian vermutlich der Einfachheit halber davon abgesehen hat, es erneut anzuführen. In einer späteren Codexstelle C. 5, 51, 13, 2 wird uns dann ausdrücklich bestätigt, dass diejenigen Vormünder (und Pfleger), die es versäumt haben, ein Inventar zu errichten, nicht nur als suspekt gelten,

456 Siehe hierzu ausdrücklich Ulp. D. 26, 10, 3, 18 – vgl. Sachers, in: RE 7A/2, 1561.

457 Sachers, in: RE 7A/2, 1561.

458 Siehe etwa C. 5, 43, 3 oder C. 5, 42, 2 – vgl. Taubenschlag, Vormundschaftsrechtliche Studien, 38f.

459 Taubenschlag, Vormundschaftsrechtliche Studien, 40.

460 Taubenschlag, Vormundschaftsrechtliche Studien, 41.

sondern auch aus ihrem Amt entfernt werden. In dem von Ulpian beschriebenen Fall erscheint dies umso gesicherter, als § 16 ja gerade das letzte Element in dem juristischen Diskurs darstellt, unter welchen Voraussetzungen jemand in der Position des Tutors ohne vorherige *accusatio* als suspekt removiert wird. Das Charakeristische der drei Konstellationen ist folglich in der Absetzung der Tutoren von Amts wegen zu sehen.[461]

Auf eine weitere Besonderheit in diesem Zusammenhang sei zumindest verwiesen: Aus Ulp. D. 26, 10, 3, 16 bzw. 18 ergibt sich, dass trotz Verschärfungen im Bereich der Zulassung von Gründen für eine *remotio* ein moderateres Vorgehen gegen vertrauensunwürdige Vormünder erlaubt war. Anstatt sie *ob fraudem movere* konnte ihnen, um sie vor den schwerwiegenden Folgen der Infamie zu bewahren, ein *tutor adiunctus* zur Seite gestellt werden (vgl. § 18). Dies galt allerdings nur für Verwandte des Mündels oder für Angehörige der höheren Gesellschaftsschichten (§ 16). Darüber hinaus wurden die *honestiores* im Gegensatz zu den Personen niederes Ranges *(humiliores)* nicht mit Gefängnishaft bestraft, wenn sie sich gewisse Verfehlungen im Rahmen der *gestio* zu Schulden hatten kommen lassen (§ 16). Erkennbar wird hierbei eine zweifache Privilegierung der Standespersonen, die sich auf ein allgemeines strafrechtliches Prinzip des 3. Jahrhunderts gründet.[462] Zur römischen Gesellschaft gehörten einerseits die *humiliores,* die Angehörige der Unterschicht waren (Bauern, einfache Handwerker, Fremde usw.), demgegenüber bildeten die Oberschicht vor allem die Senatoren und die adeligen Ritter. Die Grundlage für die Kategorisierung der Bevölkerung in bestimmte Stände ist demnach in der jeweiligen sozialen Stellung, die wiederum vornehmlich auf der familiären Herkunft basierte, sowie in der wirtschaftlichen Potenz zu sehen. Letztlich bedingte diese gesellschaftliche Hierarchisierung auch eine unterschiedliche strafrechtliche Behandlung.[463]

Zusammenfassend lässt sich bezüglich des viel diskutierten Verhältnisses zwischen der *accusatio suspecti* und der *remotio* folgendes festhalten: Zunächst konnte wohl nur der wegen einer dolosen *gestio* im Verfahren der *accusatio* für suspekt beurteilte Tutor removiert werden. Später war die *remotio* ohne vorherige Anklage wegen nicht doloser *gestio* möglich. In der weiteren Entwicklung ließ man darüber hinaus die Absetzung vor Übernahme der *tutela* zu, bis schließlich in einzelnen, von der klassischen Jurisprudenz anerkannten Fällen die *remotio* ohne vorherige Anklage aufgrund doloser *gestio* für wirksam erklärt wurde. Hieran wird deutlich,

461 Vgl. Taubenschlag, Vormundschaftsrechtliche Studien, 41.

462 Vertiefend zum Verhältnis von Akkusationsverfahren zu öffentlichem Strafverfahren Taubenschlag, Vormundschaftsrechtliche Studien, 44ff.

463 Vgl. Rilinger, Humiliores – Honestiores, 21f, 24.

dass man auch im Bereich der *accusatio suspecti tutoris* des klassischen Rechts zunehmend bestrebt war, dem Mündel einen umfassenden Schutz seiner Interessen zu gewährleisten. Sichergestellt werden sollte dies zum einen durch die Zulassung der *remotio* in immer zahlreicheren Fällen, zum anderen in der Ausbildung des behördlichen Verfahrens, in dem der Magistrat von Amts wegen und damit von sich aus tätig werden konnte.[464]

Bleibt noch genauer die Wirkung der *remotio* zu beleuchten. Angesicht der Aussage Ulpians in D. 26, 1, 14, 4 *praeterea si suspectus quis fuerit remotus, desinit esse tutor* könnte man zu der Auffassung gelangen, der removierte Tutor scheide *ipso iure* aus dem Amt. Dies würde bedeuten, dass einem abgesetzten testamentarischen Vormund der *tutor legitimus* nachfolge und falls kein Agnat vorhanden wäre, eine behördliche Bestellung aufgrund der *lex Atilia* erfolgen müsse.[465] Jedoch ist zu beachten, dass die im Dekret ausgesprochene Absetzungserklärung für sich alleine noch nicht den Verlust der Tutoreneigenschaft bewirkte, vielmehr blieb der Angeklagte bis zum Abschluss des Verfahrens im vormundschaftlichen Amt. Als einzige Möglichkeit, das Mündel vor einem untreuen Vormund vorläufig zu schützen, sah die Rechtspraxis eine Art einstweilige Verfügung in Form eines Gestionsverbots vor, welches der Magistrat verbunden mit der Bestellung eines *tutor adiunctus* erlassen konnte. Nur auf diese Weise ließ sich auch ein abgesetzter *tutor testamentarius* zur Abdankung zwingen.[466] Erst ein *senatus consultum* zwischen Claudius und M. Aurel aus der ersten Hälfte des 1. Jahrhunderts n.Chr. bestimmte, dass ein anderer Tutor bestellt werde und der bisherige damit sein Amt verliere, wenn dieser als vertrauensunwürdig aus der Vormundschaft entfernt worden sei: *Praeterea senatus censuit, ut, si tutor pupilli pupillaeve suspectus a tutela remotus sit sive ex iusta causa fuerit excusatus, in locum eius alius tutor detur, quo facto prior tutor amitti tutelam* (Gai. inst. 1, 182).[467] Folglich konnte im klassischen Recht nach Erlass des Remotionsdekrets für den suspekt geltenden Vormund ein anderer ernannt werden, allerdings nicht auf der Grundlage der *lex Atilia,* sondern durch besondere Ermächtigung des Senatsbeschlusses.[468] Da der Prätor ihn zuvor abgesetzt hatte, endete einer späteren Lehre zufolge seine

464 Vgl. Taubenschlag, Vormundschaftsrechtliche Studien, 41.

465 Karlowa II, 283.

466 Siehe nochmals oben S. 79.

467 Ebenso Ulp. ep. XI, 23.

468 So auch Karlowa II, 283.

Verantwortung bereits im Moment der Verkündung der Remotion[469], schließlich mit Erlass des Remotionsdekrets.[470]

### c) *Die actio tutelae*

Neben den beiden Pönalklagen *actio rationibus distrahendis* und *accusatio suspecti tutoris* bildete sich in der jüngeren Republik ein weiterer Rechtsbehelf heraus: die *actio tutelae.* Mit ihr sollte der Vormund nicht wegen etwaiger Vergehen während oder nach beendeter Tutel bestraft werden, vielmehr war diese Klage – einer geänderten Sichtweise hinsichtlich des Wesens und der Ausgestaltung der *tutela impuberum* geschuldet – in erster Linie auf Schadensersatz des Mündels gerichtet.[471] Es handelte sich dabei um einen vielseitigen sowie anpassungsfähigen Rechtsbehelf, bei dem die allmählich hervortretende Pflichtenseite der *tutela* besonders deutlich zum Ausdruck kam und der daher in den Mittelpunkt der juristischen Betrachtungen zur Fortbildung der Rechtsschutzmöglichkeiten des Mündels rückte.[472] Die *actio tutelae* ist zwar jüngeren Datums, wohl aber schon am Ende des 2. Jahrhunderts v.Chr. in Gebrauch, da sie laut Cicero vom Juristen Quintus Mucius Scaevola als *iudicium bonae fidei* bezeichnet wurde.[473]

Im prätorischen Edikt war ihre Formel unter der Rubrik *arbitrium tutelae* zu finden und glich vermutlich dem allgemeinen Duktus der sonstigen *bonae fidei iudicia.* Nach der zuverlässigen Rekonstruktion Lenels lautete die *demonstratio:* *>quod Ns. Ns. Ai. Ai. tutelam gessit, quidquid ob eam rem Nm Nm Ao Ao dare facere oportet ex fide bona, …<*[474] Die Zulassung der *actio tutelae* basierte auf dem fortschrittlichen Gedanken, dass dem Tutor aus der *gestio* solche Pflichten gegenüber dem Mündel erwuchsen, wie sie auch bei sonstiger Führung fremder Geschäfte zur Entstehung gelangten. Daher fiel sie unter die Geschäftsführungsklagen und stand der *actio negotiorum gestio* und der *actio mandati* sehr nahe.[475] Wie diese setzte sie die tatsächliche Geschäftsführung voraus, so dass der *tutor cessans* mit dieser Klage nicht haftete.[476] Dem Kreis der Geschäftsführungsklagen angehörend konnte sie darüber hinaus auch erst nach Beendigung der Tutel erhoben werden.[477]

---

469 Siehe Pap. D. 26, 10, 10 – vgl. Sachers, in: RE 7A/2, 1562.
470 Ulp. D. 46, 3, 14, 2 – vgl. Sachers, in: RE 7A/2, 1562.
471 Vgl. Sachers, in: RE 7A/2, 1565.
472 Jörs/Kunkel/Wenger, Römisches Privatrecht, 302.
473 Cic. de off. 3, 17, 70 – vgl. Sachers, in: RE 7A/2, 1565.
474 Lenel, EP, 318.
475 Vgl. Kaser, RP I, 365.
476 *gerere* ist Formelwort im Edikt, vgl. Lenel, EP, 318.
477 Siehe Paul. D. 27, 3, 4 pr. – vgl. Sachers, in: RE 7A/2, 1567.

Als *actio tutelae directa* stand sie allein dem mündig gewordenen *pupillus* oder dessen Erben zu und war zunächst auf Rechnungslegung über die Führung der Vormundschaft gegen den Tutor gerichtet. Ergaben sich bei der Rechnungslegung Unzulänglichkeiten im Rahmen der *gestio*, konnte sowohl die Herausgabe der vom Vormund auf Rechnung des Mündels empfangenen und noch in seinem Besitz befindlichen Gegenstände und Vermögenswerte (als sachverfolgende Klage ersetzte sie die bis dahin aufgrund der Stellung des *impubes* als Miteigentümer an seinem Vermögen statthafte *rei vindicatio*) als auch Ersatz des erlittenen Schadens wegen nachteiliger Rechtsgeschäfte verlangt werden.[478] Mit dem Auftrag an den *iudex quidquid ob eam rem Nm Nm Ao Ao dare facere oportet ex fide bona* sollte auf diese Weise die gesamte Geschäftsführung von der Übernahme der Vormundschaft bis zu ihrer Beendigung einer kritischen Überprüfung nach Treu und Glauben unterzogen werden, weil das *tutelam gerere* ein Rechtsverhältnis zwischen Vormund und Mündel erzeugte, das die Gesamtheit der im Interesse des Mündels zu führenden Geschäfte umfasste.[479] Das Prinzip der *bona fides* bot hierbei den flexiblen Rahmen, innerhalb dessen die Juristen der spätrepublikanisch-klassischen Zeit zudem die vielfältigen Einzelpflichten und Aufgaben der Tutoren entwickeln konnten.[480]

Für ein besseres Verständnis der *actio tutelae* erscheint eine genauere Untersuchung ihrer rechtlichen sowie sozialen Grundlagen unerlässlich. Die Vorstellung einer privatrechtlichen Obligation zwischen Tutor und Mündel ging zunächst weder auf die Tutel selbst noch auf das ihr zugrunde liegende *officium* zurück. Nach dem rechtlichen Verständnis der Juristen erwuchs sie erst aus der in Ausübung der *tutela* vorgenommenen *gestio*. Dies ergibt sich aus der Tatsache, dass das *officium tutoris* bis zum Aufkommen der *tutela decretalis* eine natürliche Grundlage hatte: Im Falle der gesetzlichen Tutel basierte es auf der engen verwandtschaftlichen Beziehung zwischen Mündel und Vormund oder im Rahmen der *tutela testamentaria* auf dem vertrauensvollen sowie freundschaftlichen Verhältnis zwischen dem *paterfamilias* und der von ihm in seinem Testament letztwillig berufenen Person als Tutor für seine Nachkommen. Das auf einem sozialen Fundament ruhende *officium* ließ eine zivile *obligatio* zwischen Vormund und *pupillus* damit nicht nur unnötig oder gar unmöglich erscheinen, vielmehr widersprach es in dieser Gestalt schon *de natura* dem Wesen der Alterstutel.[481] Diese Auffassung änderte sich aber spätestens, als Tutoren aufgrund der *lex Atilia*

478 Vgl. Sachers, in: RE 7A/2, 1565f.

479 Vgl. Iul. D. 27, 8, 5: *universa negotia curare* – vgl. Sachers, in: RE 7A/2, 1566.

480 Kaser, RP I, 365; Jörs/Kunkel/Wenger, Römisches Privatrecht, 302.

481 Vgl. Karlowa II, 290.

nun auch vom Magistraten bestellt werden konnten. Da bei den von der Obrigkeit ernannten Vormündern die Tutorenstellung nicht zwangsläufig auf einer natürlichen Verbindung, sondern auf einem behördlichen Rechtsakt in Form eines magistratischen Dekrets basierte, kamen als *tutores decretales* grundsätzlich auch Personen in Betracht, die mit dem Mündel oder *paterfamilias* weder verwandt noch eng befreundet waren.[482] Dadurch verlor wohl der ursprüngliche Gedanke des *officium* allmählich an Bedeutung und man suchte die entstehende Lücke durch einen institutionellen Ersatz zu schließen – diesen fanden die römischen Juristen schließlich in einer durch die Vormundschaftsführung vermittelten *obligatio* zwischen Vormund und Mündel, in deren Grenzen sich wiederum die Vormundschaftsklage als *iudicium bonae fidei* entwickeln konnte.[483] Hinsichtlich der genaueren Ausgestaltung der Obligation ist zu beachten, dass sich die Befugnisse und Pflichten des Tutors, wie bereits im Zusammenhang mit der Untersuchung seiner Aufgaben erörtert wurde, auf die gesamten *familia pecuniaque* des *pupillus* bezogen. Damit sich die Verwaltungstätigkeit im Interesse des Mündels effizient gestalten ließ, musste sie als ein einheitliches Konstrukt verstanden werden. Demzufolge blieb dem klassischen römischen Recht weiterhin die Vorstellung fremd, aus jeder einzelnen vorgenommenen rechtgeschäftlichen Handlung des Vormunds innerhalb der *gestio* entstehe eine einzelne Obligation. Vielmehr generierte die Übernahme der Geschäftsführung eine einzelne *obligatio,* die gleichsam alle Tätigkeiten und Unterlassungen des Tutors umfasste.[484]

Aus der Treuepflicht und der Idee einer bestehenden Obligation zwischen Tutor und Mündel wird man weiterhin schließen dürfen, dass deren historische Anfänge entweder bei der *tutela decretalis* oder bereits bei der *tutela testamentaria* zu finden sind. Dies nicht zuletzt vor dem Hintergrund, dass sich im Rahmen der Ausgestaltung dieser beiden Arten der Pflichtgedanke der *tutela impuberum* zuerst niedergeschlagen hat. Folglich ist zu vermuten, dass die *actio tutelae* ursprünglich nur gegen den letztwillig berufenen oder behördlich bestellten Vormund angestrengt werden konnte.[485] Obgleich die Entwicklung im Einzelnen nicht mehr nachvollzogen werden kann, ist ihre Anwendung bei der testamentarischen Tutel immerhin am Ende der republikanischen Zeit bezeugt,

---

482 Vgl. Karlowa II, 290.

483 Vgl. Karlowa II, 290f.

484 Vgl. Karlowa II, 291.

485 Vgl. Kaser, RP I, 365; ähnlich Karlowa II, 290; Sachers, in: RE 7A/2; anders Jörs/Kunkel/Wenger, Römisches Privatrecht, 302 Fn. 2 aber ohne weitere Begründung seiner These.

spätestens seit dem Ausgang des 2. Jahrhunderts n.Chr. lässt sich dies auch für die gesetzliche Vormundschaft feststellen.[486]

Mit der *actio tutelae* als Klage nach Treu und Glauben wurde treuloses Verhalten innerhalb der Obligation einerseits besonders streng geahndet, weil darin in erster Linie eine Verletzung des „heiligen" *officium* zu sehen war.[487] Als härteste Sanktion sah die Rechtsordnung daher die Infamie des ehemaligen Tutors vor, die mit seiner Verurteilung verknüpft wurde.[488] Zugleich folgerte man aus der infamierenden Wirkung der Verurteilung und in Übereinstimmung mit anderen *bonae fidei iudicia* generell einen recht strengen Haftungsmaßstab des Tutors, wonach er für alle nachteiligen Rechtsfolgen einzustehen hatte und damit das Risiko der Geschäftsführung trug *(periculum tutoris)*.[489] Es ist anzunehmen, dass der Vormund zunächst für bewusst treuwidriges Verhalten zur Verantwortung gezogen wurde, doch wird man später unter *dolus malus* auch bestimmte schuldhafte Nachlässigkeiten bei der Verwaltung des Mündelvermögens gefasst haben.[490] Die spätklassische Epoche führte schließlich neben dem *dolus* ausdrücklich die *culpa* an.[491] In dieser zunehmenden Betonung des *officium tutoris* zeigte sich die verstärkte Pflichtenseite der *tutela impuberum* besonders deutlich. Auf der anderen Seite bewirkte der Umstand, dass der Tutor zwar fremdes Vermögen, dieses aber nur *domini loco* verwaltete, eine gewisse Milderung der Haftung. Seine Treuepflicht gegenüber dem Mündel, welchem er *fides et diligentia* schuldete, wurde dahingehend abgeschwächt, dass er in Mündelangelegenheiten diejenige Sorgfalt anzuwenden hatte, die er in seinen eigenen Angelegenheiten walten ließ *(diligentia quam in suis)*.[492] Im Zuge der allgemeinen Ausweitung der Haftungstatbestände wird die Jurisprudenz wohl ebenso Vernachlässigungen dieser Pflicht dem *dolus* zugerechnet haben.[493]

---

486 Siehe etwa Scaev. D. 34, 3, 28, 3; Ulp. D. 26, 4, 5, 5; C. 2, 20, 5 – vgl. Sachers, in: RE 7A/2, 1567; anders Solazzi, Ist. tut. 243ff, der gegen den *tutor legitimus* nur die *cognitio extra ordinem* für anwendbar hält. Dagegen wiederum Kunkel, ZSS 50 (1930), 642f mit den besseren Argumenten.

487 Karlowa II, 291.

488 Siehe etwa Gai. inst. 4, 182; Iul. D. 3, 2, 1 – vgl. Kaser, RP I, 365 Fn. 33.

489 Kaser, RP I, 365; Sachers, in: RE 7A/2, 1566.

490 Kaser, RP I, 365f.

491 Vgl. Pap. D. 26, 7, 39, 2, 3 und 7; hierzu Kunkel, ZSS 45 (1925), 291 Fn. 3.

492 Darauf lassen einige Quellen schließen, in denen vom Tutor *fides et diligentia* gefordert wird, vgl. Gai. inst. 1, 200; Pomp. D. 27, 5, 4 – vgl. Kaser, RP I, 366 Fn. 35.

493 Kaser, RP I, 366 mit Fn. 37: In diesen Zusammenhang ist wohl Ulp. D. 16, 3, 32 einzureihen.

Als *actio directa* war die *actio tutelae* stets gegen den Vormund gerichtet. Zur Verfolgung seiner Gegenansprüche zunächst auf die *actio negotiorum gestorum* beschränkt, wurde umgekehrt auch dem Tutor in klassischer Zeit die Klage als *iudicium contrarium* gewährt.[494] Mit ihr konnte er Ersatz seiner Aufwendungen sowie Befreiung von Verpflichtungen verlangen, die er zugunsten des Mündels getätigt bzw. auf sich genommen hatte.[495]

### d) Die actio tutelae utilis

Die bislang erörterten Rechtsschutzmöglichkeiten des Mündels kamen nur dann in Betracht, wenn der Tutor die vormundschaftlichen Geschäfte tatsächlich geführt hatte, mithin *tutor gerens* war. Blieb er indes untätig, indem er die Verwaltungstätigkeit gar nicht erst aufnahm, gab es zunächst keinerlei rechtliche Handhabe gegen ihn. Noch in der früh- bzw. hochklassischen Epoche vermochte allein der Magistrat den *tutor cessans* durch den Einsatz von Koerzitionsmitteln zur Ausübung der *gestio* zu zwingen.[496] Zur Schließung dieser bestehenden Regelungslücke im Mündelschutz wurde von der spätklassischen Jurisprudenz die *actio tutelae utilis* entwickelt. Hierbei handelte es sich um eine Nachbildung der Vormundschaftsklage, die im Verhältnis zur *actio tutelae* grundsätzlich subsidiäre Anwendung fand.[497]

Die Prätoren gewährten die *actio tutelae utilis* vermutlich seit Mark Aurel (2. Hälfte des 2. Jahrhunderts n.Chr.) gegen diejenigen *tutores cessantes,* die sich nicht innerhalb von 50 Tagen seit Berufung zur Tutel für das vormundschaftliche Amt wirksam entschuldigt hatten. Sie machten sich dadurch für die den *pupilli* wegen der unterlassenen Geschäftsführung entstandenen Schäden ohne weiteres ersatzpflichtig.[498] Erforderlich war zunächst, dass der Prätor nach erfolglosem Ablauf der Exkusationsfrist dem jeweiligen Vormund per Dekret das Risiko für sein Untätigbleiben ausgesprochen hatte *(periculo suo tutorem cessare).* Darüber hinaus durfte der Tutor gegen die magistratische Entscheidung kein

494 Lenel, EP, 318f; dagegen wenig überzeugend: Partsch, Studien zur Negotiorum Gestio I, 47, welcher der Ansicht ist, erst Kaiser Justinian habe die *actio tutelae contraria,* gemäß seines Grundsatzes, dass bei einem *bonae fidei iudicium* stets beiderseitige Ansprüche entstehen, eingeführt.

495 Siehe hierzu Ulp. D. 27, 4, 3 pr.ff – vgl. Sachers, in: RE 7A/2, 1565.

496 Siehe Ulp. D. 26, 7, 1 pr. – vgl. Jörs/Kunkel/Wenger, Römisches Privatrecht, 303.

497 Sachers, in: RE 7A/2, 1568.

498 Vgl. Jörs/Kunkel/Wenger, Römisches Privatrecht, 303.

Rechtsmittel eingelegt haben.[499] Waren diese Voraussetzungen erfüllt, konnte der Schadensersatzanspruch anschließend im Rahmen der *actio tutelae utilis* geltend gemacht werden. In diesen Fällen griff die vorrangige *actio tutelae* nicht, weil der Zessant zwar Tutor war, aber eine Verwaltungstätigkeit, wie sie für die Geschäftsführungsklage gefordert wurde, ja gerade nicht ausgeübt hatte.[500] Da die Exkusationspraxis als Ausgleich zum Gestionszwang zuerst im Bereich der *tutela decretalis* geschaffen worden war, ist davon auszugehen, dass auch die *actio tutelae utilis* auf den von den Prätoren gegenüber den *tutores a magistratu dativi* ausgeübten Zwang zurückgeht, den sie im Falle der Nichtübernahme der *gestio* verheißen haben. Folglich dürfte sie sich in ihrer ursprünglichen Form nur gegen die behördlich bestellten Tutoren und später gegen die übrigen Arten von Vormündern gerichtet haben.[501] Im Anschluss an die Einführung durch die Jurisprudenz wurde die *actio tutelae utilis* in einigen jüngeren Kaiserkonstitutionen ausdrücklich bestätigt.[502]

Besonderheiten galten in diesem Zusammenhang für die Verantwortlichkeit mehrerer Tutoren: Gab es neben dem *tutor cessans* noch weitere Mitvormünder, welche die *gestio* im Gegensatz zu ihm tatsächlich übernommen und ausgeübt hatten, haftete er im Verhältnis zu ihnen nur subsidiär.[503] Demgegenüber hatte eine Mehrzal an Zessanten für etwaige Schäden *in solidum* einzustehen.[504] Weniger ausgeprägt war der Schutz des Mündels, wenn man ihm *tutores honorarii* oder solche Vormünder zur Seite gestellt hatte, die aufgrund der Aufteilung der Geschäftsführungsbefugnis nach bestimmten Bereichen von der *gestio* ausgeschlossen waren. Sie konnten im klassischen Recht für etwaige Pflichtverletzungen nicht zur Verantwortung gezogen werden. Erst Justinian hat ihnen im Interesse einer stärkeren Absicherung des Mündels die subsidiäre Haftung auferlegt.[505]

---

499 Vgl. Sachers, in: RE 7A/2, 1568; siehe Frag. Vat. 155f; Ulp. D. 26, 7, 1, 1 – vgl. Jörs/Kunkel/Wenger, Römisches Privatrecht, 303.

500 Vgl. Pap. D. 26, 7, 39, 11; Ulp. D. 26, 7, 5, 3; Ulp. D. 46, 6, 4, 3; Scaev. D. 27, 1, 37, 1 – vgl. Sachers, in: RE 7A/2, 1568.

501 Vgl. Sachers, in: RE 7A/2, 1568.

502 Siehe hierzu etwa Paul. D. 23, 2, 60, 3 – vgl. Sachers, in: RE 7A/2, 1568.

503 Vgl. C. 5, 52, 3 – vgl. Jörs/Kunkel/Wenger, Römisches Privatrecht, 303.

504 Kaser, RP I, 366, mit Fn. 44 vgl. hierzu etwa Tryph. 26, 7, 55 pr.ff; grundlegend zur Haftung mehrerer Vormünder, Levy, ZSS 37 (1916), 14ff; ihm im wesentlichen folgend Bonfante, Corso I, 464ff.

505 Vgl. Jörs/Kunkel/Wenger, Römisches Privatrecht, 303.

Insgesamt lässt sich nach dieser Untersuchung konstatieren, dass mit dem Aufkommen der *actio tutelae utilis* der Pflichtcharaker der römischen *tutela* und damit letztlich auch der Schutz des *pupillus* eine immense Stärkung erfahren hat.

### *e) Sicherungen des Mündels – insbesondere die satisdatio rem pupilli salvam fore*

Unter der Herrschaft Kaiser Trajans wurde eine weitere Schutzmaßnahme zugunsten des Mündels entwickelt und wahrscheinlich von den Konsuln, da sie allein über die notwendigen Mittel zur zwangsweisen Durchsetzung derselben verfügten, durch Aufnahme in das prätorische Edikt in die Rechtspraxis eingeführt.[506] Die *satisdatio rem pupilli salvam fore* sollte zum einen die Fähigkeit des künftigen Tutors zur Führung der Vormundschaft sicherstellen, zugleich war sie aber auch geeignet, die Pflichtenseite des Amtes hervorzuheben.[507] Da sie eine Haftung für alles erzeugte *quod ex tutela dari fieri,* wird angenommen, dass sie der Vormundschaftsklage nachgebildet und wie diese im prätorischen Edikt zu finden war.[508] Ihre Formel ist uns zwar nicht überliefert, als förmliches Leistungsversprechen dürfte sie jedoch sehr allgemein gefasst gewesen sein, ohne sich dabei auf eine bestimmte Art von Tutoren zu beschränken.[509] Anders als bei der Formulierung im Edikt wurde in der Rechtspraxis genauestens hinsichtlich der verschiedenen Formen der Tutel differenziert. Die *satisdatio* trat hierbei stets in zwei Funktionen auf: Auf freiwilliger Basis konnte sie einer von mehreren *tutores testamentarii* von sich aus anbieten, um auf diese Weise die alleinige Geschäftsführungsbefugnis zu erhalten.[510] Daneben gab es eine Kautionsleistung, die von den Konsuln und Prätoren rechtlich erzwungen wurde. Diese Satisdationspflicht traf aber nur die *tutores legitimi*[511] sowie diejenigen, die im Verfahren vor den niederen Munizipalmagistraturen nach Beauftragung durch den Prätor bestellt worden waren, da gegen sie zu dieser Zeit keine anderen Zwangsmittel außer der *actio rationibus distrahendis* zur Verfügung standen.[512] Ausgeschlossen von der

506 Sachers, in: RE 7A/2, 1569.

507 Sachers, in: RE 7A/2, 1569.

508 Dass es sich um eine Nachbildung der *actio tutelae* handelt, lässt sich folgenden Fragmenten entnehmen: Paul. D. 46, 6, 1; Pomp. D. 46, 6, 9; Ner. D. 46, 6, 11 – vgl. Kaser, RP I, 364 Fn. 20.

509 Rekonstruktionsversuch bei Lenel, EP, 540f; siehe auch Kübler, ZSS 39 (1918), 189, der wiederum Karlowa II, 1188 folgt.

510 Kaser, RP I, 364f.

511 Kaser, RP I, 365, mit Fn. 23 vgl. Ulp. D. 26, 4, 5, 1.

512 Kaser, RP I, 365, mit Fn. 24 siehe Pap. D. 26, 3, 5.

Kautionspflicht waren sowohl die testamentarischen Tutoren, die bereits durch den letzten Willen des *paterfamilias* hinreichend legitimiert waren, als auch die von den höheren Magistraten (Konsuln, Prätoren, Statthalter) ernannten Tutoren, weil sie von ihnen selbst nach erfolgreicher Tauglichkeitsprüfung berufen worden waren.[513] Damit folgte die unterschiedliche rechtliche Behandlung letztlich zweckmäßigen Erwägungen und war davon abhängig, ob dem Tutor insoweit Vertrauen entgegengebracht werden konnte, so dass die Sicherheitsleistung dadurch entbehrlich wurde.

Bei der *satisdatio rem pupilli salvam fore* handelte es sich um ein förmliches Schuldversprechen, welches der Tutor bei Antritt des vormundschaftlichen Amts mittels einer *stipulatio* leistete. Da ein Pfand als zusätzliche Sicherheit hierbei nicht anerkannt wurde, hatte er darüber hinaus Bürgen zu stellen.[514] Im Anschluss an die Sicherheitsleistung konnte der Tutor das Amt nicht mehr aufgeben und verlor auf diese Weise zugleich die Freiheit zur Machtausübung.[515] Das Mündel stipulierte sich in den Fällen, in denen es nicht mehr *infans* und anwesend war, stets selbst die Sicherheit. Andernfalls (also bei Abwesenheit oder während bestehender *infantia*) musste der Tutor das Versprechen einem Sklaven des Mündels geben. War ein solcher nicht vorhanden, dann wurde eigens für diesen Zweck ein *servus publicus* erworben oder die *stipulatio* vor dem zuständigen Magistraten geleistet.[516] Der Versprechensakt wurde anschließend in ein öffentliches Protokoll aufgenommen.[517] Der Zweck der *satisdatio* lag insbesondere darin, durch die Stipulation eine vertragliche, aber vor allem klagbare Verpflichtung gegenüber dem *pupillus* zur ordnungsgemäßen Verwaltung des Mündelvermögens zu begründen, so dass der Tutor nunmehr für jeden Schaden – auch bei fahrlässigem Verhalten (er schuldete *fides et diligentia*) – mit der *actio ex stipulatu* haftete.[518] Diese Klage ersetzte zudem die statthafte *actio tutelae* und ermöglichte auch ein prozessuales Vorgehen gegen die Bürgen bei bestehender Zahlungsunfähigkeit des Tutors.[519]

Neben der *satisdatio* wurde das Mündel wegen seiner Forderungen im Konkurs des Tutors und Protutors aufgrund einer Vorschrift im prätorischen Edikt

---

513 Die Beschränkung auf die gesetzlichen bzw. den Ausschluss der testamentarischen und behördlichen Vormünder bezeugt Gai. inst. 1, 199f.

514 Ulp. D. 46, 5, 7; Paul. D. 46, 6, 4, 1 – vgl. Sachers, in: RE 7A/2, 1570f.

515 Sachers, in: RE 7A/2, 1571.

516 Ulp. D. 46, 6, 2 und 3; Gai. D. 46, 6, 6 – vgl. Sachers, in: RE 7A/2, 1571.

517 Ulp. D. 27, 7, 4, 3 – vgl. Sachers, in: RE 7A/2, 1571.

518 Zum Beispiel wegen ungerechtfertigter Verweigerung der notwendigen Erteilung der *auctoritas*, vgl. Paul. D. 26, 8, 10; 17.

519 Pomp. D. 46, 6, 9 – vgl. Sachers, in: RE 7A/2, 1571.

vor den übrigen Gläubigern an erster Stelle geschützt und konnte demnach volle Befriedigung verlangen. Dieses Konkursprivilegium ist in den klassischen Quellen als *privilegium exigendi* überliefert.[520]

Weitere Sicherungen des Mündels – wie etwa die Pflicht zur Inventarerrichtung, Ablegen eines Eides vor Amtsantritt oder das gesetzliche Pfandrecht am Vermögen des Vormunds – kannte das klassische Recht hingegen noch nicht. Diese sind uns erst für die nachklassischen Rechtsentwicklungen bezeugt.[521]

### *f) Sonderformen im Rechtsschutz*

Abschließend sei auf die ergänzenden Sonderformen im Rechtsschutz des Mündels verwiesen. Hierbei handelte es sich um Rechtsbehelfe, die von der klassischen Jurisprudenz aus den herkömmlichen Klagen für bestimmte Einzelfälle geschaffen worden sind. Dadurch sollten freilich auch noch die letzten Regelungslücken geschlossen werden.

War der *tutor decretalis* sowie die vom ihm gestellten Bürgen zahlungsunfähig und die *actio ex stipulatu* somit erfolglos, gewährte der Prätor entweder dem *pupillus* selbst oder seinen Erben seit einem Senatsbeschluss aus der Zeit Trajans eine Pönalklage gegen die Munizipalmagistrate, die den insolventen Vormund eingesetzt hatten und daher eine Mitverantwortung trugen *(actio subsidiaria)*.[522] Gegen die Dekurionen, die bei dem Beschluss anwesend waren und nicht eingegriffen hatten, konnte das Mündel unter Umständen mittels einer *actio tutelae utilis* vorgehen.[523]

Darüber hinaus war es möglich, eine Person, die die Geschäfte eines Vormunds als Scheintutor geführt hatte, durch die Erhebung einer besonderen *actio in eum qui pro tutore negotia gessit* zu belangen.[524] Für diese dem *pupillus* zustehende Klage gab es eine entsprechende Formel im prätorischen Edikt, die der *actio tutelae* nachgebildet war.[525] Ist mit förmlicher Zustimmung des Protutors ein Prozess gegen den *pupillus* eröffnet worden, schützte der Prätor den Klagegegner durch eine *in integrum restitutio*.[526] Bei einer arglistigen Erteilung der *auctoritas*

520 Siehe etwa Paul. D. 26, 7, 44, 1 – vgl. Sachers, in: RE 7A/2, 1572; zur Rekonstruktion der ediktalen Vorschrift siehe Lenel, EP, 429.

521 Siehe hierzu etwa die Übersicht bei Sachers, in: RE 7A/2, 1571ff.

522 Kaser, RP I, 367, mit Fn. 48 vgl. C. 5, 75, 5.

523 Kaser, RP I, 367, mit Fn. 49 siehe Ulp. D. 27, 8, 1 pr.

524 Kaser, RP I, 367, mit Fn. 51 vgl. Paul. D. 26, 7, 26; Ulp. D. 27, 5, 1 pr.; C. 5, 45.

525 Siehe hierzu Lenel, EP, 321.

526 Kaser, RP I, 367, mit Fn. 52 vgl. Ulp. D. 27, 6, 1, 1; 6.

durch den Scheinvormund sah der Prätor zudem eine Ersatzklage des Mündels gegen diesen vor.[527]

### 3. *Überblick über die nachklassischen Entwicklungen*

Im Zuge der allgemeinen Vereinheitlichung des vormundschaftlichen Instituts standen dem Mündel sämtliche Rechtsschutzeinrichtungen gegen alle Arten von Tutoren zur Verfügung – unabhängig davon, ob diese das staatliche Pflichtamt durch Gesetz, Testament oder aufgrund behördlicher Ernennung erlangt hatten.[528]

#### *a) Die actio rationibus distrahendis*

Im weströmischen Reich war die *actio rationibus distrahendis* als solche und unter dieser Bezeichung nicht mehr bekannt. Sie kam nur indirekt bei dolosem Verhalten eines betrügerischen Tutors oder Kurators zur Anwendung, indem dies eine Verdoppelung der Haftung nach sich zog. Unter Justinian kehrte man zwar zur *actio ratio distrahendis* des klassischen Rechts wieder ausdrücklich zurück, allerdings erhielt sie den Charakter einer *actio mixta,* die sowohl strafrechtlichen als auch sachverfolgenden Zwecken dienen sollte.[529]

#### *b) Die accusatio suspecti tutoris*

Das Verfahren der *accusatio suspecti tutoris* mit dem Ziel der Entfernung und Infamierung eines treulosen Vormunds wurde nunmehr bei allen Erscheinungsformen der Alterstutel zugelassen.[530] Zudem wurde allgemein anerkannt, dass auch ungeeignete Tutoren in bestimmten Fällen ohne vorherige Anklage von Amts wegen aus dem vormundschaftlichen Amt removiert werden konnten. Hatten sie schuldlos gehandelt, bewirkte ihre Absetzung jedoch keine Infamie.[531]

#### *c) Die actio tutelae*

Mit dem Untergang des klassischen Aktionenbegriffs verstand man auch das Vormundschaftsverhältnis nicht mehr als eine einheitliche Institution, sondern es wurde aus Einzelgeschäften bestehend angesehen und in solche aufgespalten. In der Folge oblag dem Tutor die Verwaltungstätigkeit einzelner *res,* was eine

527 Kaser, RP I, 367, mit Fn. 53 siehe Ulp. D. 27, 6, 7 pr.; vgl. hierzu auch Lenel, EP, 119f.
528 Kaser, RP II, 231.
529 Vgl. Kaser, RP II, 232.
530 Kaser, RP II, 231, mit Fn. 2 siehe Inst. 1, 26, 2.
531 Kaser, RP II, 231, mit Fn. 4 vgl. Inst. 1, 26, 6.

Haftung für jedes einzelne Geschäft erzeugte.[532] So lag der Anknüpfungspunkt der Vormundschaftsklage nicht mehr bei der Führung der Vormundschaft an sich, sondern bei einzelnen Pflichtverletzungen, die der Vormund im Rahmen der vielen ihm übertragenen Aufgaben begangen hatte.[533] Außerdem bewirkte die fortschrittliche Ausgestaltung der *gestio* eine Überwachungspflicht der Mitvormünder und *tutores cessantes* im Hinblick auf die einzelnen Rechtsgeschäfte. Kam es zu schuldhaften Verletzungen der Aufsichtspflicht, konnte nun auch gegen diese Tutoren die *actio tutelae* erhoben werden.[534] Als allgemeiner Haftungsmaßstab wurde hierbei die *culpa* festgelegt, daneben berichten einige Stellen von einer Haftung für *diligentia quam in suis rebus*.[535]

Im Falle einer Mehrheit von Tutoren blieb es bei der *in solidum*-Haftung aller, allerdings war jeder von ihnen befugt, gemäß dem *beneficium divisionis* eine Beschränkung auf seinen Teil der Vormundschaft zu beantragen. Justinian griff die vermutlich aus der späten Klassik stammende Möglichkeit der Teilhaftung auf und änderte sie nur leicht ab.[536]

#### d) Sicherungen des Mündels

Auch im nachklassischen Recht standen dem Mündel die *satisdatio rem pupilli salvam fore* und das *privilegium exigendi* offen. Hinzu traten noch weitere rechtliche Möglichkeiten der Absicherung: Zunächst führten Severus und Caracalla ein Pfandrecht des *pupillus* an im Besitz des Tutors befindlichen Gegenständen, die dieser mit Geldern des Mündels angeschafft hatte, ein. Dieses wurde in der nachklassischen Zeit durch eine *rei vindicatio utilis* zusätzlich verstärkt. Darüber hinaus erhielt das Mündel – vermutlich unter Konstantin und gemäß der hellenistischen Rechtstradition – eine Generalhypothek am Vermögen des Vormunds, welches in den späteren Rechtsentwicklungen auf andere Fallkonstellationen erweitert wurde.[537]

#### e) Sonderformen im Rechtsschutz

Wer als Scheintutor die vormundschaftlichen Geschäfte geführt hatte, haftete nach wie vor mit der *actio in eum qui pro tutore negotia gessit*. In der justininanischen

532 Vgl. Sachers, in: RE 7A/2, 1566.
533 Siehe hierzu nur Haenel, Iuliani epitome, 201f; Levy, ZSS 37 (1916), 27ff.
534 Vgl. Sachers, in: RE 7A/2, 1566f.
535 Kaser, RP II, 232, mit Fn. 12 vgl. zur *diligentia quam in suis rebus* etwa Nov. 72, 8.
536 Vgl. Voci, Iura 21 (1970), 71ff: Er sieht die Möglichkeit der Haftungsbeschränkung schon als Institut der Spätklassik.
537 Vgl. hierzu vertiefend Sachers, in: RE 7A/2, 1572f.

Kodifikation wurde die Klage vereinfachend und daher wohl eher der oströmischen Schule als dem klassischen Sprachgebrauch folgend als *actio protutelae* bezeichnet.[538]

Angesichts fehlender Aussagen in den Quellen erscheint fraglich, ob Justinian gutgläubigen Vertragspartnern aus jeder Geschäftsführung, die das Mündel mit Zustimmung des Protutors vorgenommen hatte, eine *in integrum restitutio* gewährte. Ebenso muss dahingestellt bleiben, ob im justinianischen Recht die Anstrengung der Ersatzklage gegen den böswillig handelnden Scheintutor weiterhin möglich war.[539]

## IV. Beendigung der Vormundschaft

Abschließend seien die Gründe für die Beendigung der *tutela impuberum* erwähnt. Hierbei ist zwischen solchen auf Seiten des Vormunds und solchen auf Seiten des Mündels zu differenzieren. Im Regelfall wurde das Mündel von der *tutela impuberum* frei, sobald es nach der Rechtsordnung geschlechtsreif und damit mündig war. Bei Mädchen setzte die *pubertas* mit Vollendung des 12. Lebensjahres ein, Knaben erreichten die Mündigkeit mit Vollendung des 14. Lebensjahres.[540] Daneben führten der Tod des Mündels[541] und jede Art der *capitis deminutio* zur Beendigung der Alterstutel.[542]

Als Erlöschensgründe des vormundschaftlichen Amts sind uns insbesondere die *remotio* infolge der *accusatio suspecti tutoris,* seit Justinian das Verhängen eines Gestionsverbots, die *abdicatio* des *tutor testamentarius,* die *cessio tutelae* des gesetzlichen Vormunds, die erfolgreiche *excusatio* sowie die Begnadigung und Rückkehr des *paterfamilias,* der nach Verurteilung wegen eines Verbrechens in die Verbannung geschickt worden war, überliefert.[543] Weiterhin bewirkten der Verlust der Freiheit *(capitis deminutio maxima)* und der Verlust des Bürgerrechts sowie der Familienzugehörigkeit *(capitis deminutio media)* das Ende jeder Form der *tutela.* Dagegen ließ zwar eine Änderung des familienrechtlichen Status *(capitis deminutio minima)* sowohl die *tutela testamentaria* als auch die *tutela decretalis* unberührt, hatte jedoch wegen der Auflösung des Agnationsverhältnisses

538 Vgl. Kaser, RP II, 233, mit Fn. 18 siehe zum Begriff der *actio protutelae* Ulp. D. 27, 5, 1 pr.; §§ 6, 8; C. 5, 28, 4.

539 Vgl. Kaser, RP II, 233.

540 Siehe nochmals oben S. 16 Anm. 12.

541 Vgl. Paul. D. 27, 3, 4 pr.; Inst. 1, 22, 3 – vgl. Sachers, in: RE 7A/2, 1587.

542 Siehe Ulp. D. 26, 1, 14 pr.-2; Inst. 1, 22, 4 – vgl. Sachers, in: RE 7A/2, 1587.

543 Vgl. Sachers, in: RE 7A/2, 1587; Karlowa II, 284.

den Untergang der testamentarischen Tutel zur Folge.[544] Nach klassischem Recht endete die Tätigkeit eines Zwischenvormunds mit Wirksamwerden einer im Testament verfügten aufschiebenden Bedingung, mit Eintritt eines bestimmten Anfangstermins oder mit Rückkehr des in Kriegsgefangenschaft geratenen Tutors.[545] Schließlich ging mit dem Tod des Tutors *ipso iure* die Beendigung seines Amts einher.[546]

## § 5. Die *tutela mulierum*

Neben der *tutela impuberum* kannte das römische Recht seit alters her die *tutela mulierum.* Die jeweilige Ausgestaltung dieses Institut muss stets im Zusammenhang mit der sozialen Stellung der Frau innerhalb des agnatisch geordneten Familienverbands gesehen werden. Nach altrömischer Rechtsauffassung kam es nur in Betracht, entweder selbst Träger einer familiären Gewalt (*patria potestas, manus, tutela*) oder einer solchen unterworfen zu sein.[547] Das Wirken der römischen Frau beschränkte sich ursprünglich ausschließlich auf das Führen des Haushalts und die Erziehung der Kinder. Sie sollte nach außen hin – sowohl in staatsrechtlicher Beziehung (was sich etwa im Verbot der Bekleidung öffentlicher Ämter und dem Ausschluss von der Teilnahme an den Volksversammlungen widerspiegelte) als auch im Hinblick auf den Privatrechtsverkehr – nicht mehr als unbedingt notwendig in Erscheinung treten.[548] Geradezu bezeichnend hierfür ist der Ausspruch von Livius in Liv. XXXIV 2, 11, wonach Frauen ohne männlichen Beistand kein (auch nicht ziviles) Geschäft tätigen durften: *Maiores nostra nullam, ne privatam quidem rem agere feminas sine tutore voluerunt, in manu esse parentium, fratrum, virorum.* Da sie vom öffentlichen Leben weitestgehend ausgeschlossen waren, konnte – so die Vorstellung – auch nicht erwartet werden, dass sie über Kenntnisse in rechtlichen Dingen verfügten.[549] Deshalb galten Frauen schon von Natur aus als unfähig, Inhaberinnen der *patria potestas* oder einer anderen personenrechltichen Gewalt zu sein. Für sie blieb folglich nur die Möglichkeit, selbst unter der Superiorität einer männlichen Person zu stehen. Wenn eine römische Frau aus der *patria potestas* entlassen und damit *sui iuris* geworden war oder sie bereits zuvor unter der Altersvormundschaft gestanden

544 Vgl. hierzu Inst. 1, 22, 4 – vgl. Sachers, in: RE 7A/2, 1586.
545 Siehe Gai. inst. 1, 186f.
546 Vgl. Paul. D. 27, 3, 4 pr.; Inst. 1, 22, 3 – vgl. Sachers, in: RE 7A/2, 1586.
547 Karlowa II, 292.
548 Karlowa II, 293.
549 Siehe etwa Paul. D. 22, 6, 9 mit dem Hinweis auf die *ignorantia iuris* der Frauen.

hatte, geriet sie mit Erreichen der *pubertas* unter eine neue Form der Vormundschaft, die *tutela mulierum*. Dieser blieb sie dann auch zeitlebens unterworfen, es sei denn, über sie wurde ein anderes Gewaltverhältnis, etwa die *patria potestas* durch Arrogation oder die *manus*-Ehe begründet.[550] Allein für die sog. Vestalischen Jungfrauen wurde von diesen Grundsätzen eine Ausnahme gemacht. Sie waren, wie von jedem anderen Abhängigkeitsverhältnis, auch von der *tutela mulierum* infolge ihres Priesterinnenamtes befreit – eine Rechtsregel, die von Gaius auf das XII-Tafelgesetz zurückgeführt wird.[551]

## I. Die soziale Rechtfertigung der *tutela mulierum*

Die Frage nach der sozio-kulturellen Rechtfertigung der *tutela mulierum* wird bis heute kontrovers diskutiert. Einige sehen den Grund für das Bestehen der Geschlechtsvormundschaft, ebenso wie schon die antiken Schriftsteller und Juristen, in der Schwäche und dem geschäftlichen Leichtsinn der Frauen. Dies sei bedingt durch ihre Stellung innerhalb der Gesellschaft sowie durch den Ausschluss von jeglicher geschäftlicher Tätigkeit, was aufgrund fehlender Rechtskenntnisse den Beistand eines Tutors notwendig erscheinen ließ.[552] Andere wiederum verstehen sie als probates Mittel, die *familia pecuniaque* vor einer Zersplitterung zu bewahren. Auszugehen sei dabei von der Tatsache, dass im altrömischen Recht der Erhalt des Vermögens ein überragendes Interesse darstellte, das es in jedem Falle zu schützen galt.[553] Wenn ein Mädchen zu den Erben des *paterfamilias* gehörte, konnte dies eine Gefahr für das Familienvermögen bedeuten, denn es ist zu befürchten gewesen, dass es eines Tages heiraten und durch den Eintritt in die *manus*-Gewalt ihres Ehemannes mit all ihrem Vermögen ihre eigene Familie dadurch finanziell schwächen würde. Um dieser Gefahr wirksam zu begegnen und die Erbmasse sowie den Ruhm des eigenen Hauses zu erhalten, hätten die Römer – so wird es zumindest vertreten – der Frau die freie Verfügungsgewalt über ihr Vermögen entzogen und sie unter die Vormundschaft ihrer männlichen Verwandten gestellt. Die Institution der Tutel habe also nicht im Interesse der Frau gelegen, um sie wegen ihrer weiblichen Schwäche und ihrer angeborenen Unfähigkeit zu schützen. Vielmehr habe sie sich gegen das weibliche Geschlecht gerichtet und sei ausschließlich ihrem Tutor zugute gekommen, der im Falle der *tutela legitima* regelmäßig ihr nächster Erbe war und daher ein

550 Vgl. Sachers, in: RE 7A/2, 1589.
551 Siehe Gai. inst. 1, 145.
552 So beispielsweise Karlowa II, 293; wohl auch Sachers, in: RE 7A/2, 1589.
553 Mönnich, Frauenschutz, 19.

vorrangiges Interesse am Zusammenhalt des Familienvermögens hatte.[554] Die Schlussfolgerung dieser Ansicht erscheint zu einseitig. Ebenso erweist sich die alleinige Argumentation mit der Schwäche des weiblichen Geschlechts als zu dünn. Es muss hierbei bezüglich der verschiedenen Arten der *tutela* differenziert werden: Außer Frage steht wohl, dass es bei der gesetzlichen Vormundschaft der Agnaten eine eigennützige Komponente gab, denn der *tutor legitimus* war regelmäßig der nächste Erbe der Frau.[555] In diesem Fall diente sie zumindest auch den Interessen des Tutors. Das Argument der Eigennützigkeit kann jedoch für die anderen Formen keine Geltung beanspruchen, da sowohl bei der *tutela testamentaria* als auch bei der *tutela decretalis* Vormünder ernannt werden konnten, die nicht aus der agnatischen Familie stammten und folglich keine potenziellen Erben der Frau waren.[556] Letztlich muss aber wohl die Frage, ob die Geschlechtstutel in erster Linie gegen die Frauen gerichtet war, oder ob sie um derer selbst Willen bestand, weil sie wegen ihrer sozialen und gesellschaftlichen Stellung keine ausreichenden Rechtskenntnisse zur selbstständigen Regelung ihrer Angelegenheiten besaßen, angesichts fehlender ausdrücklicher Quellenbelege dahingestellt bleiben.

Demgegenüber existieren ausreichend schriftliche Zeugnisse, die darauf schließen lassen, dass die Jurisprudenz bald dazu überging, die Frauen allmählich aus der umfassenden *vis ac potestas* des alten Rechts zu befreien.[557] Gerade vor diesem Hintergrund bleibt fraglich, aus welchem Grund die *tutela mulierum* im römischen Recht weiterhin aufrechterhalten wurde. Nach den Aussagen zeitgenössischer Juristen und Literaten sei die Geschlechtsvormundschaft mit der Wankelmütigkeit und der Willensschwäche der Frauen zu begründen: So weist beispielsweise Cicero in Cic. pro Murena 12, 27 auf die *infirmitas consilii* hin. Ähnlich auch Ulpian in Ulp. ep. XI, 1, der die *sexus infirmitas* und die *forensium rerum ignorantia* hervorhebt, sowie Gaius in Gai. inst. 1, 144/190, der sich mit einem kurzen Hinweis auf die *animi levitas* begnügt. Es liegt die Vermutung nahe, dass bereits zu Zeiten Ciceros der Begriff der weiblichen Schwäche als Rechtfertigung für das Bestehen der Frauenvormundschaft nicht mehr aus dem römischen Rechtsalltag, sondern aus der griechischen Philosophie stammte, mit der die römische Jurisprudenz seit dem 2. Jahrhundert v.Chr. verstärkt in Berührung

554 Vgl. Gide, Études sur la condition privée de la femme, 103.
555 Vgl. Gai. inst. 1, 192.
556 So auch Mönnich, Frauenschutz, 22.
557 Sachers, in: RE 7A/2, 1589.

gekommen war.[558] Für diese Annahme spricht insbesondere ein Zitat von Cicero: *Mulieres omnes propter infirmitatem consilii maiores in tutorum potestate esse voluerunt: hi invenerunt genera tutorum quae potestate mulierum continerentur* (Cic. pro Murena 12, 27). Obgleich er darin den bestehenden Rechtszustand kritisiert und sich für die althergebrachten Regelungen der *veteres* ausspricht, können wir hieraus ein recht klares Bild der gesellschaftlichen Realitäten jener Zeit entnehmen: Die Frauen müssen in der Lage gewesen sein, ihre Tutoren unter Kontrolle zu halten und sie für ihre eigenen Ziele zu instrumentalisieren. Dies setzte wiederum voraus, dass sie durchaus emanzipiert waren und sich stark genug zur Durchsetzung ihres Willens fühlten. Derartiges Verhalten lässt sich nur schwerlich mit einer angeblichen Schwäche des weiblichen Geschlechts vereinbaren.[559] Cicero selbst ist es, der in einem anderen Zusammenhang ein praktisches Beispiel gegen die grundsätzliche geschäftliche Unerfahrenheit von Frauen liefert: Seine Frau Terentia, berichtet er, verwalte ihr beträchtliches Vermögen frei und unabhängig mit Hilfe von Freigelassenen (Cic. ad familiares 14, 8, 2). Diese Aussagen Ciceros aus seinem Lebens- und Wirkungskreis sprechen eher gegen die vordergründige Behauptung, dass römische Frauen wegen ihrer Schwäche und Leichtsinns in der Geschäftswelt tatsächlich den Beistand eines Tutors benötigten.[560]

Eine gewisse Bestätigung erfährt diese These durch die Äußerungen des hochklassischen Juristen Gaius. In Gai. inst. 1, 144 verweist er zunächst auf die Tatsache, dass Frauen unabhängig von ihrem Alter unter der Obhut eines Vormunds standen. Die Notwendigkeit der Geschlechtstutel werde mit der Sorglosigkeit der Frauen begründet, die es nach Ansicht der Vorfahren zu kompensieren galt: *Veteres enim voluerunt feminas, etiamsi perfectae aetatis sint, propter animi levitatem in tutela esse.* Ob der Wille der *veteres* zu dieser Zeit überhaupt noch gerechtfertigt war, erfahren wir an dieser Stelle nicht. Jedoch klingt mit der alleinigen Berufung auf den Willen der Vorfahren bereits an, dass Gaius und seine Zeitgenossen eine andere Meinung vertraten und dass es sich hierbei wohl eher um eine alte Schuldoktrin handelte, die mit der alltäglichen Realität jener Zeit nicht mehr viel gemein hatte.[561] Vermutlich aus Respekt gegenüber den ehrwürdigen

558 So v.a. Schulz, CRL, 181, der in der *infirmitas consilii* Ciceros eine Übersetzung von βουλευτικον ακυρον (Aristoteles, Athenaion Politeia, 1260 a) sieht; ihm folgend Biondi, Istituzioni di diritto romano, 616 Fn. 36; zum generellen Einfluss der griechischen Philosophie auf römische Redner und Juristen etwa Zannini I, 60ff, zu der Aristoteles-Stelle im Speziellen 64f.

559 Vgl. Mönnich, Frauenschutz, 23f.

560 Mönnich, Frauenschutz, 24.

561 Vgl. Nelson, Gai Institutiones, 360.

*veteres* erklärt Gaius deren Argument aber nicht für veraltet, sondern lässt es vorerst unkommentiert und gibt die seinerzeit geltende Position zu einem späteren Zeitpunkt wieder. In Gai. inst. 1, 190 wird seine Kritik an der Geschlechtsvormundschaft dann recht deutlich: Die Begründung der Frauentutel mit der *levitas animi* hält Gaius für vorgeschoben, da sie mehr dem Schein als der Wirklichkeit entspreche: *Feminas vero perfectae aetatis in tutela esse fere nulla pretiosa ratio suasisse videtur. Nam quae vulgo creditur, quia levitate animi plerumque decipiuntur et aequum erat eas tutorum auctoritate regi, magis speciosa videtur quam vera.* Seiner Meinung nach spricht für die Vormundschaft über volljährige Frauen auch kein einleuchtender Grund, denn sie führen ihre Geschäfte selbstständig. Nur der Form halber müsse der Vormund in einigen Fällen seine Zustimmung geben, zu deren Erteilung er notfalls vom Prätor gezwungen werden kann: *mulieres enim quae perfectae aetatis sunt, ipse sibi negotia tractunt, et in quibusdam causis dicis gratia tutor interponit auctoritatem suam; saepe etiam invitus auctor fieri a praetore cogitur.* Nicht zuletzt lässt auch die Form des *aequum erat,* das im Gegensatz zu allen anderen Verben in diesem Fragment nicht im Präsens, sondern im Imperfekt steht, den Schluss zu, dass nach seiner Auffassung die Geschlechtstutel ein Relikt aus vergangener Zeit sei, das damals noch gerecht und billig war, jetzt aber keine Geltung mehr beanspruchen könne.[562]

Angesichts dieser Erkenntnisse ist davon auszugehen, dass die angebliche Schwäche des weiblichen Geschlechts bereits in den letzten Phasen der Republik, spätestens jedoch in der klassischen Zeit nicht mehr als wahre Rechtfertigung für die *tutela mulierum* dienen konnte. Dies allein schon vor dem Hintergrund der sozialen Bedingungen, die im Laufe der Jahrhunderte grundlegenden Veränderungen unterlegen waren. Die römischen Frauen hatten sich in gewisser Weise emanzipiert und die rein familiäre Sphäre sukzessive verlassen. Ihre Verselbstständigung kam insbesondere dadurch zum Ausdruck, dass sie ihre Angelegenheiten nunmehr weitestgehend alleine verwalteten. So stellte die Vormundschaft über Frauen zwar einerseits bald eine veraltete Institution dar, die

---

562 Vgl. Mönnich, Frauenschutz, 25; anders Solazzi III, 376f, der eine Kritik des Klassikers Gaius an der Frauenvormundschaft für ausgeschlossen hält und daher weite Teile der Stelle als Glosse bezeichnet; die Interpolationsvermutungen Solazzis widerlegt überzeugend und zutreffend Zannini I, 39ff, der den Wechsel zwischen den *tempora* in dieser Stelle damit begründet, dass nach der Auffassung Gaius für das Festhalten an der Frauentutel keine vernünftigen Gründe mehr gesprochen hätten (deshalb verwendet er ganz bewusst *aequum erat* im Imperfekt), dass es demgegenüber aber wahr sei, dass Frauen ihre Geschäfte selbstständig und unabhängig führen (deshalb steht *ipse sibi negotia tractunt* im Präsens).

aber andererseits aufgrund des in der römischen Gesellschaft tief verwurzelten Traditionalismus nicht einfach abgeschafft wurde.[563] Da sie in der Rechtspraxis in Funktion stand, obwohl dies nicht mehr den Realitäten der damaligen Zeit entsprach, bedurfte es auch weiterhin (oder gerade jetzt?) einer Rechtfertigung. Folglich nahmen sich vor allem die Juristen dieser Aufgabe an, indem sie sich hierbei auf althergebrachte Begründungen der Vorfahren stützten und weniger Begriffe aus dem römischen Alltag verwenden konnten, als vielmehr solche aus der griechischen Philosophie bemühen mussten. Die schwächer werdende soziale Rechtfertigung begünstigte darüber hinaus die allmählich einsetzende Aushöhlung der Frauenvormundschaft, die irgendwann schließlich ganz aus dem römischen Rechtsleben verschwand.[564]

## II. Rechtsdogmatische Grundlagen der *tutela mulierum*

Bei der *tutela mulierum* des klassischen römischen Rechts galten im Wesentlichen dieselben rechtsdogmatischen Grundlagen wie im Rahmen der *tutela impuberum*. Es sei deshalb nur auf einige Besonderheiten hingewiesen, die ihren Ursprung im eigentümlichen Charakter und der besonderen Entwicklungsgeschichte dieses Instituts haben.

### *1. Berufungsgründe zur tutela mulierum*

Die Berufung zur Vormundschaft über Frauen folgte den Grundsätzen der Alterstutel: Neben der *tutela legitima* der Agnaten und dahinter der Gentilen gab es schon frühzeitig die testamentarische Form der Bestellung eines Vormunds, später kam mit Erlass der Vormundschaftsgesetze in Rom und in den Provinzen die Möglichkeit der behördlichen Ernennung auf.[565] Dennoch schuf die Jurisprudenz gerade in diesem Bereich einige Spezifitäten, deren Skizzierung zugleich Gelegenheit bieten soll, aufzuzeigen, inwieweit darin bereits Tendenzen zur Aushöhlung der Frauentutel gesehen werden können: Wie uns in Liv. XXXIX 19, 5 überliefert ist, war das vierte Privileg, welches der „ehrbaren Dirne" Hispala Faecenia durch Senatsbeschluss als Belohnung für ihre Mithilfe bei der Aufdeckung des Bacchanalien-Kults zugesprochen worden war, die *tutoris optio quasi ei vir testamento dedisset*. Sie stellt eine Spielart der *tutela testamentaria* dar, bei der der Ehemann für den Fall seines Todes der *uxor in manu* letztwillig das Recht einräumen konnte, sich

563 Ähnlich Kaser, RP I, 352.
564 Vgl. Mönnich, Frauenschutz, 26.
565 Siehe hierzu vertiefend Sachers, in: RE 7A/2, 1590ff m.w.N.

selbst einen Tutor zu wählen, und zwar, je nach Fassung dieser *optio*, mit ein- oder mehrmaliger Wahlbefugnis sowie für alle *(optio plena)* oder nur für einzelne Geschäfte *(optio angusta)*.[566] Obwohl sehr gute Gründe dafür sprechen, dass es sich bei dem hier erwähnten *senatus consultum* aller Wahrscheinlichkeit nach um eine „annalistische Erfindung" handelt, „deren Verständnis eher im Bereich erzählerischer Strategien als demjenigen der historischen Realität zu suchen ist"[567], beweist der Livius-Text immerhin, dass die testamentarische Einräumung des *ius optandi tutoris* durch den Ehemann zu der Zeit, aus der der Bericht stammt, im römischen Rechtsleben schon eine offiziell anerkannte sowie fest etablierte Institution gewesen sein muss.[568] Da uns frühere Zeugnisse in den Quellen fehlen[569], bleibt zu fragen, auf welcher Grundlage die *optio tutoris* beruhte. Es sind keine Belege dafür vorhanden, dass sie auf eine spezielle *lex* zurückzuführen sei. Vielmehr berichtet uns Gaius in Gai. inst. 1, 150: *recepta est etiam tutoris optio.* Hierin findet sich wohl eine Anspielung auf den Einfuss der Juristen bei der Anerkennung des *ius optandi tutoris.* Und tatsächlich lässt die Aussage Ciceros in Cic. pro Murena 12, 27, bei der er auch die *tutores optivi* vor Augen hatte, *hi invenerunt genera tutorum quae potestate mulierum continerentur* keinen Zweifel mehr daran, dass die *tutela optiva* eine Erfindung der römischen Jurisprudenz ist, die geschaffen wurde, um den Frauen die Tutel zu erleichtern.[570] Sie bot ihnen die Gelegenheit, sich einen Tutor auszusuchen, von dem sie sich sicher sein konnten, dass er ihnen bei der Durchsetzung ihres Willens keine Probleme bereiten würde. Eine Person, die als besonders unnachgiebig oder störrisch galt, wurde freilich nicht erwählt. Dieser Zweck wird besonders deutlich, wenn man sich vergegenwärtigt, dass nur der Witwe von ihrem Ehemann, aber nicht der ledigen Tochter vom *paterfamilias* das Wahlrecht testamentarisch eingeräumt werden konnte.[571] Folglich kann das *ius*

566 Siehe hierzu Gai. inst. 1, 150ff; ebenso c. 22 *lex municipi.*

567 Nörr, in: Cascione/Masi Doria (Hrsg.), Fides Humanitas Ius, 3847; vgl. speziell im Hinblick auf die *tutoris optio*, 3847f: Nörr geht zu Recht davon aus, dass Hispala bereits einen *tutor Atilianus* hatte und dass die logische Folge, dieser müsse dem später erwählten *tutor optivus* weichen, beispiellos und in den uns vorliegenden Quellen an keiner anderen Stelle belegt sei. Dies verstärke den Verdacht, dass wir hier von einem Pseudo-Senatsbeschluss auszugehen haben.

568 So auch Karlowa II, 297.

569 Insbesondere ist hier entgegen Karlowa Plaut. Truc. 859 nicht einschlägig: In der Komödie des Plautus erwählt sich ein Mann eine Frau zur Tutorin, der er sein gesamtes Hab und Gut überlässt; diese literarische Spielerei hat freilich nichts mit der *optio tutoris* zu tun, siehe nur Watson, The Law of Persons, 148 Fn. 2.

570 Vgl. Karlowa II, 296f.

571 Vgl. Gai. inst. 1, 150.

*optandi tutoris* als erster Schritt auf dem Weg zur Abschwächung der Frauentutel gesehen werden, indem man die Witwe zwar nicht von ihr befreite, aber doch bestrebt war, ihr eine freiere Stellung zu verschaffen.

Ferner entwickelte sich in der Republik eine weitere Möglichkeit, mit der sich die Frau eines lästigen Vormunds entledigen und eine Person ihres Vertrauens bestellen konnte. Das rechtliche Mittel hierfür war die *coemptio fiduciaria tutelae evitandae gratia* (oder vereinfacht *coemptio fiduciaria* genannt), die bei allen Arten der Vormundschaft Anwendung fand.[572] Hierzu führte die Frau mit Zustimmung ihres bisherigen Tutors, zu deren Erteilung er mit Hilfe des Prätors gezwungen werden konnte, eine Art Scheinverkauf ihrer selbst durch, indem sie die *coemptio* an eine Person vollzog, die sie dann an ihren Vertrauensmann remanzipierte. Dieser ließ sie anschließend durch Berührung mit dem Stab frei *(manumissio vindicta)* und wurde auf diese Weise ihr *tutor fiduciarius.*[573] Der Nutzen der *coemptio fiduciaria* zeigte sich vor allem darin, dass der *tutor fiduciarius* die Vormundschaft nicht abtreten konnte *(in iure cessio tutelae),* seine *auctoritas* hatte er nur *dicis causa* zu erteilen, wozu er auch gegen seinen Willen behördlich gezwungen werden konnte[574] und im Falle seiner Abwesenheit wurde er sofort entfernt und durch einen vom Magistraten zu bestellenden Vormund ersetzt.[575] Darüber hinaus erwählten die Frauen auch hier nur solche Personen, denen sie besonderes Vertrauen entgegenbrachten und von denen kein besonderer Widerstand zu erwarten war. Daraus wird ersichtlich, dass eine ernstzunehmende Einflussnahme auf die Geschäfte der Frau bereits zu einem recht frühen Zeitpunkt kaum mehr angenommen werden kann.

## 2. *Aufgaben des Vormunds und Rechtsschutz*

Die *tutela mulierum* blieb weitestgehend unberührt von dem Umgestaltungsprozess, den die Alterstutel von einem eigennützigen Recht im Interesse des Vormunds hin zu einer fremdnützigen Einrichtung mit stark betonter Pflichtenseite durchlief.[576] Im ältesten Recht aufgrund der umfassenden *vis ac potestas* noch Herr sowohl über die Person als auch über das Vermögen der Frau, verlor der Geschlechtstutor frühzeitig jede Befugnis zur Sorge für die Person sowie zur Verwaltung ihres Vermögens. Seine Tätigkeit erschöpfte sich daher in der Erteilung der

572 Siehe Gai. inst. 1, 114; vgl. hierzu etwa Sachers, in: RE 7A/2, 1595.
573 Siehe Gai. inst. 1, 115.
574 Gai. inst. 1, 190.
575 Vgl. Gai. inst. 1, 173ff.
576 Jörs/Kunkel/Wenger, 304.

*auctoritas* zu einigen wirtschaftlich besonders bedeutsamen Rechtsgeschäften, die in klassischer Zeit sogar ohne Rücksicht auf seinen Willen mit Hilfe des Prätors erzwungen werden konnte und damit zu einem bloßen Formalakt verblasste.[577]

Den Vormund traf für seine während bestehender *tutela* vorgenommenen Handlungen keinerlei Haftung.[578] Dahinter stehen zwei Gründe: Zum einen führten Frauen ihre Geschäfte selbstständig. Folglich würde es unbillig erscheinen, wenn sich der Tutor hierfür verantworten müsste. Zum anderen bestand die Vormundschaft über Frauen grundsätzlich lebenslänglich, so dass hier weder rechtlicher Bedarf noch in tatsächlicher Hinsicht die Möglichkeit einer etwaigen Rechtfertigung nach beendeter Tutel in Betracht kam.[579] Dies hatte zur Folge, dass zwischen dem *tutor mulieris* und der Frau – anders als bei der Vormundschaft über Unmündige – niemals eine aus der *gestio* entspringende *obligatio* angenommen wurde. Damit fiel natürlich zugleich die Grundlage bzw. der Anknüpfungspunkt für die *actio tutelae* weg.[580] Zudem gibt es keine Stelle, die uns die Anwendung der *accusatio suspecti tutoris* auf die Frauenvormundschaft oder andere Formen des Rechtsschutzes bezeugen könnte.

## III. Überblick über die Zurückbildung und Aushöhlung der *tutela mulierum*

Wie bereits angeklungen ist, schufen die römischen Juristen frühzeitig Mittel und Wege, um die Frauen aus der „lästigen Fessel"[581] der Vormundschaft sukzessive zu befreien. Abschließend soll daher ein kurzer Überblick über die wichtigsten Stationen in der historischen Entwicklung der Geschlechtstutel gegeben werden. Bereits in republikanischer Zeit erfuhr sie eine erste Schwächung mit der Zulassung der *optio tutoris* sowie der *coemptio fiduciaria*, die es den Frauen ermöglichten, ihnen unliebsame Tutoren zu entfernen. Bedingt durch das fortschreitende Hervortreten der Frau im gesellschaftlichen Leben sowie in der Finanzwelt wurde sie im weiteren Verlauf immer stärker zurückgebildet und bestand in der Kaiserzeit nur noch in schwachen Überresten fort.[582] Einen wichtigen Beitrag hierzu lieferte die umfassende Ehegesetzgebung des Augustus, auch wenn sie dadurch zunächst noch künstlich aufrechterhalten wurde: Im Jahre 18 v.Chr. beseitigte die

---

577 Vgl. Jörs/Kunkel/Wenger, 304; siehe nochmals Gai. inst. 1, 190.
578 Kaser, RP I, 368.
579 Vgl. Mönnich, Frauenschutz, 21.
580 Siehe Gai. inst. 1, 191.
581 Jörs/Kunkel/Wenger, Römisches Privatrecht, 303.
582 Kaser, RP I, 367.

*lex Iulia de maritandis ordinibus* die Tutel über freigeborene Frauen, die mindestens drei Kinder geboren hatten *(ius trium liberorum)*, 9 n.Chr. folgte mit Erlass der *lex Papia Poppaea* die entsprechende Regelung für freigelassene Frauen, die mindestens vier Kinder zur Welt gebracht hatten *(ius quattuor liberorum)*.[583] Später wurde das Dreikinderrecht durch den Senat und die *principes* auch an andere einflussreiche Personen, die zwar nicht die erforderliche Anzahl an Kindern, sich aber auf andere Weise um den römischen Staat besonders verdient gemacht hatten, als Privileg verliehen.[584] Hätte man zu dieser Zeit den wahren Grund für das Bestehen der Frauentutel tatsächlich noch in der *levitas animi* gesehen, so wäre die Befreiung von ihr weniger eine Belohnung, als vielmehr eine Benachteiligung für das weibliche Geschlecht gewesen. Vor diesem Hintergrund erscheint die augusteische Gesetzgebung allerdings kaum nachvollziehbar.[585] Daher ist davon auszugehen, dass Augustus um die Überflüssigkeit der Frauenvormundschaft wusste, sie jedoch ganz bewusst nicht gänzlich abschaffte, sondern die Befreiung von ihr gezielt zur Durchsetzung seiner übergeordneten staatspolitischen Ziele einsetzte.[586] Spätestens also in der frühen Prinzipatszeit stellte die angebliche Schwäche der Frauen nicht mehr den wahren Grund für das Bestehen der Frauentutel dar. In der Folge ging mit dem Schwinden einer treffenden Rechtfertigung auch das Schwinden ihrer praktischen Bedeutung im Rechtsleben einher.[587] So ging die weitere Entwicklung dahin, dass die Vormünder im klassischen Recht ihre *auctoritas* nur noch der Form halber erteilten und hierzu sogar gegen ihren Willen vom Prätor gezwungen werden konnten.[588] Damit wurde ihnen die einzige Aufgabe, die nach dem Verlust der Befugnis zur Sorge über die Person und zur Vermögensverwaltung noch geblieben war, endgültig genommen.

---

583 Kaser, RP I, 318f; siehe hierzu Gai. inst. 1, 145; 1, 194.

584 Kaser, RP I, 320.

585 Vgl. Kaser/Knütel, Römisches Privatrecht, 314.

586 Mönnich, Frauenschutz, 26; Die Ehegesetze des Augustus bildeten das Kernstück seines umfassenden sozialpolitischen Reformprojekts, mit dem der Verfall der Familiengesinnung, die vor allem die römische Oberschicht ergriffen hatte, bekämpft werden sollte. Langfristiges Ziel sollte die Stärkung bzw. Wiederbelebung der Bürgerschaft nach ruhmreichem republikanischem Vorbild sein. Deshalb sanktionierten die Gesetze Ehescheu sowie Kinderlosigkeit, während Kinderreichtum mit einer Vielzahl von Privilegien belohnt wurde. Ferner wurden Ehegebote für bestimmte Personengruppen, die man als besonders leistungsfähig ansah, angeordnet. Andererseits versuchte man unerwünschte Verbindungen gesetzlich zu unterbinden, vgl. hierzu Kaser, RP I, 318ff mit weiteren Nachweisen.

587 Vgl. Mönnich, Frauenschutz, 26.

588 Siehe erneut Gai. inst. 1, 190.

Einen weiteren breiten Einbruch erlebte die Geschlechtstutel mit Erlass der *lex Claudia* im ersten Jahrhundert n.Chr.[589] Sie hob die Vormundschaft der Agnaten auf, so dass als *tutores legitimi* künftig nur der Patron über eine freigelassene Sklavin sowie der *parens manumissor* in Betracht kamen.[590] Damit wurde der Vormundschaft über freigeborene Frauen lediglich formale Bedeutung beigemessen und dies bewirkte wiederum deren vollkommene rechtsgeschäftliche Selbstständigkeit. Daraus lässt sich schließen, dass zu jener Zeit von ihr keine übermäßig „frauenfeindliche“ Gefahr mehr ausging. Vielmehr versuchten die Juristen, sie insoweit anzupassen und auszuhöhlen, dass die römischen Frauen durch sie nicht wesentlich beeinträchtigt wurden. Indem sie sie aber nicht gänzlich abschafften, vermieden sie dadurch einen offenen Widerspruch zum Willen der Vorfahren.[591] Kaser bezeichnet die Geschlechtstutel daher richtigerweise als „überlebte[n] Rückstand aus primitiven Verhältnissen, den man mit der Anpassungsfähigkeit der römischen Rechtskunst immer weiter einschränkt, dessen längst fällige Beseitigung man aber noch nicht wagt.“[592] *De iure* bestand sie bis zum Beginn der nachklassischen Periode, da sie für die diokletianische Zeit jedenfalls noch nachweisbar ist.[593] Bald danach muss sie aber aus dem römischen Rechtsleben endgültig verschwunden sein, denn schon der *Codex Theodosianus* weiß nichts mehr von ihr. Darin ist nunmehr ausschließlich von der Vormundschaft über minderjährige weibliche Personen die Rede.[594] In den Provinzen – vornehmlich im oströmischen Reich – erhielt sich die Frauenvormundschaft wohl unter dem Einfluss hellenistischer Rechtsanschauungen als peregrinische Quasitutel. Dies ergibt sich aus uns überlieferten gräko-ägyptische Urkunden, die aus dem 4. Jahrhundert n.Chr. stammen und in denen sich Frauen ihres Mannes oder mündigen Sohnes als *κύριος* bedienen.[595] Vermutlich wurde diese Verkehrssitte von den römischen Frauen übernommen, indem sie zu einigen Geschäften einen rechtlichen Beistand (Curator) hinzuzogen. So sind Spuren der einstigen Geschlechtstutel vor allem im Provinzialrecht nachweisbar, obwohl sie zu dieser Zeit im genuin römischen Recht bereits aus der Übung gekommen war.[596]

---

589 Kaser vermutet den Erlass des Gesetzes zwischen 44 und 49 n.Chr., vgl. Kaser, RP I, 368.

590 Vgl. Gai. inst. 1, 157; Ulp. ep. XI, 8.

591 Vgl. Mönnich, Frauenschutz, 27.

592 Kaser, RP I, 352.

593 Vgl. Frag. Vat. 325 – vgl. Jörs/Kunkel/Wenger, Römisches Privatrecht, 304.

594 Siehe Cod. Theod. 3, 1, 3 – vgl. Sachers, in: RE 7A/2, 1599.

595 Vgl. hierzu Sachers, in: RE 7A/2, 1599; siehe vertiefend Kübler, ZSS 31 (1910), 176ff.

596 Vgl. Sachers, in: RE 7A/2, 1590; 1599.

# Drittes Kapitel: Palingenetische Überlegungen zu den römischen Vormundschaftsgesetzen

Die Vormundschaftsgesetze, *lex Atilia* und *lex Iulia et Titia,* die die behördliche *datio tutoris* in Rom bzw. in Italien und in den Provinzen regelten, sind uns nicht überliefert. Der palingenetische Versuch muss sich daher an anderes (v.a. zeitlich späteres) Quellenmaterial halten, in welchem von ihnen berichtet oder auf sie Bezug genommen wird. Bei der Durchsicht desselben lassen sich einige Auffälligkeiten feststellen, die bisher in der Literatur nur wenig Beachtung gefunden haben.[597] Der (unbekannte) Verfasser der *Scholia Sinaitica* wies in 20, 54 darauf hin, dass nach einem Kapitel der *lex (Iulia et) Titia* das Mündel für sich selbst einen Tutor erbat. Ebenso berichtet der inzwischen zuverlässig rekonstruierte Kapitelanfang von c. 109 der *lex Coloniae Genetivae Iuliae seu Ursonensis (lex Ursonensis),* dass nicht nur die Frau, sondern gerade auch das Mündel bei dem Duumvir die Bestellung eines Tutors beantragen und die von ihr/ihm gewünschte Person benennen konnte. Das *postulare* und *nominare quem dari volet* begegnet uns ebenso in c. 29 *lex municipi Salpensani* bzw. *Irnitani.* Allerdings tritt hier erstmals eine Unterscheidung im Verfahren der *datio tutoris mulierum* und *impuberum* auf: Trotz einiger stilistischer Unebenheiten ist zu erkennen, dass die alleinige Postulationsbefugnis nur für die Frau im vereinfachten Verfahren *de omnium collegarum sententia* (S. 1) galt, im Übrigen bedurfte es für das Mündel der *postulatio* eines Dritten und eines Dekrets der Dekurionen (S. 2). Jüngere Urkundenfunde aus Herkulaneum und Ägypten scheinen dies zu bestätigen: Ihnen lässt sich die Antrags- und Benennungsbefugnis der Frau *e lege Iulia et Titia* oder *e lege Iulia et Titia et ex senatus consulto* entnehmen.[598]

Die meisten der hier angesprochenen Quellen konnten der Öffentlichkeit und damit der Wissenschaft erst in den letzten 150 Jahren zugänglich gemacht werden. Vor diesem Hintergrund verwundert es aber nicht, wenn gerade in älteren Abhandlungen diese Thematik kaum Erwähnung findet. Die *Scholia Sinaitica* wurden gegen Ende des 19. Jahrhunderts bekannt. Der (zugegebenermaßen schlecht erhaltene) Text enthält Kommentierungen zu den *libri de tutelis* des

597 Dies beklagt auch Nörr, ZSS 118 (2001), 2.

598 Die Papyri sind zusammengestellt bei Cavenaile, CPL, Nr. 200–205; siehe auch FIRA III 24, 25.

spätklassischen Juristen Ulpian und liefert daher wichtige Informationen zu den Vormundschaftsgesetzen. Theodor Mommsen gab 1855 als Erster eine zuverlässige Ausgabe der *lex Salpensana* mit heute immer noch gültigem Kommentar.[599] Fund und Edition der *lex Irnitana* im Jahre 1986 bestätigten die Annahme, dass die Stadtrechte von *Salpensa* und *Irni* einer gemeinsamen Vorlage folgten, denn der Wortlaut des uns hier interessierenden c. 29 über das Verfahren der *datio tutoris* in den latinischen Munizipien ist in beiden Gesetzen (bis auf wenige, zu vernachlässigende Abweichungen) identisch. In der Mitte des 20. Jahrhunderts folgten die Funde der erwähnten Urkunden zur Frauentutel und D'Ors gelang schließlich die Rekonstruktion des Kapitelanfangs von c. 109 der *lex Ursonensis*.[600] Damit eröffneten sich Räume, die viel Platz für Interpretationen boten und weiterhin bieten werden: Aus den hier vorgestellten Quellen können Fragmente römischer Gesetzgebung zur *tutela* entnommen werden. Vorrangig verweisen sie zwar auf die *lex Iulia et Titia*, die die *datio tutoris* in den Provinzen und in Italien erfasste. Jedoch lassen sich aus ihnen auch Bezüge zur *lex Atilia* gewinnen. Sie war das erste Vormundschaftsgesetz und führte die Möglichkeit der behördlichen Bestellung eines Tutors in Rom ein.

Setzt man den Erlass der *lex Atilia* mit der herrschenden Meinung (die durchaus diskutabel ist, was noch aufzuzeigen sein wird) in das Ende des 3. Jahrhunderts v.Chr., ergibt sich für die zu untersuchenden Quellen folgende chronologische Reihenfolge[601]: *lex Atilia* – *lex Ursonensis* (ca. 44 v.Chr.) – *lex Iulia et Titia* (ca. 31 v.Chr. unter der Voraussetzung, man sieht darin nur ein Gesetz und nicht zwei Gesetze) – *tabulae Herculanenses* (ca. 40–66 n.Chr.) – *leges municipi* (ca. 90 n.chr.) – CPL Nr. 200 (ca. 126–132 n.Chr.) – Gai. inst. 1, 185–187 (ca. 161 n.Chr.) – CPL Nr. 202 (198 n.Chr.) – Kommentar des Spätklassikers Ulpian *ad Sabinum* (um 200 n.Chr.) – *Ulpiani epitome* (ca. 200 n.Chr.) – CPL Nr. 203–205 (236–247 n.Chr.) – *Scholia Sinaitica* (439–529 n.Chr.) – Institutionen des Justinians (533 n.Chr) – Paraphrase des Theophilos (Mitte 6. Jahrhundert n.Chr.).

Bedeutsam ist diese chronologische Ordnung im Hinblick auf die Arbeitshypothese, die dem palingenetischen Versuch zugrunde gelegt wird: Zur Technik der römischen Gesetzgebung gehörte in erster Linie die großzügige Verwendung von Spolien.[602] Damit gemeint ist die Übernahme von Fragmenten und Klauseln aus älteren Gesetzen bei der Abfassung neuer Gesetze. Der Ursprung dieses

---

599 Vgl. Mommsen, in: Gesammelte Schriften I, 265ff.

600 Vgl. D'Ors, Emérita IX (1941), 138ff.

601 Siehe hierzu auch die Chronologie bei Nörr, ZSS 118 (2001), 8f – jedoch ohne Zeitangaben.

602 Nörr, ZSS 118 (2001), 2.

Handelns dürfte auch hier im tief verwurzelten Traditionalismus der Römer im Zusammenspiel mit dem Respekt vor dem Willen der Vorfahren zu finden sein. Daher liegt die Vermutung nahe, dass Versatzstücke aus der *lex Atilia* in die *lex Ursonensis* sowie *lex Iulia et Titia* gewandert sind. Gleiches könnte für die *leges municipi* gelten, die nach der hier unterstellten Chronologie im 1. Jahrhundert n.Chr. erlassen wurden.[603] Oder anders ausgedrückt: Aus c. 109 *lex Ursonensis* bzw. c. 29 *lex municipi,* die im Gegensatz zu den beiden nicht erhaltenen Vormundschaftsgesetzen mittlerweile rekonstruiert und zuverlässig editiert sind, könnten einzelne Textteile und Regelungsinhalte entnommen werden, die letztlich auf die beiden Vormundschaftsgesetze zurückgehen. Dies gilt es anhand der Quellen nachzuweisen.

## § 6. Der Rechtszustand vor dem Erlass der Vormundschaftsgesetze

Die Befugnis, auf behördlichem Weg einen Vormund zu bestellen, wenn es an einem *iustus tutor* fehlte oder wenn dessen Existenz ungewiss war, wurde zu republikanischen Zeiten in Rom durch die *lex Atilia* eingeführt. Erst später folgte der Erlass der *lex Iulia et Titia,* die das entsprechende Verfahren in Italien und in den Provinzen einer umfassenden gesetzlichen Regelung unterzog. Es drängt sich daher zunächst die Frage auf, welche rechtlichen Möglichkeiten die Römer für die Zeit vor dem Erlass der Vormundschaftsgesetze vorgesehen hatten. Denn auch in älterer Zeit dürften Fälle vorgekommen sein, in denen Frauen sowie Unmündige keine testamentarischen oder gesetzlichen Vormünder hatten und damit schutzlos waren. Über diesen Rechtszustand sind wir leider nicht unterrichtet. Umso mehr bietet dies Raum für Spekulationen.

### I. Die Ansicht Watsons

So vermutet etwa Watson einen Vorläufer der magistratischen Bestellung eines Tutors in Plaut. Vid. 20:

| | |
|---|---|
| Nicodemus: | *te ego audi[vi di]cere operarium te velle ru[s condu]c[ere].* |
| Dinia: | *re[ct]e audivisti.* |
| Nicodemus: | *quid vis operis [fie]ri?* |
| Dinia: | *qu[id t]u iustuc curas? an mihi tutor additu's?* |

603 So auch Nörr, ZSS 118 (2001), 2.

Die nur fragmentarisch erhaltene Komödie mit dem Titel „Vidularia“ des römischen Dichters Plautus aus dem frühen 2. Jahrhundert v.Chr. handelt von dem jungen Nicodemus, der, nachdem er Schiffsbruch erlitten und all seinen Besitz verloren hat, bei dem betagten Bauern Dinia als Landarbeiter seinen Unterhalt verdient. Von dem weiteren (turbulenten) Verlauf des Geschehens darf an dieser Stelle abgesehen werden. Im vorliegenden Fragment wird er gefragt, ob er denn Dinias *tutor addictus* sei. Watson ist der Ansicht, die Bezeichnung als *tutor addictus* meine in diesem Zusammenhang einen Tutor, der von einem Magistraten bestellt worden sei. *Addicere* stelle nämlich den technischen Terminus für die Ernennung und Zuteilung einer Aufgabe an Personen durch einen römischen Magistraten dar. Außerdem führt er an, dass der Dichter hier wohl kaum an den *tutor praetorius* gedacht haben könne. Anzeichen für einen Rechtsstreit zwischen Tutor und Mündel, der die Bestellung eines solchen Sondervormunds erfordert hätte, ließen sich an keiner Stelle finden. Die Annahme, Plautus hätte eigentlich einen *curator prodigi* oder *furiosi* vor Augen gehabt und die beiden Institute der *tutela* und *cura* lediglich verwechselt, scheide auch aus. Ebenso könne eine Bezugnahme auf das griechische Recht ausgeschlossen werden. Folglich müsse, so Watson, von einem *tutor dativus* ausgegangen werden: Andernfalls hätte Plautus wohl nicht in Erwägung gezogen, einen Begriff zu wählen, der auf die Tätigkeit der Magistrate hinweist, wenn zu diesem Zeitpunkt die Möglichkeit der behördlichen Bestellung eines Tutors noch gar nicht in Betracht gekommen wäre.[604]

Trotz einiger richtiger Ansätze vermag diese Argumentation nicht zu überzeugen und muss daher im Ergebnis abgelehnt werden: Watson selbst ist es, der letztlich einräumt, dass der Begriff *addicere* niemals im Zusammenhang mit der magistratischen Einsetzung von Tutoren gebraucht worden sei.[605] Vor allem muss aber beachtet werden, dass es sich bei der Vidularia um eine Komödie handelt, die in erster Linie ihr Publikum unterhalten sowie belustigen sollte und deswegen auch parodistische Elemente nicht scheute. Verfehlt wäre es demnach, die Erzählung nicht als Unterhaltungsliteratur, sondern vielmehr als Geschichtswerk zu begreifen. Das literarische Bestreben des Plautus kann nur schwerlich darin gesehen werden, den Lesern wahre historische Begebenheiten mitzuteilen. So entspricht es dann auch nicht der historischen Wahrheit, wenn es, wie hier, um einen Vormund über eine männliche Person geht. Dieses literarische Spiel mit der „verkehrten Welt“ ist Teil der Komödie, kann aber keinen Beleg liefern für einen vor-atilianischen *tutor dativus*.

---

604 Vgl. Watson, The Law of Persons, 123f.

605 Watson, The Law of Persons, 123.

## II. Die Ansichten von Karlowa, Mitteis und Sachers

Eine andere Vermutung stellt Karlowa an: Vor dem Hintergrund, dass das alte Recht lediglich die Ernennung eines Tutors im Testament des *paterfamilias* sowie die Berufung durch Gesetz aufgrund der agnatischen Verwandtschaft kannte, sei es nur allzu verständlich, wenn weder die *iurisdictio* noch das *imperium* das Recht zur *datio tutoris* erfasste. Daher übernahmen seiner Ansicht nach vor dem Erlass der Vormundschaftsgesetze die Träger des höchsten Imperiums das Amt des Tutors über solche Frauen und Unmündige, die weder einen testamentarischen noch einen agnatischen Vormund hatten – zunächst also der König, später die Konsuln und schließlich die Prätoren. Ging es um die Bestellung eines Tutors für Personen aus dem Stand der Plebejer, hätten ihnen wohl die Volkstribune beratend zur Seite gestanden.[606] Allerdings könne nicht angenommen werden, dass die Prätoren selbst die Verwaltungsgeschäfte führten, vielmehr seien mit dieser Aufgabe andere Personen betraut worden. Ihre Tätigkeit erschöpfte sich in der Erteilung der Zustimmung zu den Rechtsgeschäften des Mündels bzw. der Frau. Dies sei jedoch dann nicht möglich gewesen, wenn sie vor ihm einen Prozess zu führen hatten. In diesen Fällen, so Karlowa, hatte der Prätor das *lege agere* der Parteien ja selbst zu leiten und konnte daher nicht in seiner Funktion als Tutor auftreten. Folglich ernannte er einen sog. *tutor praetorius,* der auch in Gai. inst. 1, 184 und Ulp. ep. XI, 24 bezeugt ist und den Karlowa für den ältesten Fall der magistratischen Tutorenbestellung hält. Das Recht hierzu basiere nicht auf einem bestimmten Gesetz, sondern sei, wie in Ulp. ep. XI, 24 berichtet wird, *moribus* gegeben. Als sich die Zahl der Personen ohne erforderlichen Vormund mehrte, habe es sich als praktisch undurchführbar erwiesen, den Prätor gleichsam als Tutor aller fungieren zu lassen. Dies habe den Erlass der *lex Atilia* geradezu provoziert, welche die Zuständigkeit des *praetor urbanus* in Zusammenarbeit mit der Mehrheit der *tribuni plebis* gesetzlich fixierte.[607]

Ein ähnliches Bild zeichnen Mitteis und Sachers. Letzterer geht davon aus, dass durch die *lex Atilia* die in Rom bereits früher bestehende Praxis der Prätoren, kraft ihres Imperiums besondere Vormünder für Prozesse zu bestellen, wenn der berufene Vormund zur Wahrung der Rechte des Mündels verhindert war, gesetzlich geregelt und ihre Macht dadurch eingeschränkt wurde.[608]

Ebenso Mitteis: Da die Bestellung eines *tutor praetorius* für die Fälle, in denen der Tutor gegen sein Mündel einen Prozess im Legisaktionenverfahren führen

---

606 Vgl. Karlowa II, 284f.

607 Vgl. Karlowa II, 285.

608 Sachers, in: RE 7A/2, 1513.

wollte, nicht aufgrund der *lex Atilia* erfolgte, müsse die Befugnis zur Vormundsbestellung ursprünglich im Imperium enthalten gewesen sein. Daraus folge, dass die Bedeutung der *lex Atilia* nicht darin bestand, dem Prätor eine ihm bis dahin fehlende Kompetenz zuzuweisen, sondern die ihm schon vorher zustehende Macht durch das Erfordernis der Mitwirkung der Volkstribunen zu begrenzen.[609]

Einige Punkte sprechen tatsächlich für die vorgestellten Argumentationen von Karlowa, Sachers und Mitteis. Insbesondere steht dazu nicht, wie bisweilen angenommen, das viel diskutierte Fragment von Ulpian in D. 26, 1, 6, 2 im Widerspruch: *Tutoris datio neque imperii est neque iurisdictionis, sed ei soli competit, cui nominatim hoc dedit vel lex vel senatus consultum vel princeps.* Im ersten Halbsatz verweist der Jurist darauf, dass *imperium* und *iurisdictio* nicht automatisch die Befugnis zur *datio tutoris* umfassen, vielmehr bedürfe es einer speziellen Zuweisung durch ein Gesetz, Senatsbeschluss oder Anordnung des Princeps.[610] Gerade aus dem zweiten Halbsatz wird ersichtlich, dass der spätklassische Jurist Ulpian hier den Rechtszustand der Prinzipatszeit wiedergibt, der allerdings mit demjenigen des vor-atilianischen Zeitalters kaum Gemeinsamkeiten aufweist.[611] Es wäre daher falsch, aus der Aussage Ulpians Schlüsse für die Zeit vor dem Erlass der *lex Atilia* ziehen zu wollen.

Problematisch erscheinen die von Karlowa, Sachers und Mitteis vertretenen Ansichten allerdings unter einem anderen Blickwinkel: Geht man von einer in früheste Zeiten zurückreichenden, generellen Fürsorgepflicht des Prätors für verwaiste Mündel und verwitwete Frauen aus – sei es, dass er selbst deren Tutor war oder Vormünder auf der Grundlage seines Imperiums bestellte – werden damit zwar vordergründig Probleme gelöst, zugleich aber auch neue geschaffen. Wie Mitteis bereits anklingen lässt, drängt sich dann nämlich die Frage nach dem ursprünglichen Zweck der *lex Atilia* auf. Es ginge nicht mehr um die Schaffung eines neuen Instituts, sondern ausschließlich darum, den bisherigen (tradierten) Rechtszustand schriftlich zu fixieren. Hätte man aber unter diesen Umständen nicht die generelle Befugnis des Prätors zur *datio tutoris* vielmehr gewohnheitsrechtlich legitimieren müssen anstatt ein neues Gesetz zu erlassen? Für den *tutor praetorius,* der lediglich ein *tutor unius rei* war, bedurften die Römer offensichtlich auch der Hilfe des Gewohnheitsrechts, um dieses Insitut zu rechtfertigen.[612]

609 Vgl. Mitteis, Römisches Privatrecht I, 41 Fn. 4.

610 Siehe hierzu auch Kaser/Hackl, RZP, 187.

611 So auch Grelle, in: Capogrossi Colognesi/Gabba (Hrsg.), Gli Statuti Municipali, 414; ebenso Watson, The Law of Persons, 111 und Schulz, CRL, 170.

612 Siehe nur Ulp. ep. XI, 24; vgl. hierzu auch die Ausführungen von Nörr, ZSS 118 (2001), 56f.

Angesichts des historisch belegbaren Vorgehens der Römer könnte man daher zu dem vorsichtigen Schluss gelangen, dass der Zweck der Vormundschaftsgesetze in erster Linie darin bestand, eine völlig neue, revolutionäre Institution in das bisherige Rechtssystem zu etablieren. Dies würde aber wiederum zur Folge haben, dass es zuvor eben nicht zum Aufgabenkreis des *praetor urbanus* gehörte, selbst Tutor vormundsloser Personen zu sein oder ihnen einen solchen kraft des Imperiums zu bestellen.[613]

Das Ausgangsproblem ist damit keinesfalls einer befriedigenden Lösung zugeführt. Die Frage, auf welche Weise mit schutzbedürftigen Personen ohne *iustus tutor* vor dem Erlass der *lex Atilia* rechtlich umgegangen wurde, bleibt weiterhin bestehen.

## III. Die Ansicht Kasers

Vorzugswürdig erscheint die Ansicht Kasers. Er weist (fast beiläufig) auf einen Punkt hin, der in der bisherigen Diskussion gänzlich vernachlässigt wurde: Es sei zwar denkbar, dass die Prätoren schon vor der *lex Atilia* eingriffen, wenn jemand keinen Tutor hatte, allerdings sei dies, solange den *gentes* (unter denen es auch plebejische gab) noch ihre ursprüngliche Bedeutung zukam, gar nicht notwendig gewesen.[614] Mit dieser Sichtweise ließe sich das Dilemma lösen, dass es einerseits eine rechtliche Handhabe bei einem Mangel an Tutoren gegeben haben muss, andererseits die besseren Argumente gegen ein Eingreifen der Prätoren vor dem Erlass der Vormundschaftsgesetze sprechen. Für die uns hier interessierende vor-atilianische Epoche würde dies folgendes bedeuten: Verstarb der *paterfamilias* ohne Testament oder war die von ihm getroffene letztwillige Verfügung unwirksam, fand die grundsätzlich subsidiäre *tutela legitima* der nächsten agnatischen Verwandten Anwendung. Kam es zu einem (denkbar seltenen) Ausfall sämtlicher Agnaten, blieben die Frau und die unmündigen Kinder aber nicht schutzlos, sondern es griff die gemäß dem Zwölftafelgesetz in diesen Fällen vorgesehene Vormundschaft der Gentilen, die zu dieser Zeit noch in lebendiger Funktion stand. Es bestand demnach wohl schon gar kein praktisches sowie rechtliches Bedürfnis, diesen Personen auf behördlichem Wege einen Tutor zu bestellen.

Letztlich muss aber eingeräumt werden, dass es sich auch hierbei lediglich um eine Theorie bzw. um einen möglichen Erklärungsversuch handelt. Zu gesicherten Ergebnissen wird man wohl nicht zuletzt aufgrund der problematischen Quellenlage in diesem Bereich nicht mehr gelangen können.

---

613 Im Ergebnis auch Watson, The Law of Persons, 112 Fn. 2; ähnlich Schulz, CRL, 167.

614 Kaser, RP I, 357.

## § 7. Zur Datierung der *lex Atilia*

Macht man es sich zur Aufgabe, Gesetzesfragmente zu rekonstruieren, wäre es zunächst nützlich, wenn man das jeweilige Gesetz identifizieren könnte.[615] Von primärem Interesse in diesem Zusammenhang ist daher die Frage, wann die Vormundschaftsgesetze erlassen wurden.

### I. Der Bericht bei Liv. 39, 9, 7

Zur Datierung der *lex Atilia* wird häufig der Bericht von Livius über die Aufdeckung des Bacchanalien-Kults herangezogen. Ausführlich schildert er darin die Vorgeschichte, die zum Erlass des berühmten *senatus consultum de Bacchanalibus* im Jahre 186 v.Chr. geführt haben soll.[616] Hier möge nur der Teil der Erzählung interessieren, der Hinweise auf die (magistratische) *tutela impuberum* sowie *tutela mulierum* enthält[617]: Im Zentrum des Geschehens stehen der junge Römer P. Aebutius und die ehrbare Dirne Hispala Faecenia. Der Vater von Aebutius, der seinen Militärdienst *publico equo* (Liv. 39, 9, 2) abgeleistet hatte, war bereits gestorben, ebenso seine *iusti tutores.* So wuchs er *sub tutela Duroniae matris et vitrici T. Sempronii Rutilii* (Liv. 39, 9, 2) auf.[618] *Tutor* im Rechtssinn war der Stiefvater des Aebutius.[619] Dieser sah sich nach beendeter Vormundschaft allerdings nicht in der Lage, seinem Stiefsohn Rechnung zu legen. Vermutlich spielt der Text an dieser Stelle auf die *actio rationibus distrahendis* an, die ursprünglich nur gegen den *tutor legitimus* gerichtet werden konnte. Es gilt jedoch zu beachten, dass der *tutor Atilianus* – was noch aufzuzeigen sein wird – dem *tutor legitimus* mittels gesetzlicher Fiktion gleichgestellt wurde, so dass sich hieraus kein Widerspruch ergibt. Veranlasst durch die Unfähigkeit zur Rechnungslegung fassten der Stiefvater und die Mutter des Aebutius den hinterhältigen Plan, ihn in den Bacchanalien-Kult einzuführen. Auf diese Weise sollte der Jüngling unschädlich gemacht werden. Der ahnungslose Sohn erklärte sich hierzu zunächst bereit. An

615 So auch Nörr, ZSS 118 (2001), 7.

616 Das *senatus consultum* ist uns inschriftlich überliefert auf einer Bronzetafel, die im Jahre 1640 in Tiriolo (Kalabrien) gefunden wurde; zum Wortlaut des Senatsbeschlusses siehe etwa FIRA I 30.

617 Vgl. hierzu auch die Ausführungen von Nörr, ZSS 118 (2001), 49ff; Nörr, in: Cascione/Masi Doria (Hrsg.), Fides Humanitas Ius, 3831ff.

618 Zum Problem der Vormundschaft der Mutter sei wiederum auf Chiusi, ZSS 111 (1994), 155ff verwiesen.

619 Folglich würde dies bedeuten, dass der Stiefvater ein *tutor Atilianus* war, vgl. Nörr, in: Cascione/Masi Doria (Hrsg.), Fides Humanitas Ius, 3831 Fn. 7.

dieser Stelle tritt Hispala Faecenia, *scortum nobile libertina* (Liv. 39, 9, 5), in Aktion. Sie unterhielt eine Liebesbeziehung zu Aebutius und unterstützte ihn aus eigenen finanziellen Mitteln. Weil ihr Patron verstorben und sie deshalb *in nullius manu* war, erbat sie von den Tribunen und dem Prätor einen Tutor, um Aebutius testamentarisch zu ihrem Erben einsetzen zu können: *Quin eo processerat consuetudine capta, ut post patroni mortem, quia in nullius manu erat, tutore ab tribunis et praetore petitio, cum testamentum faceret, unum Aebutium institueret heredem* (Liv. 39, 9, 7). Dieser berichtete der Geliebten bei einem ihrer zahlreichen Treffen von seinem Vorhaben. Darüber zutiefst bestürzt gestand Hispala, dass sie als Sklavin und Begleiterin ihrer Herrin selbst an den Bacchanalien teilgenommen hatte und schilderte ausführlich die grauenvollen Kulthandlungen. Als Aebutius daraufhin in sein Elternhaus zurückkehrte, weigerte er sich nunmehr, zu den Bacchanalien zu gehen. Kurzerhand warfen ihn die Mutter und der Stiefvater, deren Plan zu scheitern drohte, mit Hilfe von vier Sklaven aus dem Haus. Zuflucht fand er bei seiner Tante Aebutia, einer rechtschaffenen Frau *antiqui moris,* welcher er das Geschehene berichtete. Nachdem sie den Neffen an den Konsul Sp. Postumius Albinus weiterverwiesen hat, kommt die Affäre ins Rollen und endet schließlich mit der Aufdeckung des Bacchanalien-Frevels unter maßgeblicher Mitwirkung von Aebutius und Hispala. Als Belohnung erhielten die Beiden aufgrund eines durch Volksgesetz bestätigten *senatus consultum* bestimmte *praemia* (Liv. 39, 19, 3–7).

Da entsprechend der livianischen Überlieferung Hispala Faecenia zum Zwecke der Testamentserrichtung die Bestellung eines Tutors für sich *ab tribunis et praetore* (Liv. 39, 9, 7) beantragte, geht die gängige Meinung in der Literatur davon aus, dass zu diesem Zeitpunkt der *tutor Atilianus* keine völlig neue Einrichtung mehr gewesen zu sein scheint. Folglich müsse der Erlass der *lex Atilia* zeitlich in jedem Falle vor dem *senatus consultum de Bacchanalibus* aus dem Jahre 186 v.Chr anzusetzen sein. Für gewöhnlich verlegt man sie in das Jahr 210 v.Chr., in welchem ein gewisser Lucius Atilius als Volkstribun überliefert ist (Liv. 26, 33, 12). Dieser wird allgemein als Urheber der *lex Atilia* angesehen, bei der es sich demnach um ein Plebiszit gehandelt haben müsste.[620]

Zweifel an dieser häufig vertretenen Sichtweise äußerte bislang als Einziger Nörr. Seiner Meinung nach liefere der Bericht bei Liv. 39, 9, 7 keinen zuverlässigen Beleg für die Datierung der *lex Atilia.*[621] Er beruft sich hierbei im Wesentlichen

620 Vgl. etwa Sachers, in: RE 7A/2, 1512f; Elster, Gesetze, 334; Rotondi, Leges, 275f; Kaser, RP I, 357 Fn. 42; Karlowa II, 285; Watson, The Law of Persons, 123; Schulz, CRL, 168; Taubenschlag, in: RE 12/2, 2330.

621 Nörr, ZSS 118 (2001), 2 Fn. 4.

auf die Tatsache, dass das livianische Werk der literarischen Gattung der jüngeren Annalistik angehört[622], die dazu neigte, mit fingierten Dokumenten zu arbeiten.[623] Vor diesem Hintergrund entlarvt er auch (auf überzeugende Weise) den Senatsbeschluss, durch welchen den beiden Liebenden gewisse *praemia* zugute kommen sollten, als Pseudo-Senatusconsultum: „Hält man das *SC* für ein Produkt annalistischer Phantasie, so wirkt die Fiktion des *SC* wie ein literarisches Spiel mit der Fiktion der *lex Atilia.*“[624] Bestätigt wird diese Annahme durch Hillen, der die Erzählung vom Bekanntwerden der Bacchanalien unter Mithilfe des Aebutius und der Hispala Faecenia ebenfalls als „annalistische Erfindung“[625] bezeichnet.

Sowohl Nörr als auch Hillen ist im Ergebnis zuzustimmen. Das literarische Bestreben des Livius bestand weniger darin, historische Wahrheiten wiederzugeben, als vielmehr der römischen Geschichte einen (aus seiner Sicht) würdigen philosophisch-ideologischen Gesamtrahmen zu verleihen. Dem Leser begegnen daher Mythisches sowie Sagenumwobenes einerseits und einzelne, historisch belegbare Ereignisse andererseits unkommentiert nebeneinander, so dass man nur allzu gerne versucht ist, zu glauben, das Berichtete sei tatsächlich so und nicht anders geschehen. Nur in diesem Kontext kann auch die Erzählung von der Aufdeckung des Bacchanalien-Kults begriffen werden. Indem sich Livius hierbei an Motiven wie Religiösität, Moralität, sexuellen Ausschweifungen, Liebe, Betrug und Intrigen bedient und sie in eine ereignisreiche, dramatische sowie fesselnde Erzählung von zwei jungen Liebenden mit einem dem Leser versöhnenden „Happy End“ einbettet, wird er damit seiner politischen Rolle und seinem eigenen Selbstverständnis gerecht. Die Bedeutung seines Werks wird dadurch zwar keinesfalls geschmälert, sie ist immerhin (mit Vorsicht) als literarisches Zeugnis für die Epoche Ciceros verwertbar.[626] Verfehlt wäre es demnach aber, sie als Beleg für das Ende des 3. Jahrhunderts v.Chr. und damit zur Beantwortung der Frage nach dem Erlassdatum der *lex Atilia* heranzuziehen.

## II. Der sozial-historische Hintergrund der Gesetzgebung

Im Hinblick auf die Datierung der *lex Atilia* muss daher auf andere Anhaltspunkte zurückgegriffen werden. Laut Nörr liegt sie wie ein „erratischer Block“ zwischen dem Zwölftafelgesetz und den ersten Quellen zum Vormundschaftsrecht,

622 Siehe hierzu etwa Cichorius, in: RE 1/2, 2248ff.
623 Nörr, ZSS 118 (2001), 51.
624 Nörr, in: Cascione/Masi Doria (Hrsg.), Fides Humanitas Ius, 3848.
625 Hillen, T. Livius. Römische Geschichte, Buch XXVII–XXX, 354.
626 So auch Nörr, ZSS 118 (2001), 51.

die auf den Juristen Q. Mucius Scaevola zurückzuführen sind, deren Inhalt jedoch schon so differenziert ausgestaltet ist, dass mit einer gewissen Vorlaufzeit gerechnet werden sollte.[627] Weitere Kriterien zur Bestimmung des Erlasses können aus der Regelung der *lex Atilia* selbst entnommen werden: Wie in Gai. inst. 1, 185, in Ulp. ep. XI, 18 sowie in Inst. 1, 20 pr. berichtet wird, bedurfte es zur behördlichen Bestellung des Tutors eines Beschlusses des Prätors und der Mehrheit der Volkstribunen. Hieraus lässt sich zum einen schließen, dass die *lex Atilia* in jedem Falle nicht vor den *leges Liciniae Sextiae* aus dem Jahre 367 v.Chr. zustande gekommen sein kann, da im Zuge der Ausbildung der Konsularverfassung die *praetura urbana* erstmals gesetzlich verankert wurde. Zum anderen ergibt sich aus dem Passus, wonach der Prätor nur in Übereinstimmung mit der Majorität der *tribuni plebis* handeln konnte, dass die Zeit der Beendigung der Ständekämpfe zwischen Patriziern und Plebejern vermutlich noch nicht lange zurücklag.[628] Unter Berücksichtigung der Tatsache, dass im Jahre 254 v.Chr. mit Tiberius Coruncanius der erste Plebejer zum *pontifex maximus* aufstieg und dieses Ereignis als letzte wichtige Etappe auf dem Weg zum Ständeausgleich gesehen wird[629], ist damit zumindest der grobe zeitliche Rahmen abgesteckt.

Einen Schritt weiter bringt uns die Überlegung, die sich erneut am Zweck der römischen Gesetzgebung orientiert. Der Erlass eines Gesetzes hat in den meisten Fällen seinen Ursprung in einer aktuellen politischen Situation, auf die der Gesetzgeber dadurch angemessen zu reagieren versucht. Dieser Satz besitzt selbst für die Moderne noch Gültigkeit, galt aber in viel radikalerer Weise für die römische Zeit. Etwa die Hälfte aller römischen Gesetze – die meisten davon aus der Zeit zwischen dem Ende der Ständekämpfe und dem Ausgang der Republik – waren situationsgebunden. Das bedeutet, dass sie in dem jeweiligen konkreten Anlass nicht nur ihre Entstehung, sondern oftmals zugleich ihren Endzweck fanden.[630] Wenn also der römische Gesetzgeber grundsätzlich dazu neigte, mittels eines Gesetzes bei aktuellen Begebenheiten aktiv einzugreifen, liegt die Vermutung nahe, dass auch der *lex Atilia* ein solches Ereignis vorausgegangen ist, welches ihren Erlass provozierte. Hieraus könnten wiederum Rückschlüsse auf das Erlassdatum gezogen werden.

Es muss sich dabei um ein Ereignis gehandelt haben, das den Ausfall sowohl der testamentarischen als auch der gesetzlichen Vormünder zur Folge hatte und es deshalb notwendig erscheinen ließ, dass die nach römischem Verständnis

627 Nörr, ZSS 118 (2001), 49.

628 Vgl. hierzu Karlowa II, 285.

629 Kunkel/Schermaier, Römische Rechtsgeschichte, 28.

630 Vgl. Bleicken, Lex Publica, 106; 181.

schutzbedürftigen Personen auf andere Art und Weise unter die erforderliche *tutela* gelangen konnten. Die Antwort darauf dürfte wohl in den beiden Punischen Kriegen zu finden sein, die im 3. Jahrhundert v.Chr. eines der größten demographischen Desaster der römischen Geschichte ausgelöst haben.[631] Die Zahlenangabe für den Zensus aus dem Jahr 209/208 v.Chr. mit 137108 Bürgern, die bei Livius in 27, 36, 7 überliefert ist, ist zwar in den Einzelheiten umstritten. Glaubhaft ist jedoch seine Aussage, dass der Zensus so niedrig war wie niemals zuvor.[632] So lassen sich für die Zeit um 210 v.Chr. tatsächlich Bedingungen feststellen, die den Erlass der *lex Atilia* gerade zu diesem Zeitpunkt zumindest nachvollziehbar machen: In den ersten beiden Punischen Kriegen mussten die Römer schwere Verluste hinnehmen, verheerende Epidemien und Hungersnöte schlossen sich unmittelbar an. Dies bewirkte den Wegfall nicht nur der Väter, sondern auch der von ihnen vorgesehenen testamentarischen sowie gesetzlichen Vormünder und damit letztlich eine von den sonstigen demographischen Verhältnissen abweichende, d.h. gestiegene Zahl an Kindern und Frauen, die einen Vormund benötigten, aber keinen hatten.[633]

Es ist davon auszugehen, dass das Bedürfnis nach Tutoren in Rom zu jeder Zeit recht hoch war. Der Historiker Laslett berechnete mit Hilfe eines Computermodells die Zahl überlebender Verwandter für verschiedene demographische Situationen. Demnach betrug beispielsweise für das Römische Reich die Wahrscheinlichkeit, den Vater verloren zu haben, mit 0 Jahren 2 %, mit 11 Jahren 34 %, mit 22 Jahren 68 %, mit 44 Jahren 95 % und mit 55 Jahren 99 %.[634] Mehr als ein Drittel der römischen Kinder hatte also keinen Vater mehr noch bevor sie in die Pubertät kamen, mehr als ein weiteres Drittel vor dem 25. Lebensjahr.[635] Folglich bewegte sich der Anteil an römischen Kindern, die als (Halb)waisen aufwuchsen, und ebenso der Witwen in einer Größenordnung, die wir uns heute kaum mehr vorstellen können.[636]

Im Vergleich zu diesem „normalen" demographischen Hintergrund der römischen Gesellschaft hatten nun aber die Folgen der langandauernden und verlustreichen kriegerischen Auseinandersetzungen mit Carthago eine verschärfte Situation hervorgerufen, der das bisherige System der *tutela* nicht

631 So auch Grelle, in: Capogrossi Colognesi/Gabba (Hrsg.), Gli Statuti Municipali, 412f.
632 Siehe zu Liv. 27, 36 etwa Brunt, Italian Manpower, 62f.
633 So auch Nörr, ZSS 118 (2001), 9f.
634 Siehe Laslett, Annales E.S.C. 43 (1988), 13.
635 Siehe hierzu auch Saller, Patriarchy, property and death in the Roman family, 189f.
636 Krause, Witwen und Waisen im Römischen Reich III, 9.

mehr standhalten konnte. Vor diesem Hintergrund sah sich wohl der römische Gesetzgeber zum Handeln veranlasst.[637]

## III. Zusammenfassung

Zusammenfassend lässt sich somit folgendes festhalten: Es wurde gezeigt, dass der Bericht des Livius über die Aufdeckung der Bacchanalien entgegen der vorherrschenden Meinung in der einschlägigen Literatur keinen tauglichen historischen Beleg für die Datierung der *lex Atilia* liefert. Hierfür mussten andere Anhaltspunkte gefunden werden. Einen möglichen Ansatz bieten die „besonderen" demographischen Verhältnisse in Rom nach Beendigung der beiden Punischen Kriege. Enorme Kriegsverluste, schwere Epidemien sowie Hungersnöte führten zum Ausfall der *iusti tutores* und gleichzeitig zu einer demgegenüber erhöhten Zahl an Waisen und Witwen, die eines Vormunds bedurften. Da der römische Gesetzgeber generell dazu neigte, auf aktuelle politische Situationen und Ereignisse, die für uns heute oftmals nur schwer nachvollziehbar sind, zu reagieren, könnte dies der sozio-historische Anlass der *lex Atilia* gewesen sein. Letztlich führen beide Ansichten, wenn auch auf unterschiedlichem Wege, zum selben Ergebnis: Der Erlass des ersten Vormundschaftsgesetzes dürfte wohl in die Zeit um 210 v.Chr. fallen.

# § 8. *Lex Iulia, lex Titia* oder *lex Iulia et Titia?*

Aufgrund der *lex Atilia* war es nun erstmalig möglich, einen Tutor auf dem behördlichen Weg für die Fälle zu bestellen, in denen es der jeweiligen schutzbedürftigen Person an einem testamentarischen bzw. gesetzlichen Vormund mangelte oder wenn dessen Existenz nicht sicher nachgewiesen werden konnte. Für die *datio tutoris* waren gemäß der *lex Atilia* der *praetor urbanus* sowie die Mehrzahl der *tribuni plebis* zuständig. Da diese Kompetenzverteilung allerdings nur für die Stadt Rom – höchstens bis zur Prorogationsgrenze[638] – galt, bedurfte es bald einer entsprechenden gesetzlichen Regelung in den Provinzen. Folglich wurde die Zuständigkeit bei der Vormundsbestellung auf die *praesides* übertragen, und zwar *ex lege Iulia et Titia.*[639]

637 Nörr vermutet noch weitere Bedingungen, wie etwa Änderungen im Bereich der Familienstruktur oder Regulierungen bisheriger gesellschaftlicher Freiräume, die den Erlass der *lex Atilia* provoziert haben könnten, waren die Römer doch vorher über einen langen Zeitraum in vergleichbaren Situationen ohne eine gesetzliche Regelung ausgekommen, vgl. Nörr, ZSS 118 (2001), 10.

638 So Karlowa II, 286.

639 Vgl. Gai. inst. 1, 185; Ulp. ep. XI, 18; Inst. 1, 20 pr.

Von Bedeutung im Zusammenhang mit der Rekonstruktion der Vormundschaftsgesetze und daher oftmals diskutiert ist die Frage, ob es sich hierbei um ein oder um zwei Gesetze handelte.

## I. Die Ansicht von der Duplizität der Gesetze

Besonders in älteren Abhandlungen wird davon ausgegangen, dass für die Provinzen zwei Gesetze erlassen wurden. Das ältere, die *lex Titia,* habe ursprünglich für alle Provinzen gegolten und stamme entweder aus dem Jahr 99 v.Chr. oder 43 v.Chr., weil für diese beiden Jahre *Titii* als Volkstribunen bezeugt sind.[640] Ihr sei eine *lex Iulia,* vermutlich von Augustus aus dem Jahre 32 v.Chr. gefolgt, die das *ius tutoris dandi* nach der Teilung in senatorische und kaiserliche Provinzen auf die neuen Statthalter in den *provinciae Caesaris* übertrug.[641]

Die Annahme von der Duplizität der Gesetze scheint (zumindest auf den ersten Blick) durch einige Quellen bestätigt zu werden. So spricht etwa eine Inschrift auf einem Grabstein, der 1932 in Belgrad bei Ausschachtungsarbeiten gefunden wurde, explizit von einem *tutor Titianus* als Gegenstück zum *tutor Atilianus*[642]*:*

> *D(is) M(anibus). Domitia Ursa vixit ann(os) XXV. Albanius Septimius hospitae b(ene) m(erenti) posuit. h(ic) s(ita) e(st). s(it) t(ibi) t(erra) l(evis). D(is) M(anibus) Sereniae Quartae interfect(a)e ab hoste. Vixit ann(os) L. Coc(eius) Montanus tutor Titianus scribendum curavit.*

Ebenso berichtet der Scholiast in Schol. Sin. 20, 54 von einem gesonderten Kapitel der *lex Titia,* wonach das Mündel für sich selbst einen Tutor erbitten konnte: *Alius Titiae legis titulus erat pupillum per semet ipsum tutorem petere* (Text nach FIRA II 652).

Von zwei selbstständigen Gesetzen zur Übertragung der Bestimmungen aus der *lex Atilia* geht ausdrücklich auch die Paraphrase des Theophilos in Inst. 1, 20 pr. aus. Der Einfachheit halber wird eine deutsche Übersetzung des griechischen Textes wiedergegeben: „In den Provinzen sind nach der Analogie desselben zwei Gesetze entstanden, das Iulische und das Titianische, welche befahlen, daß, bei Ermangelung eines Vormundes, nach der Wahl des Befehlshabers der Provinz, ein Vormund gegeben würde, der nach ihnen der Julius-Titianische heißt."[643]

---

640 Siehe hierzu Münzer, in: RE 6A/2, 1562f.

641 Siehe etwa Karlowa II, 285f; Taubenschlag, in: RE 12/2, 2392f; Sachers, in: RE 7A/2, 1513; Rotondi, Leges, 333; 439; vorsichtig auch Kaser, RP I, 357 Fn. 47.

642 Siehe die Edition bei Rau, ZSS 54 (1934), 312.

643 Text nach Wüstemann, Des Antecessor Theophilus Paraphrase der Institutionen Justinian's, 173f.

Schließlich sei noch eine Notiz Diodors (37, 8, 4) erwähnt. Aus ihr ergibt sich, dass die sizilischen Statthalter schon vor L. Sempronius Asellio[644] für Minderjährige und Frauen Tutoren zu bestellen pflegten, wenn es ihnen an Agnaten mangelte. Asellio soll als vorbildlicher Statthalter in Sizilien dann selbst Vormundschaften übernommen haben. Zum besseren Verständnis wird auch hier eine deutsche Übersetzung des längeren griechischen Textes gegeben: „Dieser … gab sich alle Mühe um ein Rechtswesen, das von Nutzen war. Die Einrichtung der Berufsankläger verbannte er von den Gerichtshöfen, und seine wichtigste Sorge war es, Hilfe für die besonders Schwachen zu leisten. So waren andere Statthalter gewohnt, für die Waisen und für die Frauen Vormünder einzusetzen, wenn diese ohne Verwandte waren. Er aber machte sich selbst zum Sachwalter für sie. Indem er aber persönlich die Nachforschungen anstellte und sich um diese Dinge kümmerte, konnte er in den einschlägigen Prozessen wirklich die Entscheidung herbeiführen und all denen, die unter Bedrückung standen, die angemessene Unterstützung angedeihen lassen.“[645]

Letztlich liefern diese Berichte in den vorgestellten Quellen jedoch keinen eindeutigen Beweis dafür, dass bezüglich der *datio tutoris* in den Provinzen zwei Gesetze erlassen wurden. Keine Schlüsse lassen jedenfalls die Grabinschrift aus Belgrad und Schol. Sin. 20, 54 zu, da es sich hierbei lediglich um Kurzbezeichnungen handelt.[646] Im Hinblick auf die Notiz Diodors ist festzuhalten, dass sich diese auf die Wende vom 2. zum 1. Jahrhundert v.Chr. bezieht. Sieht man von einer (hypothetischen) *lex Titia* aus dem Jahr 99 v.Chr. ab, lässt sich über die Rechtsgrundlage der *datio tutoris* in den dort beschriebenen Fällen nichts Sicheres feststellen.[647] Vielmehr wäre an ein Überbleibsel aus dem griechischen Recht oder an eine spezifisch lokale Erscheinung in der römischen Provinz zu denken. Folglich können aus Diod. Sic. 37, 8, 4 keine Informationen für das Erlassdatum des Gesetzes entnommen werden.[648] Von zwei selbstständigen Gesetzen spricht ausdrücklich erst die Institutionen-Paraphrase des Theophilos. Um die Aussage in Inst. 1, 20 pr. als glaubhaft einzustufen, müsste man ihm jedoch genaueste Kenntnisse von der republikanischen Gesetzgebung zur römischen Tutel unterstellen. Angesichts der

---

644 Vgl. hierzu Münzer, in: RE 2A/2, 1364.

645 Text nach Wirth in: Diodoros, Griechische Weltgeschichte, 267.

646 So auch Schulz, CRL, 168; ebenso Nörr, ZSS 118 (2001), 8.

647 Vgl. Nörr, ZSS 118 (2001), 8.

648 Vgl. Zocco-Rosa, Annuario XIII/XIV, 47; so auch Taubenschlag, in: RE 12/2, 2392; anders Karlowa II, 286.

Tatsache, dass die Paraphrase aus der Mitte des 6. Jahrhundert n.Chr. stammt, lässt sich dies nur schwerlich annehmen.[649]

## II. Die Einheitshypothese

Demgegenüber wird in den ältesten, aus der Zeit des Prinzipats stammenden Quellen ununterscheidbar von einer *lex Iulia et Titia*, gelegentlich auch von einer *lex Iulia Titia* gesprochen. Dies gilt insbesondere für die in den Urkunden aus Herkulaneum und Ägypten überlieferten Protokolle zur *datio tutoris mulieris.*

So findet sich etwa in TH PP 4, 228 nach der Rekonstruktion von Arangio-Ruiz[650] folgende Formel:

> *Cassius Cr[ispu]s II vir ex decurionum decre[to, quo ne ab] iusto tutore [tutela abeat, ex] lege Iulia [et Titia dixit: Aresc]usae (?) Q. Vibidius [A]mpliatus sit tuto[r].*

CPL Nr. 200 (a. 126–132) enthält ein Dekret des ägyptischen Statthalters T. Flavius Titianus. Darin wird einer Römerin namens Herennia Antonia auf die *postulatio* und *nominatio* eines gewissen Publius Diodorus hin der M. Numisius Longus zum Tutor gegeben (Außentext):

> *T. Flavius Titianus praef(ectus) Aeg(ypti) postulante Publio Diodoro quo ne ab iusto tutore t[u]tela abeat e leg(e) Iulia Titia et ex s(enatus) c(onsulto) Erennia Antonia fil(iae) Luci Erenni Valentis M. Numisium Longum legitimum tutorem dedit.*

CPL Nr. 202 = FIRA III Nr. 25 (a. 198) enthält ein griechisch-lateinisches Diptychon. Hierin ist das Dekret des ägyptischen Statthalters Q. Aemilius Saturninus überliefert, der der römischen Bürgerin Maevia Dionysarion entsprechend dem Verlangen von C. Terentius Sarapammon den M. Julius Alexander als Tutor bestellt (Innentext):

> *Q. Aemilius Saturninus praef. Aeg. postulante C. Terentio Sarapammone Meviae Dionusario e lege Iuliae et Ti<ti>a et ex s. c. M. Iulium Alexandrum quo ne ab iusto tutore abeat, tutorem dedit.*

CPL Nr. 203 (a. 236) enthält die Eingabe der Aurelia Diodora an den Statthalter von Ägypten mit der Bitte, ihr gemäß der *lex Iulia et Titia (et ex senatus consulto)* Mevius als Vormund zu geben:

---

649 Vgl. Schulz, CRL, 168: „Theoph. Paraphras. I, 20 pr. is sheer fantasy."; anders Nörr, ZSS 118 (2001), 8: Er stellt die Vermutung an, diesbezügliche Informationen hätte Theophilos vielleicht aus nicht überlieferten Ulpian-Texten gewinnen können.

650 Arangio-Ruiz, in: idem (ed.), Studi epigrafici e papirologici, 451.

*Mevio Honoratiano praef [Aeg ab Aurelia Diodora rogo domine des mihi] tutorem auctorem e lege I[iulia et Titia et ex s c Aurelium Theonem dat].*

Ähnliches ist auch in CPL Nr. 204 = P. Oxy. XII 1466 (a. 245) bezeugt. Hier wendet sich eine Aurelia Arsinoe an den ägyptischen Präfekten, ihr Aurelius Erminus zum Tutor zu bestellen:

*Valerio Firmo praef Aeg ab Aurelia Arsinoe. Rogo, domine, [des mihi auctorem e lege Iulia et Titia Aurel(ium)] Erminum.*

Schließlich sei noch auf CPL Nr. 205 = FIRA III Nr. 24 = P. Oxy. IV 720 (a. 247) verwiesen. Hierin findet sich eine entsprechende Eingabe einer Aurelia Ammonarion an den Statthalter Claudius Valerius Firmus:

*[C]l(audio) Valerio Firm[o praef(ecto) Aeg(ypti)] ab Aurelia{e} Ammo[nario]. Rogo, domine des mi[hi] auctorem Aurel(ium) P[lutammonem] e lege Iulia <et> Titia et [ex s(enatus) c(onsulto)]. Dat(um) do(minis) no(stris) Philippo Aug(usto) II e[t] Philippo Caesarib(us) c[o(n)s(ulibus)].*

Bemerkenswert ist zunächst die Tatsache, dass in den vorliegenden Urkunden auf ein *senatus consultum* als weitere Rechtsquelle neben der *lex Iulia et Titia* Bezug genommen wird. Es ist davon auszugehen, dass es sich hierbei um einen Verweis auf den Senatsbeschluss handelt, der in Gai. inst. 1, 182f Erwähnung findet[651]:

*Praeterea senatus censuit, ut, si tutor pupilli pupillaeve suspectus a tutela remotus sit sive ex iusta causa fuerit excusatus, in locum eius alius tutor detur, quo facto prior tutor amittit tutelam.* (183) *Haec omnia similiter et Romae et in provinciis observantur, scilicet ut in provinciis a praeside provinciae tutor petendus sit.*

In der Formel *e lege Iulia et Titia et ex senatus consulto* werden stets einheitliche *lex* einerseits und *senatus consultum* andererseits sowohl durch die doppelte Verwendung der Präposition *ex* als auch durch die Verwendung der Konjunktion *et* klar voneinander abgegrenzt.[652] Dies legt die Vermutung nahe, dass sich hinter dem Ausdruck *lex Iulia et Titia* nur ein Gesetz verbirgt.[653]

Darüber hinaus gilt zu beachten, dass im Hinblick auf andere (einheitliche) Gesetze eine derartige Bezeichnung nicht unüblich ist: So finden sich in den Quellen Benennungen wie *lex Iulia* ***et*** *Papia Poppaea* (Gai. inst. 1, 145) oder *lex Iulia* ***et*** *Plautia* (Gai. inst. 2, 45; Iul. D. 41, 3, 33, 2). Bewusst werden die Gesetze nicht (vereinfachend) *lex Iulia Papia Poppaea* oder *lex Iulia Plautia* genannt. Dies würde die Gleichrangigkeit der Rogatoren vortäuschen, was man durch die

651 So auch Watson, The Law of Persons, 125.
652 Ähnlich Nörr, ZSS 118 (2001), 7.
653 So auch Schulz, CRL, 168.

Verwendung des *et* zu vermeiden sucht.[654] Ähnliches könnte demnach für die *lex Iulia et Titia* angenommen werden. Auch in Bezug auf den Namen des Gesetzes ließe sich eine schlüssige Erklärung finden: 31 v.Chr. war Octavian zum dritten Mal Konsul in Rom. Seit der testamentarischen Adoption durch Caesar im Jahr 44 v.Chr. war sein offizieller Name C. Julius Caesar.[655] Für dasselbe Jahr ist ein M. Titius bezeugt, der von Mai bis Oktober den Konsulat bekleidete und einen Teil seines Suffektkonsulats in Rom verbrachte.[656] Folglich wäre der Erlass der *lex Iulia et Titia* in das Jahr 31 v.Chr. zu verlegen.

### III. Zusammenfassung

Letztlich wird man die viel diskutierte Frage, ob mit der Bezeichnung *lex Iulia et Titia* ein oder doch zwei Gesetze gemeint sind, nicht mehr abschließend beantworten können. Wenn im Folgenden von einem einheitlichen Gesetz gesprochen wird[657], dann gründet sich diese Entscheidung im Wesentlichen auf rein praktische Überlegungen: Sollten für die Provinzen tatsächlich zwei Gesetze erlassen worden sein, dann sind diese für die Nachwelt, was ihren Regelungsinhalt betrifft, nicht (mehr) zu unterscheiden. Darüber hinaus müsste aber auch in diesem Fall ohnehin davon ausgegangen werden, dass wesentliche Textpassagen nicht nur aus der ältesten *lex Atilia* sondern auch aus der älteren *lex Titia* in die jüngere *lex Iulia* gewandert sind.[658] Im Ergebnis macht es daher für den palingenetischen Versuch der Vormundschaftsgesetze keinen Unterschied, ob man sich der Einheitshypothese anschließt oder diese ablehnt.

## § 9. Zum Verhältnis zwischen der *lex Atilia* und der *lex Claudia*

Wie eingangs bereits festgestellt wurde, enthalten die einschlägigen Quellen (zumindest auf den ersten Blick) nur spärliche Informationen zu den Vormundschaftsgesetzen. Aus ihnen lässt sich so gut wie nichts im Hinblick auf ihren Text sowie den Inhalt entnehmen.

Geradezu charakteristisch hierfür ist der kurze Bericht des Gaius in Gai. inst. 1, 185–187: *Si cui nullus omnino tutor sit, ei datur in urbe Roma ex lege Atilia a*

654 Vgl. Nörr, ZSS 118 (2001), 7f.

655 Schulz, CRL, 168.

656 Hanslik, in: RE 6A/2, 1561.

657 Vgl. hierzu auch die Argumentation von Arangio-Ruiz, in: idem (ed.), Studi epigrafici et papirologici, 456.

658 So argumentiert auch Nörr, ZSS 118 (2001), 8.

*praetore urbano et maiore parte tribunorum plebis, qui Atilianus tutor vocatur; in provinciis vero a praesidibus provinciarum lege Iulia et Titia.* (186) *Et ideo, si cui testamento tutor sub condicione aut ex die certo datus sit, quamdiu condicio aut dies pendet, tutor dari potest; item si pure datus fuerit, quamdiu nemo heres existat, tamdiu ex his legibus tutor petendus est; qui desinit tutor esse, posteaquam aliquis ex testamento tutor esse coeperit.* (187) *Ab hostibus quoque tutore capto ex his legibus tutor peti debet, qui desinit tutor esse, si is, qui captus est, in civitatem reversus fuerit; nam reversus recipit tutelam iure postliminii.*

Ebenso Ulp. ep. XI, 18: *Lex Atilia iubet, mulieribus pupillisve non habentibus tutores dari a praetor et maiore parte tribunorum plebis, quos tutores Atilianos appellamus. Sed quia lex Atilia Romae tantum locum habet, lege Iulia et Titia prospectum est, ut in provinciis quoque similiter a praesidibus earum dentur tutores.*

Schließlich berichtet Inst. 1, 20 pr.: *Si cui nullus omnino tutor fuerat, ei dabatur in urbe quidem Roma a praetor urbano et maiore parte tribunorum plebis tutor ex lege Atilia, in provinciis vero a praesidibus provinciarum ex lege Iulia et Titia.*

Durch die *lex Claudia* (ca. 44–49 n.Chr.) ist die gesetzliche Agnatentutel über freigeborene Frauen grundsätzlich abgeschafft worden. Ab diesem Zeitpunkt kamen als *tutores legitimi* nur noch der Patron und der *parens manumissor* in Betracht. Vor diesem Hintergrund erscheint es befremdlich, wenn in den Quellen, die aus der hochklassischen bzw. nachklassischen Zeit stammen, hierauf nicht Bezug genommen wird. Dies ist zwar auffällig, aber erklärbar. Hinsichtlich der Aussage in Ulp. ep. XI, 18 gilt, dass der *liber singularis regularum* lediglich den Inhalt der einzelnen Normen getrennt voneinander mitteilt und es dem Leser damit selbst überlässt, das jeweils anzuwendende Recht mit Hilfe der Derogationsregeln zu ermitteln[659]: *Lex aut rogatur, id est fertur; aut abrogatur, id est prior lex tollitur; aut derogatur, id est pars primae tollitur; aut subrogatur, id est adicitur aliquid primae legi; aut obrogatur, id est mutatur aliquid ex prima lege* (Ulp. ep. § 3 pr.). Folglich ergibt sich aus dem Bericht zum Regelungsinhalt der (vielleicht schon obsoleten?) *lex Atilia* kein Widerspruch zur *lex Claudia.*

Demgegenüber geben Gai. inst. 1, 185 sowie Inst. 1, 20 pr. (wenn auch) knappe Informationen zu den Kompetenzregelungen der *lex Atilia* und *lex Iulia et Titia.* Hierbei werden die einzelnen Bestimmungen der Vormundschaftsgesetze aber nicht ausdrücklich auf die Frauentutel bezogen, so dass auch auf diese Weise der *lex Claudia* Rechnung getragen wird.[660]

---

659 Avenarius, Der pseudo-ulpianische *liber singularis regularum*, 312.

660 Siehe wiederum Avenarius, Der pseudo-ulpianische *liber singularis regularum*, 312.

# § 10. Zur „Grobstruktur" der Vormundschaftsgesetze

Die Römer pflegten auf bestimmte, heute im Einzelnen oft nicht mehr fassbare Ereignisse und Situationen durch den Erlass von Gesetzen zu reagieren. In Anbetracht dieser Tatsache ist es nur allzu verständlich, wenn der konkrete politische Anlass bzw. der in diesem Zusammenhang zu vermutende sozialhistorische Hintergrund der *lex Atilia* der Nachwelt weitestgehend unbekannt ist. Gleiches gilt für die *lex Iulia et Titia.*

Unter diesen Umständen muss man sich – geht es um die Palingenesie der Vormundschaftsgesetze – im Wesentlichen auf den möglichen Text bzw. einzelne Klauseln, die legislative Technik und schließlich auf die Konsequenzen, die sich daraus ergeben können, beschränken.[661] Folglich erscheint es sinnvoll, zunächst die „Grobstruktur" der Vormundschaftsgesetze festzulegen. Grundsätzlich waren römische Gesetze in mehrere Kapitel *(capita)* gegliedert. Nahe liegend ist daher die Annahme, dass auch die *lex Atilia* und die *lex Iulia et Titia* diesem Aufbau folgten.

## I. Aufbau der *lex Atilia*

Über die Einteilung der *lex Atilia* in mehrere *capita* ist in den Quellen allerdings nichts bezeugt. Insbesondere gibt Gai. inst. 1, 186–187 hierüber keinen Aufschluss.[662] In den beiden Fragmenten kommentiert und interpretiert der Jurist vielmehr den Gesetzesanfang[663] *si cui nullus omnino tutor sit* (Gai. inst. 1, 185), indem er einige problematische Konstellationen, die die Bestellung eines *tutor Atilianus* zur Folge haben, exemplarisch aufführt: Wenn im Testament ein Tutor unter einer Bedingung oder Befristung ernannt ist, muss für die Zeit bis zum Eintritt der Bedinung oder bis zum Ablauf der Frist ein *tutor Atilianus* bestellt werden. Dies gilt auch für vorbehaltlose Testamente, solange noch kein Erbe vorhanden ist. Ferner muss ein atilianischer Vormund beim Prätor beantragt werden, wenn sich der *iustus tutor* in Kriegsgefangenschaft befindet.[664] Obwohl Gaius diese Einzelfälle kommentarlos unter die *lex Atilia* subsumiert[665], ist zu beachten, dass sie Ausformungen der *tutela decretalis* darstellen, die erst später von

---

661 So auch Nörr, ZSS 118 (2001), 10.

662 Nörr, ZSS 118 (2001), 5; 11; anders, aber letztlich nicht überzeugend Kaser, RP I, 359.

663 Vgl. auch c. 109 *lex Ursonensis;* c. 29 *lex municipi.*

664 Vertiefend hierzu etwa David/Nelson, Gai Instit. Comm. IV, 215f (mit Literatur).

665 Vgl. auch Gai. inst. 1, 195.

der Jurisprudenz entwickelt wurden und daher nicht bereits im ursprünglichen Gesetzestext vermutet werden dürfen.

Bei der Beantwortung der Frage nach der Einteilung bzw. nach dem Aufbau der *lex Atilia* können zwei wichtige Aspekte nicht außer Acht gelassen werden: Zum einen ist zu bedenken, dass die magistratische Form der Vormundschaft, die durch die *lex Atilia* eingeführt worden war, gegenüber der *tutela testamentaria* und *tutela legitima* stets nur subsidiäre Anwendung fand. Dies beweisen neben Gai. inst. 1, 185 *(si cui nullus omnino tutor sit)* sowie Inst. 1, 20 pr. *(si cui nullus omnino tutor fuerat)* insbesondere die Kapitelanfänge der Munizipalgesetze von Urso, Salpensa und Irni.[666] C. 109 der *lex Ursonensis* beginnt mit den Worten: *cui pupillo pupill[aeue mulieriue col(onis) col(oniae) Gen(etiuae) Iul(iae) in His-]pania tutor no[n erit incertusue erit ...* (Text nach der Rekonstruktion von Crawford, Roman Statutes I, 411). Diese Klausel findet sich auch am Anfang von c. 29 *lex municipi: Quoi tutor non erit incertusve erit ...* Der Grundsatz der Subsidiarität der magistratischen Tutel wird zudem durch den Passus *quo ne a iusto tutore tutela abeat,* der sowohl in c. 29 *lex municipi* als auch in den ägyptischen (CPL Nr. 200, 202, 205) und in den herkulanensischen Urkunden (TH PP 4, 228; TH 88) überliefert ist, hervorgehoben sowie mehrfach betont. Daraus ist zu schließen, dass der Vorrang der sog. *iusti tutores* in klassischer Zeit in der Rechtspraxis immernoch strengstens beachtet wurde.

Zum anderen gehörte es gerade in den gehobenen römischen Gesellschaftsschichten zum absoluten Standardinhalt eines Testaments, für die nach dem Tod des *paterfamilias sui iuris* werdende Frau und Kinder einen Tutor zu bestellen. Inwieweit letztwillige Ernennungen von Vormündern nur Erscheinungen der vermögenden Mittel- oder Oberklasse waren, lässt sich nicht mehr mit Sicherheit beantworten. Jedenfalls soll es Cato in der Zeit der *lex Atilia* als einen seiner größten Fehler bezeichnet haben, auch nur einen Tag ohne Testament verbracht zu haben.[667] Wenn die Aussage Catos objektivierbar ist, dann dürfte der ursprüngliche Anwendungsbereich der *lex Atilia* denkbar schmal gewesen sein: plötzliches und unerwartetes Versterben *intestatus,* unwirksame oder wirkungslose Testamente, darüber hinaus (das ergibt sich aus dem Grundsatz der Subsidiarität) ein Mangel an sämtlichen Agnaten.[668] Dies wird selbst in späteren Quellen deutlich, in denen problematische Testamentsbestimmungen die *tutela*

666 Fund und Veröffentlichung der *lex Irnitana* im Jahre 1986 änderten zwar nichts am Text von c. 29, erweiterten aber den Kontext und eröffneten damit neue Möglichkeiten der Interpretation.

667 Siehe Cic. Cato mai. 9, 6 – vgl. Nörr, ZSS 118 (2001), 24 Fn. 122.

668 Vgl. Nörr, ZSS 118 (2001), 24.

*decretalis* weiterhin erforderten.[669] Angesichts der Rarirät der praktischen Anwendungsfälle könnte deshalb vorsichtig angenommen werden, dass es sich bei der *lex Atilia* um ein relativ kurzes Gesetz mit nur sehr wenigen Regelungsinhalten gehandelt haben dürfte, deren Zweck in erster Linie darin bestand, das „revolutionäre" Institut in das tradierte Rechtssystem einzugliedern.[670] Vielleicht ließe sich auf diese Weise auch erklären, dass in den juristischen Quellen nichts bezüglich etwaiger *capita* der *lex Atilia* bezeugt ist.

### II. Aufbau der *lex Iulia et Titia*

Demgegenüber wird in Schol. Sin. 20, 54 von einem weiteren Titel der *lex (Iulia et) Titia* berichtet, wonach der *pupillus* für sich selbst einen Tutor beim Prätor erbitten konnte: *Alius Titiae legis titulus erat pupillum per semet ipsum tutorem petere.* Der Scholiast bestätigt damit ausdrücklich die Existenz mehrerer Kapitel der *lex Iulia et Titia.* Deren (mögliche) Inhalte gilt es nun im Folgenden zu ermitteln.

## § 11. Zum „ortsrechtlichen" Vormundschaftsrecht in der *lex Iulia et Titia*

Besonderes Interesse verdient die – unabhängig von c. 29 *lex municipi* zu beantwortende – Frage, ob ein gesondertes Kapitel der *lex Iulia et Titia* der *datio tutoris* in den *coloniae* und *municipia* gewidmet war. Zudem könnte sich ein weiteres Kapitel mit den *Latini coloniarii* befasst haben.[671]

### I. Die Institutionen des Gaius und das Munizipalrecht

Gai. inst. 1, 185 gibt dem Leser pauschale Auskunft über das unterschiedliche Verfahren der *datio tutoris* in der Stadt Rom gemäß der *lex Atilia* einerseits und in den Provinzen, für die die *lex Iulia et Titia* galt, andererseits: *Si cui nullus omnino tutor sit, ei datur in urbe Roma ex lege Atilia a praetore urbano et maiore parte tribunorum plebis, qui Atilianus tutor vocatur; in provinciis vero a praesidibus provinciarum lege Iulia et Titia.*

---

669 Etwa Gai. inst. 1, 186f; Ulp. 38 und 39 *ad Sabinum,* vgl. Lenel, Palingenesia II, 1158ff.

670 Anders Nörr: Er geht von mehreren Kapiteln der *lex Atilia* aus, vgl. etwa Nörr, ZSS 118 (2001), 39; 65.

671 Zum Zeitpunkt des Erlasses der *lex Iulia et Titia* wurden alle *Latini* den *Latini coloniarii* prinzipiell gleichgestellt, insbesondere gab es noch keine *Latini Iuniani,* vgl. Gai. inst. 3, 56.

Ob die *lex Iulia et Titia* auch das Verfahren in Italien regelte, darüber schweigt Gaius jedoch. Ebenso findet die Kompetenz der Munizipalmagistrate bei der *datio tutoris* keine Erwähnung, obwohl dies (trotz einiger Unsicherheiten im Einzelnen) unbestritten ist.[672] Es drängt sich daher die Frage auf, warum Gaius an dieser Stelle die Spezifität der *municipia et coloniae* innerhalb Italiens (bewusst?) ignoriert, genießen sie doch eine autonome Zuständigkeit, die unabhängig von der Kompetenz der Statthalter ist. Hinsichtlich der Provinzen ließe sich eine mögliche Erklärung im Werktypus der Gaius-Institutionen als Anfängerlehrbuch finden: Man könnte daran denken, dass der elementare Charakter der *institutiones* zu einer gewissen Vereinfachung geführt habe, mit dem Ziel, die Kompetenzen auf die *praesides* zu beschränken, um an einer anderen Stelle auf die Funktionen der Munizipalmagistrate bei der *datio tutoris* einzugehen.[673] Vielleicht bot der gaianische Kommentar zum *edictum provinciale* den willkommenen Rahmen, auf munizipale Regelungen hinzuweisen. In den Institutionen setzt sich Gaius sowohl mit munizipalem als auch mit peregrinem Recht bekanntlich nur selten auseinander.[674]

Dieser mögliche Erklärungsversuch kann aber keine Geltung beanspruchen im Hinblick auf das Schweigen des Gaius zur Bestellung der Tutoren in den Munizipien und italischen Kolonien. Vielmehr provoziert dies folgende Annahme: Die Leser seines juristischen Diskurses werden somit nicht in die Lage versetzt, die politische Ordnung der italienischen Halbinsel nachzuvollziehen und zwar aufgrund eines nicht zweitrangigen Aspekts des institutionellen Aufbaus. Ein derartiges Ergebnis kann nur schwerlich auf eine bewusste didaktische Überlegung des Gaius zurückgeführt werden. Nahe liegender ist, dass es sich hierbei um eine unfreiwillige, perspektivische Verzerrung eines Autors handelt, der ein Beobachter aus den Provinzen sein könnte und von dessen eigenem peripheren Standort aus die Komplexität der juristischen Beziehungen zwischen Rom und Italien auf eine recht willkürliche bzw. ungenaue Art und Weise vereinfacht wird.[675] Folglich lassen sich bezüglich der Frage, ob sich ein Kapitel der *lex Iulia et Titia* mit der *datio tutoris* in den *coloniae* und *municipia* römischen sowie

672 Vgl. nur Ulp. D. 26, 5, 3: *Ius dandi tutores datum est omnibus magistratibus municipalibus eoque iure utimur, sed illum, qui ab eodem municipio vel agro eiusdem municipii est;* darüber hinaus ist sie für die *boule* von Petra in der Provinz Arabia überliefert (Pap. Yadin 12, a. 124), siehe hierzu Chiusi, ZSS 111 (1994), 179f.

673 So Grelle, in: Capogrossi Colognesi/Gabba (Hrsg.), Gli Statuti Municipali, 411.

674 Vgl. Nörr, ZSS 118 (2001), 5.

675 Vgl. die Ausführungen Grelles, in: Capogrossi Colognesi/Gabba (Hrsg.), Gli Statuti Municipali, 412.

latinischen Rechts befasst hatte, aus Gai. inst. 1, 185 keine Informationen entnehmen.

## II. Die Urkunden aus Herkulaneum, TH PP 4, 228; TH 88

Einen ersten wichtigen Hinweis hierfür liefern im Gegensatz dazu die Urkunden aus Herkulaneum zur *datio tutoris mulieris.*

Es sei nochmals auf den rekonstruierten Wortlaut von TH PP 4, 228 verwiesen:

> *Cassius Cr[ispu]s II vir ex decurionum decre[to, quo ne ab] iusto tutore [tutela abeat, ex] lege Iulia [et Titia dixit: Aresc]usae (?) Q. Vibidius [A]mpliatus sit tuto[r].*

Nur sehr fragmentarisch erhalten ist ein weiteres Protokoll zur *datio tutoris,* TH 88[676]:

> ........]vS[.] cert[.......]
> [q]vo . ne . ab . Iusto . [tutore tutela]
> abeat . volent[em..........]
> L. Venidium [ . Ennychum.....]
> t]vtorem . d[e]dit
> act . H[er]cu[lani]
> pr . K . Ia[nuarias].

Obgleich direkte Zeugnisse fehlen, dürfte Herkulaneum – vergleichbar mit anderen Munizipien römischen oder latinischen Rechts wie Urso, Salpensa, Irni und Malaca – ein eigenes Stadtrecht besessen haben. Entsprechend c. 109 *lex Ursonensis* und c. 29 *lex municipi* könnte darin auch die ortsrechtliche *datio tutoris* geregelt gewesen sein. Jedoch wird in den vorliegenden Urkunden nicht auf eine originäre *lex municipi Herculanensis* als Rechtsgrundlage für die *datio tutoris mulieris* verwiesen, sondern unmittelbar auf die *lex Iulia et Titia.* Dies lässt sich am ehesten nachvollziehen, wenn man der *lex Iulia et Titia* ein gesondertes Kapitel zuspricht, in dem die *datio tutoris* in den *municipia* und *coloniae* geregelt war.[677] Naheliegend ist zudem, dass aus diesem *caput* – abgesehen von ihrem möglichen Ursprung in der ältesten *lex Atilia* – die Klausel *quo ne ab iusto tutore tutela abeat* herrührt, mittels derer der Grundsatz der Subsidiarität der magistratischen Tutel nochmals bekräftigt wird. Ähnliches könnte für die *datio tutoris ex decreto decurionum* gelten, die sich in c. 29 *lex municipi* wiederfindet.[678]

676 Siehe ebenfalls Arangio-Ruiz, in: idem (ed.), Studi epigrafici e papirologici, 459.
677 Vgl. Nörr, ZSS 118 (2001), 11.
678 Siehe hierzu Arangio-Ruiz, in: idem (ed.), Studi epigrafici et papirologici, 457f.

Diese erste Erkenntnis zieht allerdings ein Folgeproblem nach sich: Geht man davon aus, dass Herkulaneum ein eigenes Munizipalgesetz hatte und dass dieses Gesetz eine dem c. 29 *lex municpi* entsprechende Norm zur *datio tutoris* enthielt, drängt sich die Frage nach dem Verhältnis zwischen dem einschlägigen Kapitel der *lex Iulia et Titia* und der jeweiligen munizipalen Regelung auf. Man könnte geneigt sein, anzunehmen, dass zwischen dem entsprechenden *caput* des Vormundschaftsgesetzes und c. 29 *lex municipi* kein hierarchisches Verhältnis bestand, sondern die *datio tutoris* auf zwei unabhängigen Normen beruhte. Dies provoziert wiederum eine weitere Unsicherheit: War der *tutor municipalis* ein *tutor e lege Iulia et Titia* oder ein *tutor e lege municipi?* Sollte Herkulaneum tatsächlich eine *lex municipi* gehabt haben und sollte dieses Gesetz eine autonome Norm zur *datio tutoris* vorgesehen haben, dann spricht TH PP 4, 228 eher für einen *tutor e lege Iulia et Titia.* Ob sich hieraus allerdings juristisch bedeutsame Schlüsse ziehen lassen, erscheint mehr als fraglich.[679] Die wenigen Indizien deuten darauf hin, dass aus dieser Formel kein juristisches Kriterium gefolgert werden kann.

Zusammenfassend ist festzustellen, dass die herkulanensischen Urkunden somit eine vorsichtig bejahende Antwort zulassen, wenn es um die Frage geht, ob die *lex Iulia et Titia* auch das vormundschaftliche Verfahren in Italien regelte.

## III. Die „kommentierenden" Notizen zu Ulpians *libri ad Sabinum*, insbesondere *Scholia Sinaitica* 17, 45 und 20, 54

Eingangs wurde bereits das Problem aufgeworfen, ob ein weiteres Kapitel der *lex Iulia et Titia* Gemeinden latinischen Rechts erfasste. Zur Beantwortung dieser Frage erweist sich eine genauere Untersuchung des schlecht erhaltenen Scholien-Textes, der im Jahre 1880 nach dem Fund im Sinai-Kloster erstmalig veröffentlicht wurde, als unerlässlich. Die kommentierenden Bemerkungen zu Ulpians *libri ad Sabinum* liefern einerseits wichtige Erkenntnisse zum besseren Verständnis der Vormundschaftsgesetze. Darüber hinaus sind sie aber auch für die Interpretation von c. 29 *lex municipi (Latini)* von Bedeutung.

Wie in Schol. Sin. 17, 45 berichtet wird, hatte Ulpian am Ende seines 38. Buches *ad Sabinum* festgestellt, dass ein Latiner gemäß der *lex Atilia* nicht als Tutor eingesetzt werden dürfe: *nam Latinus e lege Atilia tutor dari non potest: [Nota], quod Latinus non datur Atilianus tutor, ut in fine proximi libri XXXVIII hoc te docui* (Text nach FIRA II 650). Diese Regelung könnte entweder mittelbar auf dem Gesetzeswortlaut der *lex Atilia* oder auf einem ausdrücklichen Verbot

679 Vgl. hierzu Nörr, ZSS 118 (2001), 14.

darin beruhen. Nörr vermutet, dass sich dies nur implizit aus dem Wortlaut des Gesetzes ergeben habe.[680] Angesichts der Hartnäckigkeit, mit der Ulpian diesen Grundsatz bekräftigt, erscheint es jedoch naheliegender, dass es sich hierbei tatsächlich um explizites Verbot handelte.

Schol. Sin. 20, 54 lässt zunächst erkennen, dass Ulpian vorrangig die Gegensätze zwischen der *lex Atilia* und der *lex Iulia et Titia* interessierten. Der Scholiast entnahm dem ulpianischen Kommentar die bemerkenswerte Information, dass nach einem weiteren *titulus* der *lex (Iulia et) Titia* das Mündel für sich selbst einen Tutor beantragen konnte: *Alius Titiae legis titulus erat pupillum per semet ipsum tutorem petere.* Daran schließt sich die Aussage, dass ein römischer Bürger Vormund eines Latiners sein kann: *Civis Romanus potest Latino tutor esse.* Nörr entnimmt der griechischen Wortform *epitropeusimos* sowohl eine aktive als auch eine passive Bedeutung und kommt richtigerweise zu dem Schluss, dass römische Bürger und Latiner also gegenseitig vormundschaftsfähig waren.[681]

Danach folgt eine Bemerkung zum *postulare* durch einen Dritten. Dieser Teil der Scholien bezieht sich auf ein Fragment aus dem 39. Buch *ad Sabinum,* welches zwar in den Digesten enthalten ist, durch die justinianische Kompilation jedoch in einen anderen Zusammenhang versetzt wurde[682]: *Postulare tutorem videtur et qui per alium postulat: item nominare et qui per alium hoc idem facit* (Ulp. D. 27, 7, 2).

Im letzten Satz konfrontiert der Scholiast schließlich die *lex Iulia et Titia* mit der *lex Atilia: Aliud est in Atiliano tutore.* Diese Feststellung lässt sich auf den ersten Blick in den vorhergehenden Kontext nur schwer einordnen, insbesondere ist fraglich, auf welchen Regelungsinhalt die „Andersartigkeit“ des *tutor Atilianus* konkret Bezug nimmt. Hierbei ergeben sich folgende Möglichkeiten der Interpretation:

Der Gegensatz zwischen den beiden Vormundschaftsgesetzen könnte sich in der unterschiedlichen Handhabung der Postulationsbefugnis des *pupillus* manifestieren. Dies würde bedeuten, dass die *postulatio* durch das Mündel selbst nur für den *tutor Iulio-titianus,* aber nicht für den *tutor Atilianus* galt. Diese Variante kommt jedoch nicht in Betracht, zumal sich das *postulare* durch den *impubes* auch in c. 109 *lex Ursonensis* wiederfindet, deren Erlass nach der hier unterstellten Chronologie zwischen die Promulgation der *lex Atilia* und der *lex Iulia et Titia* fällt und daher allenfalls Textfragmente der *lex Atilia* enthalten könnte:

680 Nörr, ZSS 118 (2001), 12.
681 Nörr, ZSS 118 (2001), 13.
682 Vgl. Krüger, ZSS 4 (1883), 28.

*Cui pupillo pupill[aeue mulieriue col(onis) col(oniae) Gen(etiuae) Iul(iae) in His-] pania tutor no[n erit incertusue erit, si is pupil-]lus eaue (pupilla) mul[ierue at Iluir(um) adierit et pos-]tulabit uti sibi tu[torem det et nominabit quem tuto-]rem sibi dari u[olet, tum is Iluir a quo ita pos-]tulat[um erit ---]*[683]

Eine weitere Möglichkeit läge darin, dass sich die „Andersartigkeit" des atilianischen Tutors auf die Postulationsbefugnis des Dritten bezieht: Allein gemäß der *lex Iulia et Titia* könne auch ein Dritter für das Mündel die Bestellung eines Tutors beantragen, hingegen sei ihm das *postulare per alium* nach der *lex Atilia* verwehrt. Hierfür müssten zum einen legislatorische Änderungen am Wortlaut der beiden Vormundschaftsgesetze angenommen werden, für die aber keine einleuchtenden Gründe ersichtlich sind. Zum anderen hätte dies zur Folge, dass man für das ursprüngliche Verfahren nach der *lex Atilia* von einer alleinigen Postulationszuständigkeit des *pupillus* auszugehen habe. Dies kann mit Blick auf den Amtsbereich und die Tätigkeit des *praetor urbanus* allerdings kaum ernsthaft in Erwägung gezogen werden.[684]

Nach der dritten Interpretationsvariante ist der Gegensatz zwischen der *lex Atilia* und der *lex Iulia et Titia* in der unterschiedlichen Berücksichtigung der *Latini* zu erblicken.[685] Sie ist vorzugswürdig, insbesondere fügt sich in dieses Verständnis von Schol. Sin. 20, 54 auch die Feststellung aus Schol. Sin. 17, 45 ein, nach der ein *Latinus* nicht *tutor Atilianus* sein könne.

Nun kann zur eingangs gestellten Frage zurückgekehrt werden: Die Untersuchung von Schol. Sin. 17, 45 und Schol. Sin. 20, 54 lässt erkennen, dass die *lex Iulia et Titia* neben einem Kapitel über die ortsrechtliche *datio tutoris* in den *coloniae* und *municipia* wohl ein weiteres (gesondertes) Kapitel enthielt, welches sich mit Gemeinden latinischen Rechts befasste. Diese Annahme kann dagegen für den Geltungsbereich der *lex Atilia* ausgeschlossen werden.

## IV. Ulpian im 38. und 39. Buch *ad Sabinum*

Über den „Umweg" der Analyse der Notizen in den *Scholia Sinaitica* fällt es nun deutlich leichter, sich einschlägigen Texten aus dem Sabinus-Kommentar des spätklassischen Juristen Ulpian zu nähern. In Schol. Sin. 17, 45 wird, wie eben erwähnt, auf Ulpians 38. Buch *ad Sabinum* Bezug genommen. Darin hatte er festgestellt, dass ein *Latinus* nicht *tutor Atilianus* sein könne. Demgegenüber zitiert der Scholiast in Schol. Sin. 20, 54 ausdrücklich die *lex (Iulia et) Titia.* Bereits

683 Vgl. Nörr, ZSS 118 (2001), 13.

684 Siehe hierzu nur Sachers, in: RE 7A/2, 1518ff; vgl. Nörr, ZSS 118 (2001), 13f.

685 So auch Nörr, ZSS 118 (2001), 14.

Lenel hatte daher vermutet, dass Ulpian im 3. Buch *de tutelis* (38 *ad Sabinum*) wesentliche Inhalte der *lex Atilia* und im 4. Buch *de tutelis* (39 *ad Sabinum*) solche der *lex Iulia et Titia* diskutierte. Folglich ordnete er Schol. Sin. 20, 53 sowie 20, 54 dem 39. Buch innerhalb des Sabinus-Kommentars zu.[686]

Zwar muss berücksichtigt werden, dass in Anbetracht des Werktypus eine genauere Wiedergabe von Text und Inhalt der beiden Vormundschaftsgesetze nicht erwartet werden kann, handelt es sich bei dem ulpianischen Werk doch um einen Kommentar, dessen vorrangige Aufgabe darin besteht, einen Gesetzestext zu erläutern und mit kritischen Anmerkungen zu versehen. Zur Darstellungsweise und Methodik eines Kommentators gehören somit in erster Linie sowohl das Arbeiten mit Vergleichen als auch das Hervorheben von Unterschieden.[687] Jedoch ist aufgrund Ulpians Streben nach Vollständigkeit davon auszugehen, dass alle problematischen Aspekte der Vormundschaftsgesetze von ihm tatsächlich behandelt wurden.[688] So kann der Versuch unternommen werden, einzelne Textpassagen aus dem 38. sowie 39. Buch *ad Sabinum* unter die *lex Atilia* und die *lex Iulia et Titia* zu subsumieren. Auf diese Weise lassen sich zumindest fragmentarische Inhalte der Vormundschaftsgesetze gewinnen. Im Vordergrund steht dabei wiederum die Frage nach der ortsrechtlichen *datio tutoris*, der sich wahrscheinlich – darauf weisen jedenfalls die bisherigen Erkenntnisse hin – ein Kapitel der *lex Iulia et Titia* widmete.

Auszugehen ist von den Überlegungen Lenels, der folgende Fragmente aus Buch 38 *ad Sabinum* unter den Titel *De tutoribus a magistratu datis* fasste[689]: Ulp. D. 1, 5, 20; 1, 14, 3; 26, 1, 6; 26, 1, 15; 26, 2, 12; 26, 2, 15; 27, 10, 4. Obwohl sich die Zuordnung dieser Texte zu den einzelnen Regelungen des Vormundschaftsgesetzes als äußerst schwierig gestaltet, ist es immerhin möglich, Vermutungen über den Inhalt des von Ulpian kommentierten Textteils anzustellen. Denkbar ist, dass Ulpian den Titel *de tutorum datione*[690] und im Anschluss daran den (möglichen) Gesetzesanfang *cui tutor non erit incertusve erit*[691] kommentierte. Zunächst stellte der Jurist vermutlich klar, dass sich die Befugnis zur *datio tutoris* nicht automatisch aus dem *imperium* oder der *iurisdictio* ergebe, vielmehr bedürfe es einer speziellen Authorisierung durch eine *lex* (damit ist wohl das Verfahren nach der *lex Atilia* gemeint), *senatus consultum* oder *constitutio principis*

686 Siehe hierzu Lenel, Palingenesia II, 1159 Fn. 4.
687 Vgl. nochmals Schol. Sin. 20, 54.
688 So auch Nörr, ZSS 118 (2001), 22.
689 Siehe Lenel, Palingenesia II, 1158f.
690 Vgl. c. 29 *lex municipi.*
691 Vgl. c. 109 *lex Ursonensis;* c. 29 *lex municipi;* Gai. inst. 1, 185.

(Ulp. D. 26, 1, 6, 2). Wie bereits an anderer Stelle dargelegt wurde, gibt Ulpian hier den Rechtszustand der klassischen Zeit wieder. Nach dieser allgemeinen Feststellung diskutierte er womöglich einige problematische Fallkonstellationen, wobei es stets um die Frage ging, ob die behördliche Bestellung eines Tutors rechtlich überhaupt möglich bzw. tatsächlich notwendig sei: In diesen Kontext fügen sich Ulp. D. 26, 1, 6 pr. *(impuber mutus)*, Ulp. D. 26, 1, 6, 1 *(datio sub condicione)*, Ulp. D. 26, 1, 6, 3 *(impuber surdus)* und schließlich Ulp. D. 26, 1, 6, 4 *(pater in hostium potestate)* ein. Im weitesten Sinne lassen sich auch Ulp. D. 1, 5, 20 *(magistratus furiosus)* und ebenso Ulp. D. 1, 14, 3 (Fall des Barbarius Philippus als *magistratus servus et fugitivus*) unter den Titel *de tutorum datione* fassen. Als kommentierende Bemerkungen zum Gesetzesanfang *cui tutor non erit incertusve erit* kommen hingegen eher Ulp. D. 26, 2, 12 (Problem der *tutela* für *certae res vel causae*) sowie Ulp. D. 26, 2, 15 *(tutor rei Africanae vel rei Syriaticae)*, vor allem aber Ulp. D. 26, 1, 15 *(tutor non sit captus ab hostibus, sed missus ad eos quasi legatus, aut etiam receptus ab eis, aut transfugerit)* in Betracht.[692] Gerade im Hinblick auf das letztgenannte Fragment werden gewisse Parallelen zu Gai. inst. 1, 187 erkennbar. Gai. inst. 1, 187 handelte zwar von einem *tutor ab hostibus captus*, allerdings konnte hier aufgezeigt werden, dass der Jurist den Gesetzesanfang *si cui nullus omnino tutor sit* erläuterte sowie interpretierte. Gleiches könnte somit für Ulpians *tutor non sit captus ab hostibus* gelten.

Im Ergebnis kann die Vermutung Lenels, wonach sich Ulpian im 38. Buch seines Sabinus-Kommentars mit Inhalten der *lex Atilia* auseinandersetzte, durch die vorliegende Untersuchung im Wesentlichen bestätigt werden.

Dennoch scheint er dabei einen wichtigen Aspekt übersehen zu haben: Ulp. D. 26, 1, 6, 1; 26, 1, 15 und 26, 2, 15 richten sich von ihrem Wortlaut her allein an die Provinzstatthalter, wenn es um die Kompetenz zur *datio tutoris* in den dort behandelten Fallkonstellationen geht. Es stellt sich daher die Frage, ob sich Ulpian im 38. Buch *ad Sabinum* neben der *lex Atilia* bereits mit der *lex Iulia et Titia* beschäftigte. Angesichts der überlieferten Fragmente ist dies zumindest nicht auszuschließen. Würde man also die entsprechenden Texte unter die *lex Iulia et Titia* subsumieren, dann bliebe aufgrund der ohnehin spärlichen Überlieferung von Buch 38 lediglich ein kleiner Restbestand übrig, der der *lex Atilia* zugewiesen werden könnte. Aber auch hierfür ließe sich eine plausible Erklärung finden: Unter Kaiser Claudius wurde neben der Kompetenz des *praetor urbanus* in Zusammenarbeit mit der Mehrheit der Volkstribunen die konkurrierende Zuständigkeit

---

692 Vgl. hierzu auch Nörr, ZSS 118 (2001), 28.

der Konsuln im Bereich der *datio tutoris* geschaffen.[693] Hinzu trat seit Mark Aurel der eigens für Vormundschaftsangelegenheiten ins Leben gerufene *praetor tutelarius.*[694] Dies legt die Vermutung nahe, dass zur Zeit der Entstehung der *libri ad Sabinum* Anfang des 3. Jahrhunderts n.Chr. das ursprüngliche Verfahren nach der *lex Atilia* an Bedeutung verloren hatte, vielleicht sogar obsolet geworden war und daher bei Ulpian nur noch in geringem Maße Erwähnung fand.[695]

Möglich erscheint es demgegenüber aber auch, dass Ulpian die übereinstimmenden Inhalte der beiden Vormundschaftsgesetze in Buch 38 und 39 gemeinschaftlich diskutierte und nur an den Stellen, wo es ihm zum besseren Verständnis notwendig erschien, bestehende Unterschiede herausarbeitete. Für diese Sichtweise sprechen wiederum die Ausführungen des Gaius in Gai. inst. 1, 185–187, die sowohl für die *lex Atilia* als auch für die *lex Iulia et Titia* gelten.[696] So könnte die Erwähnung der *praesides provinciarum* in Buch 38 *ad Sabinum* vielmehr dem Kontrast oder Vergleich zur *lex Iulia et Titia* gedient haben. Gesicherte Ergebnisse sind indes nicht mehr zu erwarten.

Von zentraler Bedeutung neben Buch 38 ist Ulpians Buch 39 *ad Sabinum.* Hier erweist sich die Zuordnung der entsprechenden Texte zu den beiden Vormundschaftsgesetzen deutlich einfacher: In Ulp. D. 1, 20, 2 und Ulp. D. 26, 5, 1 geht es um die Kompetenz römischer Provinzialmagistrate im Rahmen der *datio tutoris.* Daraus ergibt sich zum einen, dass Ulpian, wie Lenel richtigerweise angenommen hatte, im 4. Buch *de tutelis* (39 *ad Sabinum*) innerhalb seines Kommentars zu Sabinus die wichtigsten Regelungsinhalte der *lex Iulia et Titia* darstellte. Zum anderen folgt aus der Tatsache, dass sich Ulpian an dieser Stelle mit munizipalen Regelungen und den sich daraus ergebenden Besonderheiten der Latinität auseinandersetzte, ein weiterer Beweis für die These, dass die *lex Iulia et Titia* in einem gesonderten Kapitel die ortsrechtliche *datio tutoris* regelte. Vor diesem Hintergrund lassen sich auch die restlichen Fragmente aus dem 39. Buch *ad Sabinum* dem munizipalen Vormundschaftsrecht zuordnen[697]: Ulp. D. 26, 2, 16; 27, 7, 2; 50, 16, 173; 46, 1, 1; 26, 2, 6. Besondere Aufmerksamkeit verdienen die Fragmente Ulp. D. 27, 7, 2 sowie Ulp. D. 50, 16, 173. In Letzterem definiert Ulpian die Begriffe *collegae* und *abesse,* Ulp. D. 27, 7, 2 verweist auf die mögliche Postulationsbefugnis eines Dritten. Wenn es sich hierbei um Kommentierungen zur *lex Iulia et Titia* handelt, wovon auszugehen ist, dann liefern die beiden

693 Siehe Suet. Claud. 23, 2; Inst. 1, 20, 3.
694 Siehe Frag. Vat. 244.
695 Vgl. hierzu auch Nörr, ZSS 118 (2001), 20.
696 So auch Nörr, ZSS 118 (2001), 20f.
697 Siehe Lenel, Palingenesia II, 1159f.

Fragmente wichtige Informationen zu Kompetenzverteilungen und Verfahrensfragen. Hierauf wird aber noch vertiefend einzugehen sein.

## § 12. C. 29 *lex municipi: de tutorum datione*

Mit c. 29 *lex municipi (Irnitani, Salpensani)* ist uns der umfangreichste und zugleich aufschlussreichste Text zur *datio tutoris* erhalten[698]:

> *Quoi tutor non erit incertusve erit, si is eave municeps municipi Flavi Irnitani erit, et pupillus pupillave non erit, et a IIviro iure dicundo eiius municipi postulaverit, uti sibi tutorem det, eum quem dari volet nominaverit, tum is, a quo ita postulatum erit, sive unum sive plures collegas habebit, de omnium collegarum sententia, qui tum in eo municipio intrave fines eiius municipi erit, causa cognita, si ei videbitur, eum qui nominatus erit tutorem dato. Sive is eave, cuius nomine ita postulabitur, pupillus pupillave erit, sive is, a quo postulatum erit, collegam non habebit, collegave eius in eo municipio intrave fines eiius municipi nemo erit, tum is, a quo ita postulatum erit, causa cognita, in diebus X proximis, ex decreto decurionum, quod cum duae partes decurionum non minus adfuerint, factum erit, eum qui nominatus erit, quo ne a iusto tutore tutela abeat, ei tutorem dato. Qui tutor hac lege datus erit, is ei, cui datus erit, quo ne iusto tutore tutela abeat, tam iustus tutor esto, quam si is civis Romanus et adgnatus proximis civi Romano tutor esset.*

Fraglich ist, ob und inwieweit Aufbau sowie einzelne Fragmente der flavischen Norm bei dem Versuch der Palingenesie der Vormundschaftsgesetze hilfreich sein können. Zeitlich (auch inhaltlich?) gesehen steht die *lex municipi* (ca. 90 n.Chr.) der *lex Atilia* (ca. 210 v.Chr.) nur relativ, der *lex Iulia et Titia* (ca. 31 v.Chr.) dagegen sehr nahe. Noch vor der *lex Iulia et Titia* wurde ca. 44 v.Chr. die *lex Ursonensis* promulgiert, deren Kapitelanfang von c. 109 wie nachfolgend lautet: *Cui pupillo pupill[aeue mulieriue col(onis) col(oniae) Gen(etiuae) Iul(iae) in His-]pania tutor no[n erit incertusue erit, si is pupil-]lus eaue (pupilla) mul[ierue at Iluir(um) adierit et pos-]tulabit uti sibi tu[torem det et nominabit quem tuto-]rem sibi dari u[olet, tum is Iluir a quo ita pos-]tulat[um erit ---]*

Vergleicht man die beiden Texte, werden gewisse Parallelen zwischen ihnen sichtbar, die somit folgenden Schluss zulassen: C. 29 *lex municipi* geht in weiten Teilen – entweder unmittelbar oder mittelbar – auf c. 109 *lex Ursonensis* zurück. Nicht auszuschließen ist dabei natürlich, dass der Verfasser der *lex municipi* nicht die *lex Ursonensis* selbst, sondern eine andere Vorlage, etwa ein uns nicht bekanntes spanisches Stadtrecht benutzte, das seinerseits auf der *lex Ursonensis* beruhte, und dass nicht der *scriptor legis* der *lex municipi*, sondern der Verfasser dieser Zwischenquelle den ursprünglichen Gesetzesext der *lex Ursonensis*

698 Text im Wesentlichen nach der Ausgabe von Wolf, Die Lex Irnitana, 58ff.

reformiert hat.[699] Zur Vereinfachung wird im Rahmen der Untersuchung davon ausgegangen, dass die *lex Ursonensis* unmittelbar als Vorlage diente. Wer diese Alternative ablehnt, dem wird es nicht schwer fallen, die Ergebnisse entsprechend einzuordnen.

Es ergibt sich zunächst folgendes Denkmodell: Aus der ältesten *lex Atilia* könnten Textteile in die *lex Ursonensis* gewandert sein. Gleiches könnte für die *lex Iulia et Titia* gelten, die gemäß der hier unterstellten Chronologie erst nach der *lex Ursonensis* erlassen wurde. In der jüngsten *lex municipi,* die ihrerseits wiederum auf der *lex Ursonensis* basiert, müssten sich demnach Fragmente aus den älteren Vormundschaftsgesetzen wiederfinden lassen. Auf dieser Grundlage könnten die erhaltenen normativen Texte zur *datio tutoris* aufgrund der großzügigen Verwendung von Spolien wertvolles Material zum Verständnis und zur Wiederherstellung einzelner Klauseln in den beiden Vormundschaftsgesetzen liefern.

Eine genauere Analyse von c. 29 *lex municipi* erscheint daher – selbst wenn sie nicht im Zentrum der eigentlichen Untersuchung stehen soll – unerlässlich. Bereits der erste Blick darauf verrät: Der Text ist angesichts zahlreicher Wortwiederholungen sowie Einschüben von Nebensätzen ungeschickt formuliert und deshalb nur schwer verständlich. Aber auch der komplexe Aufbau von c. 29 erschließt sich dem Leser nicht ohne weiteres und bedarf einiger Erläuterungen, die zugleich Anlass geben sollen, auf bestehende Auffälligkeiten hinzuweisen. Die Norm besteht insgesamt aus drei längeren Sätzen. Die Anfangsworte spielen auf den möglichen Gesetzesanfang *cui tutor non erit incertusve erit* an. Bemerkenswert ist dabei die Wortform *quoi,* deren Duktus weniger an ein misslungenes oder gar verschriebenes *cui*[700] erinnert, als vielmehr an einen bewusst eingesetzten Archaismus des *scriptor legis,* der dadurch bei den spanischen Normadressaten vielleicht gewisse Emotionen wecken wollte.[701] S. 1 bezieht sich allein auf die *tutela mulierum* und regelt das Verfahren der *datio tutoris* für den Fall, dass eine Kollegialentscheidung möglich ist *(de omnium collegarum sententia).* Hierbei ist es die Frau selbst, die den künftigen Tutor postuliert und nominiert. In S. 2 werden *pupillus, pupilla, mulier* wieder vereint. Aus ihm ergibt sich, dass der *tutor impuberum* stets, der *tutor mulierum* hingegen nur dann, wenn die Kollegen entweder überhaupt nicht vorhanden oder abwesend sind, vom *duovir ex decreto decurionum* bestellt werden soll. Wer in S. 2 postuliert und nominiert, wird dagegen nicht gesagt. In beiden Alternativen ergeht die Entscheidung *causa*

699 Vgl. Schulz, in: Arangio-Ruiz (ed.), Studi Solazzi, 453.
700 So nämlich Wolf, Die Lex Irnitana, 60.
701 So Nörr, ZSS 118 (2001), 15.

*cognita*, in S. 1 wird sie um die Klausel *si ei videbitur* ergänzt. Außerdem enthalten S. 2 und S. 3 jeweils die Vorbehaltsklausel *quo ne a iusto tutore tutela abeat*, die jedoch in S. 1 fehlt. In S. 3 wird schließlich die rechtliche Stellung des *tutor municipalis* festgelegt: Mittels einer doppelten Fiktion wird er einerseits einem *tutor adgnatus proximus*, andererseits einem *tutor civis Romanus* über einen *civis Romanus* gleichgestellt.

Ein Vergleich mit c. 109 *lex Ursonensis* zeigt zum einen, dass die *tutela impuberum* und *tutela mulierum* darin – anders als in c. 29 – in einem Satz und deshalb thematisch zusammen behandelt werden. Zum anderen ist der *impuber* aufgrund der *lex Ursonensis* – im Gegensatz zu c. 29 – befugt, den Vormund für sich selbst zu postulieren und nominieren. Dies bestätigt letztlich die Vermutung, dass das Kapitel zur *datio tutoris* in der *lex municipi* Objekt und zugleich Ergebnis einer tiefgreifenden Interpolation ist.[702] Der Verfasser von c. 29 sah sich vor zwei Aufgaben gestellt: erstens die *tutela mulierum* zumindest teilweise aus der tradierten Einheit von *tutela impuberum* und *mulierum* zu befreien und zweitens die alleinige Postulationsbefugnis des *pupillus* zu beseitigen. Darin liegt der wesentliche Unterschied nicht nur zur *lex Ursonensis*, sondern vermutlich auch zur *lex Atilia*, deren Text wohl größtenteils unverändert in das Stadtrecht von Urso übernommen worden war, und ebenso zur *lex Iulia et Titia*.[703] Das vorrangige Ziel der flavischen Interpolation bestand darin, die Regelung der *tutela mulierum* abzumildern, indem dazu der althergebrachte Eingriff des Dekrets der Dekurionen durch das einfache Einverständnis der Kollegen *(sive unum sive plures collegas habebit, de omnium collegarum sententia)* ersetzt wurde und die Entscheidung *ex decreto decurionum* nur noch in den Fällen erforderlich sein sollte, in denen die Kollegen abwesend oder überhaupt nicht vorhanden waren.[704] Dagegen musste der *tutor impuberum* stets vom *duovir de decreto decurionum* ernannt werden, und zwar ausschließlich auf Antrag eines Dritten hin.[705] Lockerung der *tutela mulierum* auf der einen Seite, Verschärfung der *tutela impuberum* auf der anderen Seite gehen somit einher.

Fragt man nach den Gründen für diese enormen legislativen Änderungen, bedarf es eines kurzen Blicks auf die Entstehungszeit der *lex municipi:* Die

---

702 So D'Ors, La ley flavia municipal, 112.

703 Vgl. nochmals Schol. Sin. 20, 54: Der Scholiast entnahm dem Sabinus-Kommentar die (auffällige) Information, dass nach einem Kapitel der *lex (Iulia et) Titia* der *pupillus* für sich selbst einen Tutor postulierte und nominierte; so auch Nörr, ZSS 118 (2001), 16.

704 Vgl. D'Ors, La ley flavia municipal, 112.

705 Schulz, in: Arangio-Ruiz (ed.), Studi Solazzi, 454.

Stadtrechtsverleihungen an die latinischen Munizipien in der bevölkerungsreichen Provinz Baetica fallen etwa in die erste Hälfte der neunziger Jahre n.Chr.[706] Dies ergibt sich v.a. aus der Tatsache, dass in der *lex Irnitana* Domitian durchweg als regierender Kaiser genannt wird.[707] Kurz zuvor hatte Claudius in Rom die gesetzliche Agnatentutel über Frauen abgeschafft.[708] Vor diesem Hintergrund erscheint es zumindest nachvollziehbar, dass die allmählich einsetzende „Auflockerung" der *tutela mulierum* praktische Auswirkungen in den Provinzen hatte und sich letztendlich normativ niederschlug.[709] In gewisser Weise ist damit das flavische Munizipalgesetz älteren Stadtrechten, wie etwa der *lex Ursonensis*, „überlegen". Die römische *colonia Genetiva Iulia* ist – wie der Name bereits vermuten lässt – auf Befehl von Caesar hin gegründet worden. Die Gründung selbst wurde aber erst durch eine *Lex Antonia* (Namensgeber ist Marcus Antonius) kurze Zeit vor oder nach der Ermordung Caesars im Jahre 44 v.Chr. konkret vollzogen. Demzufolge ist der Erlass der *lex Ursonensis* in das Jahr 44 oder 43 v.Chr. zu datieren und damit fast 150 Jahre vor der *lex municipi*.[710] Zu dieser Zeit bestand für Frauen allerdings noch keine rechtliche Möglichkeit, von der Tutel befreit zu werden, insbesondere fand das *ius liberorum* erst unter Augustus Anwendung. So ist es nicht verwunderlich, wenn in der *Ursonensis* die über Jahrhunderte praktizierte Tradition der Einheit zwischen *tutela impuberum* und *mulierum* in lebendiger Funktion steht.

Um die neue Ordnung zu erreichen, war der *scriptor legis* der flavischen Norm gezwungen, an dem Text seiner Vorlage (sei es in Gestalt der *lex Ursonensis* oder eines anderen Stadtrechts) erhebliche Änderungen vorzunehmen. Verfolgt man seine Arbeit im Einzelnen, lassen sich dadurch einige der bereits angedeuteten Unebenheiten und Auffälligkeiten erklären:

1. Die Regelungsinhalte in S. 1, die sich in der *lex Ursonensis* gleichermaßen sowohl auf die *tutela impuberum* als auch auf die *tutela mulierum* bezogen hatten, sollten nunmehr allein für die Frauentutel gelten. Dies suchte der *scriptor legis* durch den Einschub *et pupillus pupillave non erit* zu erreichen. Bei genauerer Betrachtung der Wendung – freilich mit einer gewissen überzogenen Genauigkeit – würde dies zur Folge haben, dass auch Personen männlichen Geschlechts, die keine *pupilli* mehr sind, aufgrund von c. 29 einen Tutor

706 Vgl. Wolf, Die Lex Irnitana, 19f.

707 Siehe etwa c. 24; 25; 26; 45; 59; 69; 73; 79 – vgl. Wolf, Die Lex Irnitana, 20 Fn. 47.

708 Vgl. Gai. inst. 1, 157; Ulp. ep. XI, 8.

709 So auch D'Ors, La ley flavia municipal, 113.

710 Vgl. Wolf, Die Lex Irnitana, 21f.

erhalten. Eine solche Regelung würde allerdings, darin ist man sich einig, im absoluten Widerspruch zum klassischen römischen Recht stehen. Kniep[711] und ihm folgend Partsch[712] sind daher der Meinung, dass das Stadtrecht abweichend vom genuin römischen Recht eine Tutel über männliche *puberes* tatsächlich vorsah. Auch Solazzi vertritt vor diesem Hintergrund die These, dass das Munizipalrecht eine spezifische *tutela* über *puberes* kannte. Im Unterschied zu Kniep und Partsch geht er jedoch davon aus, dass es sich hierbei um eine Quasi-Tutel gehandelt habe. Letztlich sei damit die *cura minorum* gemeint, die in der *Salpensana* bzw. *Irnitana* als *tutela* bezeichnet werde und darin provinzialem Sprachgebrauch folge. In inhaltlicher Hinsicht sei demnach keine Abkehr vom römischen Recht zu erkennen, allein die Terminologie sei unrömisch.[713] Im Ergebnis sind beide Ansichten abzulehnen: Eine echte *tutela* über Mündige männlichen Geschlechts, so wie es Kniep und Partsch annehmen, würde einen enormen Bruch mit den grundlegenden Prinzipien des römischen Vormundschaftsrechts bedeuten, für den keine einleuchtenden Gründe ersichtlich sind. Und auch der Deutung Solazzis ist zu entgegnen, dass c. 29 *lex municipi* am Schluss ausdrücklich normiert, der *tutor municipalis* solle die rechtliche Stellung eines *tutor legitimus* erhalten. Die fingierte Gleichsetzung mit einem römischen *tutor adgnatus proximus* wäre mit der Institution eines vermeintlichen *tutor* über männliche *puberes* kaum vereinbar.[714] Folglich kommt der Wendung *et pupillus pupillave non erit* wohl lediglich eine Funktion zur Klarstellung zu, dass es in S. 1 um das behördliche Verfahren bei der Bestellung des *tutor mulierum* geht und eben nicht um die Einsetzung des *tutor impuberum*.

Darüber hinaus ist zu bedenken, dass der Verfasser der *lex municipi* diese missglückte Formel kaum hätte vermeiden können. Als mögliche Alternative käme allenfalls noch der Einschub *si pupilla non erit* in Betracht. Dann wäre es aber wiederum zu dem unbefriedigenden Ergebnis gekommen, dass S. 1 auch auf die *pupilli* Anwendung finden würde, da *pupilli* und *pupillae* nicht gleichzusetzen sind. So hätte der *scriptor legis* den kompletten Anfang des Kapitels umgestalten müssen, wozu er sich aber nicht entschließen konnte, galt es doch, die Vorlage nicht gänzlich zu zerstören. Demzufolge blieb ihm nichts anderes übrig, als mit einer Interpolation zu arbeiten. Dass die Worte *et*

711 Kniep, Gai Institutionum I, 298.
712 Partsch, Studien zur Negotiorum Gestio I, 90.
713 Vgl. Solazzi, Aegyptus 2 (1921), 176f.
714 So auch Schulz, in: Arangio-Ruiz (ed.), Studi Solazzi, 455.

*pupillus pupillave non erit* einen Zusatz zur ursprünglichen Vorlage darstellen, wird durch ihr Fehlen in c. 109 *lex Ursonensis* bewiesen.[715]

2. Das den Tutor bestellende Dekret ergeht – sei es *de omnium collegarum sententia* (S. 1) oder *ex decreto decurionum* (S. 2) – stets *causa cognita*. Bemerkenswert ist zunächst, dass der *scriptor legis* diese Formel im ersten Satz an der falschen Stelle verortet, denn der zuständige *duovir* hat selbstverständlich erst die *causae cognitio* vorzunehmen, bevor er die Angelegenheit im Anschluss an seine Kollegen weiterleitet. Hierin ist wohl eine Nachlässigkeit bei der Neuredaktion der Vorlage zu sehen.[716] In S. 1 begegnet dem Normadressaten zudem die Wendung *si ei videbitur*. Diese und ähnliche Klauseln haben häufig den Zweck, das pflichtgemäße Ermessen des Magistraten zu umschreiben sowie auf dessen Verantwortung hinzuweisen. Wenn sie daher in S. 2 fehlt, ist das nicht als Versehen des *scriptor legis* im Zusammenhang mit der Umgestaltung der Vorlage zu werten. Vielmehr kommt bei dem Verfahren *ex decreto decurionum* auf der Grundlage eines verbindlichen Beschlusses eine Ermessensentscheidung des Duumvir gar nicht erst in Betracht.[717]
   Demgegenüber vermisst man in S. 1 nach *nominatus erit* zu Recht die Vorbehaltsklausel *quo ne a iusto tutore tutela abeat*, die in S. 2 und S. 3 enthalten ist. Dies legt den Schluss nahe, dass sie der Verfasser schlichtweg vergessen hat – ein weiteres Indiz für seine (teilweise) ungenaue bzw. ungeschickte Darstellungsweise.
3. Die erste Alternative des 2. Satzes regelt das Verfahren bei der Bestellung des *tutor impuberum*. Dies ergibt sich aus den Worten *sive is eave … pupillus pupillave erit*. Besonderes Augenmerk ist hierbei auf den Passus *cuius nomine ita postulabitur* zu richten. Wie bereits angedeutet, soll dadurch einerseits die Beseitigung der alleinigen Postulations- und Nominationsbefugnis des *pupillus* und andererseits das Erfordernis der Antragstellung eines Dritten sichergestellt werden. Die darauffolgenden Worte *sive is, a quo postulatum erit, collegam non habebit, collegave eius in eo municipio intrave fines eiius municipi nemo erit* beziehen sich – trotz ihrer allgemeinen Fassung – auf die *tutela mulierum*. Der Hintergrund dieser Ungeschicklichkeit bei der Formulierung ist einmal mehr in der Interpolation der Vorlage zu vermuten.[718] Im Anschluss daran begegnet dem aufmerksamen Leser zum wiederholten Male die Klausel *tum is, a quo ita postulatum erit*. Auch für die Verwendung an dieser Stelle lässt sich

715 Vgl. hierzu Schulz, in: Arangio-Ruiz (ed.), Studi Solazzi, 455f.
716 Vgl. Schulz, in: Arangio-Ruiz (ed.), Studi Solazzi, 456.
717 Vgl. Nörr, ZSS 118 (2001), 33.
718 Vgl. Schulz, in: Arangio-Ruiz (ed.), Studi Solazzi, 456.

eine Erklärung finden: Der *scriptor legis* hatte durch den Einschub am Schluss von S. 1 das ursprüngliche Satzgefüge – gezwungenermaßen – zerstört. Daher stand nun die Klausel aus S. 1 zu weit entfernt und reichte zur Klarstellung nicht mehr aus. Folglich musste er sie in S. 2 nochmals anfügen.[719]

4. Hinsichtlich des sich anschließenden Textteils *ex decreto decurionum, quod cum duae partes decurionum non minus adfuerint, factum erit* könnte man versucht sein, dies ebenso als Zusatz zu interpretieren.[720] So hat Gradenwitz vermutet, dass die Vorlage der *Salpensana* vorgesehen habe, der Vormund werde grundsätzlich ohne *causae cognitio de sententia collegarum* bestellt, und nur in den Fällen, in denen die Kollegen nicht vorhanden oder abwesend sind, nach einer *causae cognitio* innerhalb von zehn Tagen ernannt.[721] In diesem Punkt stimmt Schulz mit Gradenwitz nicht überein. Seiner Meinung nach würden die besseren Argumente für ein anderes Verständnis von c. 29 S. 2 sprechen. Auszugehen sei dabei vom ursprünglichen Verfahren nach der *lex Atilia.* Hiernach sei die Bestellung des Vormunds durch den *praetor urbanus de sententia maioris partis tribunorum plebis* erfolgt. In dem Erfordernis der Bekräftigung der Entscheidung des *duovir* durch die anwesenden Kollegen oder Dekurionen in c. 29 würde demnach eine Vorlage aus dem ältesten Recht „durchschimmern", da eine gewisse Ähnlichkeit zur Anforderung der *maior pars tribunorum plebis* nicht zu leugnen sei. Wende man nun die Bestimmung aus der *lex Atilia,* die ja nur für die Stadt Rom galt, in Übereinstimmung mit den besonderen provinzialen Begebenheiten im Munizipalrecht entsprechend an, ergebe sich daraus folgende Regelung: Der Tutor wird grundsätzlich vom *duovir* ernannt, und zwar *de sententia collegarum;* wenn entweder keine Kollegen vorhanden oder diese abwesend sind, dann erfolgt die Bestellung durch den *duovir ex decreto decurionum.* Im Ergebnis sei es daher wahrscheinlicher, dass diese Ordnung bereits in der *lex Ursonensis* vorgesehen war. Es könne zwar nicht gänzlich ausgeschlossen werden, dass die *datio tutoris* in Urso stets durch den *duovir ex decreto decurionum* vorgenommen worden sei, allerdings erscheine ein derart schwerfälliges Verfahren, wonach ausnahmslos jede Vormundsbestellung eines Beschlusses der Dekurionen bedurfte, eher fernliegend.[722]

---

719 Vgl. wiederum Schulz, in: Arangio-Ruiz (ed.), Studi Solazzi, 456.

720 Vgl. Gradenwitz, Sitzungsberichte der Heidelberger Akademie der Wissenschaften Band XI (1920), Tafel 8.

721 Gradenwitz, ZSS 43 (1922), 446.

722 Vgl. Schulz, in: Arangio-Ruiz (ed.), Studi Solazzi, 457.

Gradenwitz und Schulz gehen – wenn auch auf unterschiedlichem Begründungsweg – letztlich von einer Zweiteilung des Verfahrens bei der *datio tutoris* in der *colonia Genetiva Iulia* aus. Dabei vernachlässigen sie jedoch einen entscheidenden Aspekt, der gegen die von ihnen vertretenen Ansichten spricht: Gemäß der Überlieferung in den einschlägigen Quellen sah das in der *lex Atilia* geregelte Verfahren stets eine gemeinschaftliche Entscheidung des *praetor urbanus* und der Mehrheit der *tribuni plebis* vor.[723] Da nach der historisch belegbaren Chronologie die *lex Ursonensis* allenfalls die *lex Atilia* als normative Vorlage hätte verwenden können und für das Vormundschaftsgesetz etwaige Alternativen analog c. 29 *lex municipi* nicht in Betracht kommen, gelangt Nörr zu dem vorsichtigen Schluss, dass der *lex Ursonensis* eine Zweiteilung des Verfahrens entsprechend c. 29 ebenfalls unbekannt war.[724] Obgleich sich aus dem Kapitelanfang von c. 109 *lex Ursonensis* nichts über die Einzelheiten des behördlichen Verfahrens in Urso entnehmen lässt und dies viel Platz für Spekulationen bietet, ist ihm angesichts der dem palingenetischen Versuch zugrundeliegenden Arbeitshypothese im Ergebnis zuzustimmen. Fraglich bleibe laut Nörr allerdings weiterhin, welches Entscheidungsgremium in Urso an die Stelle des atilianischen Zusammenwirkens von *praetor urbanus* und *tribuni plebis* getreten ist. Er selbst enthält sich einer Vermutung hierüber.[725] Unter Berücksichtigung der Verwaltungsorganisation einer *colonia civium Romanorum* in dieser Epoche würde sich wohl folgende Lösung anbieten: Die Kompetenz zur Bestellung sowohl des *tutor impuberum* als auch des *tutor mulierum* lag beim Duumvir und den Dekurionen. Denkbar wäre etwa ein gemeinschaftliches Dekret von Duumvir und Dekurionen *(duovir de maioris partis decurionum sententia)* oder eine Entscheidung des Duumvir auf der Grundlage eines verbindlichen Beschlusses der Mehrheit der Dekurionen *(duovir ex decreto decurionum maioris partis).*

Hingegen muss Schulz im Hinblick auf den Passus *causa cognita, in diebus X proximis,* dessen Ursprung Gradenwitz in der *lex Ursonensis* gesehen hatte, Recht gegeben werden. Naheliegender ist, ihn als bewussten Zusatz des Verfassers der *Salpensana* bzw. *Irnitana* zu begreifen. Auf diese Weise konnte eine Beschleunigung des Verfahrens zur Bestellung des *tutor impuberum,* der im Gegensatz zum jetzt weniger wichtig erscheinenden *tutor mulierum* höchste Priorität genoss, erreicht werden. So wird auch verständlich, wenn uns die Wendung gerade nicht in S. 1 der Norm begegnet, denn dieser nimmt ausschließlich auf die *tutela*

723 Vgl. erneut Gai. inst. 1, 185; Ulp. ep. XI, 18; Inst. 1, 20 pr.

724 Siehe Nörr, ZSS 118 (2001), 44.

725 Vgl. Nörr, ZSS 118 (2001), 44.

*mulierum* Bezug. Im Rahmen der Vormundschaft über Frauen stand nicht die Dringlichkeit der Ernennung des Tutors, sondern vielmehr die Vereinfachung des Verfahrens im Fokus. Demgegenüber geht es in S. 2 (zumindest auch) um die nach wie vor bedeutsame *tutela impuberum*. Hier kam es darauf an, dem Unmündigen im Rahmen eines effizienten Verfahrens so schnell wie möglich den erforderlichen Vormund zu verschaffen – bei dieser Art der *datio tutoris* war besondere Eile geboten.[726]

Ziel der vorliegenden Untersuchung – vorrangig unter dem Aspekt von Interpolationenkritik und Textstufenforschung – war es, zu einem besseren Verständnis von c. 29 *lex municipi* zu gelangen. Anhand zahlreicher Beispiele konnte nachgewiesen werden, dass es bei der Neuredaktion der Vorlage in erster Linie darum ging, normative Änderungen bedingt durch historische Realitäten unter weitestgehender Verwendung legislativer Spolien einzuarbeiten: Es galt, vom ursprünglichen, durch die Tradition gewissermaßen „geheiligten" Text soviel wie möglich zu erhalten.[727] Um diese äußerst schwierige Aufgabe zu bewältigen, war der Verfasser gezwungen, stilistische sowie grammatikalische Unebenheiten in Kauf zu nehmen. Letztlich brauchten sie aber nicht zu stören, waren die Normadressaten wohl auch so in der Lage, die einzelnen Regelungsinhalte zu erfassen und in der Rechtspraxis richtig anzuwenden. Jeder Versuch, geschickt und elegant zu formulieren, hätte demgegenüber erhebliche Eingriffe sowie Umgestaltungen im gesamten Text der Vorlage zur Folge gehabt. Daher ist es nicht übertrieben, c. 29 *lex municipi* als „legislatorisches Kunstwerk"[728] zu bezeichnen.

## § 13. Zur Rekonstruktion einzelner Klauseln in den Vormundschaftsgesetzen

Thema der folgenden Abhandlung ist der Versuch, aus den vorhandenen normativen Texten einzelne Klauseln zu gewinnen, deren Ursprung in den beiden Vormundschaftsgesetzen *lex Atilia* und *lex Iulia et Titia* angenommen werden kann. Die Darstellung schließt sich im Wesentlichen an den Normaufbau von c. 29 *lex municipi*, dem umfangreichsten Text zur *datio tutoris*, an. Daher war es auch zwingend erforderlich, die Analyse dieses Kapitels voranzustellen.

---

726 Vgl. Schulz, in: Arangio-Ruiz (ed.), Studi Solazzi, 457.

727 Vgl. Nörr, ZSS 118 (2001), 17; 18f.

728 So formuliert es treffend Nörr, ZSS 118 (2001), 17.

## I. Der Gesetzesanfang – oder *cui tutor non erit incertusve erit*

Es wurde bereits mehrfach auf den möglichen Gesetzesanfang verwiesen. Hierzu sind uns in den einschlägigen juristischen Texten zahlreiche Hinweise überliefert: Am Anfang von Gai. inst. 1, 185 sowie Inst. 1, 20 pr. begegnet uns die Formel *si cui nullus omnino tutor sit (fuerat),* c. 109 *lex Ursonensis* beginnt mit den Worten *cui pupillo pupill[aeue mulieriue col(onis) col(oniae) Gen(etiuae) Iul(iae) in His-]pania tutor no[n erit incertusue erit* und auch zu Beginn von c. 29 *lex municipi* findet sich die Klausel *quoi tutor non erit incertusve erit.* Unter Berücksichtigung der römischen Gesetzgebungstechnik und damit unserer Arbeitshypothese folgend dürfte der Anfang der *lex Atilia* – in Anlehnung an das Stadtrecht von Urso – etwa so formuliert gewesen sein: *cui pupillo pupillae mulierive tutor non erit incertusve erit.* Weiterhin ist anzunehmen, dass dieser Textteil aus der *lex Atilia* nicht nur in die *lex Ursonensis,* sondern auch in die *lex Iulia et Titia* gewandert ist und über den „Umweg" der *lex Ursonensis* schließlich in die flavischen Munizipalgesetze gelangte.[729]

Wie bereits erwähnt, erregten die einleitenden Worte der Vormundschaftsgesetze selbst in klassischer Zeit noch die Aufmerksamkeit der römischen Juristen. So interpretierte sie etwa Gaius in seinen Institutionen, indem er einige problematische Fallkonstellationen im Zusammenhang mit der Subsidiarität der magistratischen Tutel anführte: bedingt oder befristet eingesetzter Tutor, schwebende Unwirksamkeit eines Testaments aufgrund fehlenden Erbschaftsantritts (Gai. inst. 1, 186) und ein in Kriegsgefangeschaft geratener Vormund (Gai. inst. 1, 187).

In gleicher Weise fanden einige kritische Anmerkungen zum Gesetzesanfang in den Kommentar des spätklassischen Juristen Ulpian Eingang. Fragmente aus Buch 38 *ad Sabinum* konnten hierunter bereits subsumiert werden: Ulp. D. 26, 2, 12 (Problem der *tutela* für *certae res et causae,* diskutiert am Beispiel der vorrangigen *tutela testamentaria*); 26, 2, 15 *(tutor rei Africanae vel rei Syriaticae)*; 26, 1, 15 (*tutor* bei den Feinden, aber nicht in Kriegsgefangenschaft). Hinsichtlich der Texte aus Buch 39 *ad Sabinum* interessierte bisher vielmehr die Zuordnung derselben zum munizipalen Vormundschaftsrecht als weiteren Beweis für ein ortsrechtliches Kapitel zur *datio tutoris* in der *lex Iulia et Titia.* Daher wurden die nur schwer zu verortenden Fragmente Ulp. D. 26, 2, 6 sowie Ulp. D. 26, 2, 16 in der Diskussion bislang ausgespart. Dies soll nun an dieser Stelle nachgeholt werden. Die fraglichen Texte handeln von Problemfällen im Bereich der *tutela testamentaria,* insbesondere wird die Auslegung nicht eindeutiger Klauseln bei der letztwilligen Berufung von Vormündern diskutiert. Im Einzelnen geht es dabei um die

729 Im Ergebnis auch Nörr, ZSS 118 (2001), 33.

Auslegung von *filius, filia, liberi* und die mögliche Subsumtion der *nepotes* sowie *postumi* unter diese Begriffe. Dieses Problemfeld war immerhin auch dem Scholiasten eine kommentierende Bemerkung wert: *Quid si. Sab. liberorum appellatione etiam nepotes continentur, non uero filiorum. Propterea qui liberis tutorem dedit, etiam nepotibus uidetur eum dedisse* (Schol Sin. 15, 41; Text nach FIRA II 649). Von den Kompilatoren unter Kaiser Justinian wurden die Fragmente wohl ganz bewusst in den Titel II des 26. Buches „*de testamentaria tutela*" gesetzt. Dem ist man im Wesentlichen gefolgt, obgleich es Stimmen in der Literatur gibt, die Zweifel an der Zuverlässigkeit der Inskription 39. Buch *ad Sabinum* äußern.[730] Dieser Sichtweise ist jedoch zu entgegnen, dass die *tutela decretalis* gegenüber der *tutela legitima* und *testamentaria* stets subsidiär war. Der Vorrang der *iusti tutores* wurde jeweils zu Beginn der Vormundschaftsgesetze festgeschrieben und anschließend ausdrücklich durch die Vorbehaltsklausel *quo ne a iusto tutore tutela abeat* bekräftigt. Da die Bestellung eines *tutor Atilianus* sowie *tutor Iulio-titianus* also nur bei Fehlen eines testamentarischen oder gesetzlichen Vormunds in Betracht kam, passt die Diskussion in Ulp. D. 26, 2, 6 und Ulp. D. 26, 2, 16 sogar sehr gut in den Kontext einer Kommentierung der Vormundschaftsgesetze: Je enger die problematischen Klauseln ausgelegt werden, desto eher findet die grundsätzlich nachrangige *tutela decretalis* Anwendung.[731] Letztlich dürften somit alle Zweifel an der Zugehörigkeit der Fragmente zur Erläuterung des Gesetzesanfangs einerseits und an der Zuverlässigkeit der Inskription (39. Buch *ad Sabinum*) andererseits ausgeräumt sein.

## II. Kompetenzen zur *datio tutoris* – insbesondere *collegae* und *absentes*

Geht es um die Kompetenzregelungen innerhalb der Vormundschaftsgesetze, liefern die Kurzberichte in Gai. inst. 1, 185, Ulp. ep. XI, 18 und Inst. 1, 20 pr. erste wichtige Informationen: Ihnen können wir entnehmen, dass gemäß der *lex Atilia* in Rom der Stadtprätor und die Mehrheit der Volkstribunen für die *datio tutoris* zuständig waren, in den Provinzen übertrug die *lex Iulia et Titia* diese Aufgabe dem Statthalter.

---

730 Siehe etwa Ziegler, in: Knütel/Kupisch/Seiler/Behrends (Hrsg.): CIC zu Ulp. D. 26, 2, 6, 350 Fn. 6: „Möglicherweise im 36. Buch."

731 So auch Nörr, ZSS 118 (2001), 34.

Dessen Amt wird in den Quellen häufig mittels der Worte *qui ei provinciae praeierit* beschrieben.[732] Diese Wendung könnte folglich auch für den Gesetzestext der *lex Iulia et Titia* angenommen werden. Hierbei handelt es sich jedoch um eine Umschreibung, die ausfüllungsbedürftig erscheint. Es drängt sich nämlich die Frage auf, ob unter diesen Begriff ausschließlich der Provinzstatthalter fällt oder auch andere Amtsträger davon erfasst sind. Aufschlussreich sind hierfür wiederum die einschlägigen Anmerkungen aus Ulpians Sabinus-Kommentar, einschließlich der kommentierenden Notizen in den *Scholia Sinaitica*. In Ulp. D. 26, 5, 1 pr. zählt der spätklassische Jurist die für die Bestellung des Vormunds zuständigen Provinzialmagistrate auf. Im Fokus stehen dabei die „kommissarischen" Statthalter: *Sive proconsul sive praeses sive etiam praefectus Aegypti sive proconsulatum optineat provinciae vel temporis causa praeside defuncto vel quia ipsi provincia regenda commissa est, tutorem dare poterit.* Der Text stammt – das verrät die Inskription – aus dem 39. Buch *ad Sabinum.* Wie bereits nachgewiesen werden konnte, diskutierte Ulpian im 39. Buch seines Sabinus-Kommentars die wesentlichen Inhalte der *lex Iulia et Titia.* Daher liegt die Vermutung nahe, dass die Aufzählung in Ulp. D. 26, 5, 1 pr. eine Erläuterung der Kompetenznormen der *lex Iulia et Titia* darstellt. Mit den Stellvertretern der Statthalter beschäftigt sich ebenso der Scholiast in Schol. Sin. 19, 52, der hierin an die Aussagen Ulpians anknüpft: ... *Sab.: infra Ulpianus ... capitulo plus dicit vices quoque magistratuum agentem tutorem dare. Quod si scire vis, quae ad vice praesidum agentes pertinent, lege Theodosiani ... CXXVI constitutionem quae posita est post ... ex aliis late exposui, quid vicarii facere possint* (Text nach FIRA II 651). Obgleich der Verweis auf den Codex Theodosianus an dieser Stelle nicht nachzuvollziehen ist, fehlt die zitierte 126. Konstitution doch in der uns überlieferten Version, wird dennoch der unmittelbare Bezug zu Ulp. D. 26, 5, 1 pr. recht deutlich.

Im Ergebnis lässt sich daher festhalten, dass die von Ulpian angeführten Amtsinhaber (Provinzstatthalter, Prokonsul, Präfekt von Ägypten, Prokurator) unter den Ausdruck *qui ei provinciae praeierit* zu subsumieren sind, der wiederum im Gesetzestext der *lex Iulia et Titia* vermutet werden kann.[733] Gerade im Hinblick auf die Kompetenz des *praefectus Aegypti* erfährt diese Annahme zudem eine gewisse Bestätigung: In den uns erhaltenen Urkunden zur Frauentutel in Ägypten werden stets der Präfekt als ernennender Magistrat und die *lex Iulia et Titia* (neben einem *senatus consultum*) als Rechtsquelle genannt.[734]

---

732 Vgl. etwa Fr. 5 col. I *lex Ursonensis* (Rekonstruktion nach Crawford, Roman Statutes I, 411); c. 80 *lex Irnitana* – *vgl.* Nörr, ZSS 118 (2001), 29 Fn. 148.

733 So auch Nörr, ZSS 118 (2001), 30.

734 Vgl. CPL Nr. 200–2005.

Anderes gilt allerdings für den *Iuridicus, qui Alexandriae agit* (Ulp. D. 1, 20, 2) sowie für den *Legatus quoque proconsulis* (Ulp. D. 26, 5, 1, 1). Im Gegensatz zu den übrigen Provinzialmagistraten, deren Kompetenz unmittelbar auf der *lex Iulia et Titia* basiert, beruht ihre Zuständigkeit auf besonderer Zuweisung durch eine Konstitution bzw. Senatsrede Mark Aurels und entspricht damit wiederum dem in Ulp. D. 26, 1, 6, 2 aufgestellten Grundsatz: *Tutoris datio neque imperii est neque iurisdictionis, sed ei soli competit, cui nominatim hoc dedit vel lex vel senatus consultum vel princeps.*

In Ulp. D. 26, 5, 1, 2 äußert sich der Jurist schließlich zum Umfang der Kompetenz des Statthalters bei der *datio tutoris: Quod autem permittitur tutorem dare provinciae praesidi, eis tantum permittitur, qui sunt eiusdem provinciae vel ibidem domicilium habent.* Die *praesides* sind nur ermächtigt, solchen Personen einen Tutor zu bestellen, die in der jeweiligen Provinz entweder *origo* oder *domicilium* haben. Wie sich aus c. 29 i.V.m. c. 84 *lex municipi* ergibt, dürfte dies auch dem Kompetenzbereich der Munizipalmagistrate entsprechen.[735] Gemäß c. 29 *lex municipi* fällt die Zuständigkeit der behördlichen Bestellung eines Vormunds in den Amtsbereich des Duumvirs, dessen Entscheidung entweder *de omnium collegarum sententia* (S. 1) oder *ex decreto decurionum* (S. 2) ergeht. Unabhängig davon, ob der Duumvir einen oder mehrere Kollegen hat *(sive unum sive plures collegas habebit),* soll er *de omnium collegarum sententia* entscheiden, bei Fehlen oder Abwesenheit derselben gilt das Erfordernis *ex decreto decurionum.* Unter Berücksichtigung der Verwaltungsorganisation eines *municipium* in der Provinz Baetica wirkt die Wendung *sive unum sive plures collegas habebit, de omnium collegarum sententia* auf den ersten Blick nicht nur befremdlich, sondern geht sogar ins Leere, da ein *duovir* nur einen einzigen Kollegen hat, nämlich den anderen *duovir.* Man könnte zwar geneigt sein, die Ädilen, mit denen die Duovirn ein eigenes Munizipalkolleg bildeten, als *collegae* zu bezeichnen; dann würde der Verweis auf ihre Pluralität in c. 29 S. 1 Sinn ergeben.[736] Dieser Annahme steht jedoch ein Fragment aus Ulpians 39. Buch *ad Sabinum* D. 50, 16, 173 pr. entgegen, in welchem der Jurist die Begriffe *collegae* und *abesse* (scheinbar allgemein) definiert[737]: *„Collegarum" appellatione hi continentur, qui sunt eiusdem potestatis.* Hieraus ist der Grundsatz zu entnehmen, dass als Kollege nur derjenige Magistrat gelten kann, dem dieselbe Machtbefugnis *(potestas)* zukommt. Da es im

735 Vgl. Nörr, ZSS 118 (2001), 30.

736 Vgl. D'Ors, La ley flavia municipal, 112.

737 Aufgrund der Verallgemeinerung und dem scheinbar fehlenden Bezug gelangte das Fragment wohl in den 16. Titel *de verborum significatione* des 50. Buches der Digesten.

konkreten Fall den Ädilen an der *par potestas* im Verhältnis zu den Duovirn mangelt, kommt diese Interpretationsvariante nicht in Betracht, so dass nach einer anderen Erklärung gesucht werden muss.[738]

Eine weitere Möglichkeit bestünde darin, in der unpassend empfundenen Wendung *sive unum sive plures collegas habebit, de omnium collegarum sententia* einen Zusatz der flavischen Interpolation zu sehen, dessen Ursprung in einer Vorlage der Norm liegt.[739] Ein Anhaltspunkt hierfür findet sich im Wortlaut von c. 29 S. 1 selbst: Bemerkenswerter Weise wird das Amt des zuständigen *duovir* ohne ausdrückliche Nennung seiner Stellung lediglich mit den Worten *is, a quo ita postulatum erit* umschrieben. Es entsteht dadurch der Eindruck, als sei diese Regelung nicht speziell auf ein spanisches *municipium* zugeschnitten, sondern geradezu verallgemeinerungsfähig.[740] Darüber hinaus wird man sich wieder daran erinnern müssen, dass der *scriptor legis* gezwungen war, mit umfangreichen Spolien zu arbeiten, um den Text seiner Vorlage nicht gänzlich zu zerstören. Vor diesem Hintergrund ist anzunehmen, dass die Vorlage, die er zur Abfassung von c. 29 S. 1 heranzog, eine Regelung aus der Zeit vor der Vereinheitlichung der Munizipalorganisation enthielt. Sie dürfte spätestens in das augusteische Zeitalter oder allenfalls kurz danach fallen. Daraus ließe sich das Bestreben des *scriptor legis* erklären, mit Hilfe der Formulierung eine Bandbreite an städtischen Organisationsformen zu erfassen.[741] Bliebe letztlich noch zu klären, welcher normative Text dem Verfasser an dieser Stelle als Vorlage diente. Es erscheint sinnvoll, sich dieser Frage erneut über Ulpians Aussage in D. 50, 16, 173 pr. zu nähern. Aus der zuverlässigen Inskription ist zu folgern, dass der Text dem 39. Buch *ad Sabinum* entnommen wurde. Daher liegt die Vermutung nahe, dass auch er zur Erläuterung der Kompetenznormen der *lex Iulia et Titia* gehört. Und tatsächlich ergeben die bisherigen Hinweise, dass sich die *lex Iulia et Titia* in einem gesonderten Kapitel der ortsrechtlichen *datio tutoris* widmete und Ulpian im 39. Buch *ad Sabinum* die wesentlichen Inhalte dieses Vormundschaftsgesetzes kommentierte. Ein Vergleich von Ulp. D. 50, 16, 173 pr. mit c. 29 S. 1 *lex municipi* lässt somit den Schluss zu, dass die Wendung *sive unum sive plures collegas habebit, de omnium collegarum sententia* auf das ortsrechtliche Kapitel der *lex Iulia et Titia* zurückgeht.[742] In dieses Verständnis von c. 29 fügt sich zudem die von uns aufgestellte Hypothese ein, wonach die *lex Iulia et Titia* als ein einheitliches Gesetz

738 Vgl. hierzu auch Nörr, ZSS 118 (2001), 39.

739 So D'Ors, La lex flavia municipal, 112.

740 Vgl. Nörr, ZSS 118 (2001), 39.

741 Vgl. Nörr, ZSS 118 (2001), 39f; ähnlich D'Ors, La ley flavia municipal, 112.

742 Zu dieser „(vorsichtigen) Hypothese“ gelangt auch Nörr, vgl. Nörr, ZSS 118 (2001), 40.

in das Jahr 31 v.Chr. zu verlegen sei – ein Datum aus der Zeit vor der weitgehenden Vereinheitlichung der städtischen Organisationsformen. Entsprechendes gilt für das Kapitel der *lex Iulia et Titia,* welches die Zuständigkeit bei der *datio tutoris* dem Provinzstatthalter übertrug. Dieser hatte keinen ihm gleichgestellten *collega,* so dass sich hierfür die Klausel *de consili sententia* anbieten würde.[743]

Dagegen fällt die direkte Subsumtion von Ulp. D. 50, 16, 173, 1 unter die *lex Iulia et Titia* deutlich schwerer: *Qui extra continentia urbis est, „abest": ceterum usque ad continentia non abesse videbitur.* Ulpian bemüht sich um eine Definition von *abesse* im Verhältnis zur *urbs.* Wer sich außerhalb der an die Stadt angrenzenden Gebäude aufhält *(extra continentia urbis),* gilt als abwesend; wer sich innerhalb des bebauten Umkreises befindet, scheint hingegen nicht abwesend zu sein. Zwar ist rein äußerlich eine gewisse inhaltliche Übereinstimmung zwischen Ulp. D. 50, 16, 173 und c. 29 *lex municipi* zu erkennen, da jeweils der erste Satz von den *collegae* und der zweite Satz von der Problematik ihrer Abwesenheit handelt. Man könnte demnach hierin eine weitere kommentierende Aussage Ulpians zu den Regelungsinhalten der *lex Iulia et Titia* vermuten. Dennoch verbietet ein genauerer Blick auf die beiden in Frage stehenden Texte diese gewissermaßen vorschnelle Annahme. Zunächst ist festzustellen, dass der Begriff *abesse* im Wortlaut von c. 29 S. 2 überhaupt nicht auftaucht; vielmehr gebraucht der *scriptor legis* das Wort *fines* und baut es in die Wendung *collegave eius in eo municipio intrave fines eiius municipi nemo erit* ein. Darüber hinaus muss beachtet werden, dass der Ausdruck *continentia urbis* in den juristischen Quellen allein im Zusammenhang mit der Stadt Rom genannt wird. Aufschluss hierüber gibt insbesondere ein Zitat des Spätklassikers Paulus: *Si ita legetur „penum, quae Romae sit", utrum quae est intra continentia, legata videtur an vero ea sola, quae est intra murum? Et quidem urbes fere omnes muro tenus finiri, Romam continentibus, et urbem Romam aeque continentibus* (Paul. D. 33, 9, 4, 4). Es geht um die Auslegung der Legatsklausel *penum, quae Romae sit.* Fraglich ist, ob nur der Lebensmittelvorrat als Teil des Vermächtnisses gilt, der sich innerhalb der Stadtmauer befindet oder auch derjenige, der innerhalb der an die Stadtmauer grenzenden Gebäude gelagert wird. Paulus vertritt die Ansicht, dass hierbei zwischen einer „gewöhnlichen" Stadt und der Stadt Rom unterschieden werden muss. Im Gegensatz zu allen anderen Städten endet Rom nicht bereits bei der Stadtmauer, sondern erst mit der geschlossenen Bebauung, deren Fläche von der *urbs Roma* noch umfasst werde. Bestätigt wird dieses Ergebnis durch einen weiteren Paulus-Text: *„Urbis" appellatio muris, „Romae" autem continentibus*

743 Arg. c. 29 *lex municipi;* so auch Nörr, ZSS 118 (2001), 31; 66.

*aedificiis finitur, quod latius patet* (Paul. D. 50, 16, 2 pr.). Die Zusammenschau der beiden Fragmente ergibt folglich, dass das Charakteristische der *continentia urbis* in der ausschließlichen Zuordnung zur *urbs Roma* besteht. Im Ergebnis wäre es daher falsch, Ulp. D. 50, 16, 173, 1 unmittelbar mit dem Munizipalrecht in Verbindung zu bringen.[744]

Trotz allem liegt es nahe, den legislatorischen Ursprung von fr. 173, 1 in den Vormundschaftsgesetzen zu suchen. Immerhin entstammt das Fragment Ulpians 39. Buch *ad Sabinum* und es wäre doch sehr verwunderlich, wenn sich der Jurist gerade an dieser zentralen Stelle ausnahmsweise nicht mit dem römischen Vormundschaftsrecht auseinandergesetzt hätte. Als Bezugspunkt für das *abesse* kommen mehrere Alternativen in Betracht, die im Folgenden dargestellt werden sollen:

1. Gaius berichtet in Gai. inst. 1, 173 vom Erlass eines Senatsbeschlusses, der es den Frauen gestattete, für einen abwesenden Tutor beim zuständigen Magistraten die Bestellung eines anderen zu beantragen. Durch Heranziehung der Aussage in Gai. inst. 1, 183 wird deutlich, dass das *senatus consultum* sowohl in Rom als auch in den Provinzen galt: *(173) Praeterea senatus consulto mulieribus permissum est in absentis tutoris locum alium petere, quo petito prior desinit; nec interest, quam longe aberit is tutor. (183) Haec omnia similiter et Romae et in provinciis observantur, scilicet ut in provinciis a praeside provinciae tutor petendus sit.* Denkbar ist, dass Ulpian bei der Kommentierung der Vormundschaftsgesetze diesen Senatsbeschluss, der eine bis dahin im Vormundschaftsrecht bestehende Regelungslücke ausfüllen sollte, vor Augen hatte und ihn zum Anlass nahm, das Institut des *tutor absens* genauer zu erläutern.[745] Dabei könnte der Jurist auf die von ihm bevorzugte Methode des Vergleichs zurückgegriffen haben, indem er die Regelung in der Stadt Rom mit der in den Provinzen konfrontierte. Als möglicher Beleg sei nochmals auf die Feststellung in Schol. Sin. 20, 54 verwiesen, die erkennen lässt, dass Ulpian vorrangig die Gegensätze zwischen der *lex Atilia* und der *lex Iulia et Titia* interessierten: *Aliud est in Atiliano tutore.* In der justinianischen Kompilation wurde das Fragment in einen anderen Kontext versetzt und gelangte schließlich in Ulp. D. 50, 16, 173, 1. An dieser Interpretationsvariante stört jedoch, dass sie die zwischen den beiden Sätzen von fr. 173 bestehende inhaltliche Relation beseitigt. Das sie miteinander verbindende Glied ist in der Zuständigkeit der Magistrate zu sehen: In fr. 173 pr. geht es um die Frage, wer als Kollege eines Magistraten gilt. Würde man demgegenüber fr. 173, 1 nicht als Definition eines *collega*

744 Vgl. hierzu auch die Ausführungen Nörrs, ZSS 118 (2001), 40f.

745 So etwa Solazzi, in: idem, Scritti II, 409f.

*absens*, sondern des *tutor absens* interpretieren, wäre diese innere Bindung aufgehoben, ohne dass hierfür einleuchtende Gründe vorgebracht werden könnten.[746]

2. Folglich ist fr. 173, 1 wohl einer anderen normativen Vorlage zuzuschreiben. Vorstellbar wäre ein entsprechendes Kapitel in der *lex Atilia*, das für den Fall des abwesenden *praetor urbanus* die Substitution durch einen *collega eiusdem potestatis* – etwa des *praetor peregrinus* oder eines Konsuls – vorsah. Dies hätte die Auffassung zur Folge, dass Ulpian im Rahmen der Kommentierung der Vormundschaftsgesetze in Ulp. 39 *ad Sabinum* die Begriffe *collega eiusdem potestatis* (fr. 173, pr.) und *abesse* (fr. 173, 1) definierte.[747] Hierfür würde insbesondere der in fr. 173, 1 aufgezeigte Bezug zur *urbs Roma* sprechen, regelte die *lex Atilia* doch ausschließlich das behördliche Verfahren in Rom. Außerdem wäre ein möglicher Anknüpfungspunkt für die später hinzutretende, konkurrierende Zuständigkeit der Konsuln bei der *datio tutoris* gegeben.[748] Dennoch vermag die erstmals von Nörr aufgestellte Hypothese nicht vollends zu überzeugen. Man müsste dem Gesetzestext der *lex Atilia* zunächst mehrere Kapitel unterstellen. In den Quellen ist jedoch nichts über die Einteilung der *lex Atilia* in mehrere *capita* überliefert. Angesichts der Rarität der Anwendungsfälle (letztwillige Berufung eines Tutors als Standardinhalt eines Testaments, Subsidiarität der magistratischen Tutel) ist vielmehr zu vermuten, dass es sich bei der *lex Atilia* um ein sehr kurzes Gesetz mit nur wenigen Regelungsinhalten gehandelt habe und es ihr gerade deswegen an mehreren Kapiteln fehlte. Zudem sei daran erinnert, dass zur Zeit der Entstehung der *libri ad Sabinum* das ursprüngliche Verfahren nach der *lex Atilia* größtenteils an Bedeutung verloren hatte, wenn nicht sogar obsolet geworden war. Einige Indizien lassen deshalb darauf schließen, dass Ulpian an Einzelheiten des ersten Vormundschaftsgesetzes kein ausgeprägtes Interesse zeigte, was sich auch quantitativ im 38. bzw. 39. Buch seines Kommentars deutlich niederschlug. Im Ergebnis ist es daher eher fernliegend, dass fr. 173, 1 eine Kommentierung eines Kapitels der *lex Atilia* darstellt.
3. Obgleich eine unmittelbare Relation zwischen fr. 173, 1 und c. 29 *lex municipi* aus den genannten Gründen ausscheidet, sieht die dritte Interpretationsmöglichkeit den legislativen Ursprung von fr. 173, 1 in der *lex Iulia et Titia*. Sie ist nicht nur historisch, sondern auch methodisch einsichtig und wird durch die

746 Vgl. hierzu auch Nörr, ZSS 118 (2001), 42f.

747 Diese Möglichkeit nimmt Nörr an, vgl. ZSS 118 (2001), 39; 41; 43.

748 Vgl. Inst. 1, 20, 3; siehe Nörr, ZSS 118 (2001), 39 Fn. 205.

folgenden Argumente bekräftigt. Im Hinblick auf die in c. 29 S. 1 *lex municipi* als befremdlich empfundene bzw. ins Leere gehende Formel *sive unum sive plures collegas habebit, de omnium collegarum sententia* konnte der Bezug zur *lex Iulia et Titia* bereits erfolgreich hergestellt werden. Ein zentrales Leitmotiv der vorliegenden Untersuchung besteht darin, dass sich die *lex Iulia et Titia* in einem gesonderten Kapitel mit der ortsrechtlichen *datio tutoris* befasste. Folgt man auch hier dieser Auffassung, dann spricht fr. 173 in seiner Gesamtheit tatsächlich für eine Regelung, die sich mit derjenigen in c. 29 *lex municipi* inhaltlich deckt. Bezieht man darüber hinaus die überlieferte Urkunde aus Herkulaneum TH PP 4, 228 in die Überlegungen mit ein, die von einer *tutoris datio ex decurionum decreto* im Zusammenhang mit der *lex Iulia et Titia* als Rechtsquelle berichtet, liegt der Schluss umso näher, dass das ortsrechtliche Kapitel der *lex Iulia et Titia* zum einen ein Verfahren vorsah, welches in c. 29 S. 2 *lex municipi* Eingang gefunden, und dass sich zum anderen der spätklassische Jurist Ulpian in Ulp D. 50, 16, 173 thematisch damit auseinandergesetzt hat.[749]

Letztlich muss in Ansehung der Vielzahl an möglichen Erklärungsversuchen zugestanden werden, dass man von gesicherten Ergebnissen weit entfernt ist und die Überlegungen zu Ulp. D. 50, 16, 173 bei der Rekonstruktion der Vormundschaftsgesetze wohl weniger dienlich sind.

## III. Die Verfahrensschritte *postulare* und *nominare quem dari volet*

Nach der Erläuterung des Gesetzesanfangs und der bei der *datio tutoris* kompetenten Organe folgen nun die wichtigsten Verfahrensschritte auf dem Weg zum bestellenden Dekret.

Wie c. 29 *lex municipi* und c. 109 *lex Ursonensis* zeigen, bedurfte es zunächst stets eines Antrags *(postulare)* an den zuständigen Magistraten, in dem ihm eine bestimmte Person als Tutor vorgeschlagen wurde *(nominare)*. Von Amts wegen konnten die Behörden folglich gar nicht erst tätig werden.[750] Es ist aufgrund der römischen Gesetzgebungstechnik zu vermuten, dass die dem Antragsteller obliegenden Verfahrensschritte *postulare* und *nominare* sowie die entsprechenden Klauseln in den überlieferten normativen Texten nicht spontan formuliert wurden, sondern ihren Ursprung in den beiden Vormundschaftsgesetzen haben.[751] Dies gilt es anhand der entsprechenden Quellen nachzuweisen.

749 Soweit erkennbar, tendiert ebenso Nörr – wenn auch mit gewisser Vorsicht – zu dieser Argumentation sowie Interpretation, vgl. Nörr, ZSS 118 (2001), 43; 66.

750 Vgl. Schulz, CRL, 168.

751 So bereits Karlowa II, 289.

Im Hinblick auf die *lex Iulia et Titia* ist uns ein eindeutiger schriftlicher Beweis erhalten. Der Verfasser der *Scholia Sinaitica* entnahm dem Sabinus-Kommentar die für ihn offensichtlich auffällige Information, dass nach einem Kapitel der *lex Iulia et Titia* der *pupillus* für sich selbst einen Tutor erbitten konnte: *Alius Titiae legis titulus erat pupillum per semet ipsum tutorem petere* (Schol. Sin. 20, 54). Fraglich ist zunächst, warum der Scholiast an dieser Stelle nur auf die Regelung in der *lex Iulia et Titia* und nicht auf diejenige in der *lex Atilia* verweist. Gewiss könnte man versucht sein, ihm den Vorwurf der Unvollständigkeit oder ungenauen Arbeitsweise zu unterstellen. Viel wahrscheinlicher ist jedoch, dass der Scholiast nur das kommentierte bzw. überhaupt kommentieren konnte, was ihm durch den Ulpian-Text vorgegeben war. Auch hier ist daran zu erinnern, dass das althergebrachte Verfahren nach der *lex Atilia* in der spätklassischen Zeit wohl bedeutungslos geworden war und daher schon bei Ulpian kaum mehr Erwähnung fand. So ist es möglich, dass der Scholiast erst durch das Studium der *libri ad Sabinum* auf die alleinige Postulationsbefugnis des Mündels gemäß der immer noch geltenden *lex Iulia et Titia* aufmerksam wurde und er zur entsprechenden Regelung in der *lex Atilia* gar keine Aussage des Juristen finden konnte.[752] Auf die Frage, worin genau die Auffälligkeit dieser Information bestand, wird noch vertiefend einzugehen sein.

Als erstes wichtiges Ergebnis kann festgehalten werden, dass die *postulatio* sowie *nominatio* durch den *pupillus* auf die *lex Iulia et Titia* zurückgeht. Es stellt sich nun die naheliegende Frage, ob dieser Textteil aus der ältesten *lex Atilia* übernommen worden war. Diesbezüglich finden sich – wie eben gesehen – in Ulpians 38. bzw. 39. Buch *ad Sabinum* und demzufolge in den *Scholia Sinaitica* keine Hinweise. Aufschlussreich könnte dagegen der Kapitelanfang von c. 109 *lex Ursonensis* sein: *Cui pupillo pupill[aeue mulieriue col(onis) col(oniae) Gen(etiuae) Iul(iae) in His-]pania tutor no[n erit incertusue erit, si is pupil-]lus eaue (pupilla) mul[ierue at Iluir(um) adierit et pos-]tulabit uti sibi tu[torem det et nominabit quem tuto-]rem sibi dari u[olet, tum is Iluir a quo ita pos-]tulat[um erit ---]* Nach dem Recht der Kolonie Urso war es sowohl der Frau als auch dem Mündel gestattet, beim *duumvir* die Bestellung eines Vormunds zu beantragen und die von ihr bzw. ihm gewünschte Person zu benennen. Lässt man die *postulatio* durch die Frau einstweilen unbeachtet und vergleicht die Aussage des Scholiasten in 20, 54 mit c. 109 *lex Ursonensis*, wird erkennbar, dass die *lex Ursonensis* und die *lex Iulia et Titia* in der dem *pupillus* eingeräumten Postulationsbefugnis übereinstimmen. Nach der hier unterstellten Chronologie wurde das Stadtrecht

752 So auch Nörr, ZSS (118) 2001, 37.

von Urso (ca. 44 v.Chr.) zeitlich vor der *lex Iulia et Titia* (vermutlich 31 v.Chr.) erlassen, so dass die Klausel *et postulabit uti sibi tutorem det et nominabit quem tutorem sibi darem volet* nicht aus diesem Vormundschaftsgesetz abgeleitet werden kann. Da es mehr als fernliegend erscheint, dass c. 109 das Ergebnis einer quasi unüberlegten Gesetzesänderung ist, dürfte dieser Textteil daher unverfälscht aus der ältesten *lex Atilia* herrühren.[753] Es bedurfte hierzu auch keinerlei Umformulierungen der Vorlage, handelte es sich bei der *Colonia Genetiva Iulia* doch um eine *colonia civium Romanorum,* in der originär römisches Recht galt. Aus der *lex Atilia* wanderte der Textteil nicht nur in die *lex Ursonensis,* sondern auch in die für die Provinzen bzw. Italien geltende *lex Iulia et Titia* und gelangte schließlich in c. 29 *lex municipi.*[754] Obwohl eine direkte Ableitbarkeit von c. 29 aus der *lex Iulia et Titia* ausscheidet, ist dennoch von einer umfangreichen Übernahme von Textteilen und Gesetzesklauseln auszugehen, was bereits an einigen Stellen nachgewiesen werden konnte. Die von uns aufgestellte Hypothese, nach der die Römer bei der Abfassung neuer Gesetze auf großzügige Art und Weise Versatzstücke aus älteren normativen Texten (sog. Spolien) verwendeten, findet an diesem Beispiel also reiche Bestätigung.

In c. 29 *lex municipi* begegnet dem aufmerksamen Leser jedoch eine normative Änderung. Aus dem Gesetzestext ergibt sich erstmalig eine Zweiteilung des Verfahrens, die die tradierte Einheit zwischen *tutela mulierum* und *tutela impuberum* in weiten Teilen aufhebt: Geht es um die Bestellung des *tutor mulierum,* entscheiden die Duovirn *de omnium collegarum sententia* (S. 1), bei Fehlen oder Abwesenheit der Kollegen *ex decreto decurionum* (S. 2). Hierbei ist es stets die *mulier* selbst, die postuliert und nominiert. Der *tutor impuberum* wird hingegen in jedem Falle vom Duovir aufgrund eines Dekrets der Dekurionen bestellt (S. 2), allerdings wird er dabei nicht von *pupillus pupillave* selbst beantragt und nominiert, sondern durch einen Dritten. Dies wird in c. 29 S. 2 Alt. 1 *lex municipi* umschrieben mit den Worten *sive is eave, cuius nomine ita postulabitur.* In der Beseitigung der alleinigen Postulations- und Nominationsbefugnis des *impubes* liegt der wesentliche Unterschied zur *lex Iulia et Titia* (Arg. Schol. Sin. 20, 54), zur *lex Ursonensis* und höchstwahrscheinlich auch zur *lex Atilia* (Arg. c. 109 *lex*

753 Dies nimmt bereits Karlowa II, 289 an, allerdings bezieht er sich in seiner Begründung (fälschlicherweise) auf den Bericht bei Livius 39, 9, 7; anders Schulz, CRL, 168; ihm folgend Nörr, ZSS 118 (2001), 37.

754 So auch Nörr, ZSS 118 (2001), 37; anders Solazzi, in: idem, Scritti III, 130ff; allerdings ist ihm zuzugestehen, dass sein Beitrag „Studi sulla tutela“ erstmals im Jahre 1925 veröffentlicht wurde und damit aus der Zeit vor dem Fund und der Rekonstruktion von c. 109 *lex Ursonensis* stammt.

*Ursonensis*). Vor diesem Hintergrund drängt sich die Vermutung auf, dass der Grund für die Redaktion von c. 29 *lex municipi* sowohl in der Lockerung der *tutela mulierum* bestand, als auch darin, dem *pupillus* die Möglichkeit der alleinigen *postulatio* und *nominatio* zu nehmen.[755]

Zu dieser Erkenntnis gelangten bislang lediglich Nörr und im Wesentlichen Schulz[756]. Ihr Verdienst ist keineswegs zu schmälern, v.a. wenn man bedenkt, dass c. 29 *lex municipi* seit dem Erscheinen der Abhandlung von Gradenwitz „Die Stadtrechte von Urso, Salpensa und Malaca" vorwiegend unter dem einseitigen Aspekt von Interpolationenkritik und Textstufenforschung beleuchtet wurde. Die höchst sorgfältigen und äußerst gründlichen Analysen führten immerhin zu dem wichtigen Ergebnis der fehlenden unmittelbaren Ableitbarkeit der *lex municpi* aus der *lex Iulia et Titia*. Dennoch hat es sich – soweit ersichtlich – bislang niemand zur Aufgabe gemacht, der viel bedeutsameren Frage nach den sozialhistorischen Gründen der umfassenden legislativen Änderungen nachzugehen und zwar gerade im Hinblick auf die Beseitung der Postulations- und Nominationsbefugnis des Mündels. Dieses Versäumnis soll nun nachgeholt werden. Gewiss ist damit nicht verbunden, die alleinige historische Wahrheit zu beanspruchen. Vorrangiges Ziel ist die Suche nach einer plausiblen sowie nachvollziehbaren Lösung, zumal aufgrund der problematischen Quellenlage Sicherheit hier nicht mehr zu gewinnen sein wird.

Auszugehen ist dabei wiederum von Schol. Sin. 20, 54. Dem Scholiasten war aufgefallen, dass Ulpian einem Kapitel der *lex Iulia et Titia* die Regelung entnommen hatte, nach welcher der *pupillus* selbst den erforderlichen Tutor postulieren und nominieren konnte. Der „Klang" seiner Äußerung lässt bereits erkennen, dass diese Information für ihn ein gewisses Maß an Auffälligkeit besaß. Dies ist deshalb nicht verwunderlich, da die *Scholia Sinaitica* im 5. oder 6. Jahrhundert n.Chr. entstanden sind und zu dieser Zeit das Verfahren, bei dem ein Dritter im Rahmen der behördlichen Bestellung des *tutor impuberum* postulierte und nominierte, schon längst zur gängigen Rechtspraxis geworden war. Sie nahm ihren Ausgang anscheinend in c. 29 *lex municipi*, in der das althergebrachte Verfahren refomiert oder vielleicht sogar eine bereits seit Längerem bestehende Übung in Gesetzesform gegossen wurde. Fragt man nach dem Hintergrund der flavischen Interpolation, muss erneut daran erinnert werden, dass der Erlass der *lex municipi* in die Zeit zwischen der Herrschaft von Kaiser Claudius und Trajan fällt. Unter Ersterem wurde nicht nur die gesetzliche Agnatentutel über Frauen

755 Vgl. Nörr, ZSS 118 (2001), 16.

756 Vgl. nochmals Schulz, in: Arangio-Ruiz (ed.), Studi Solazzi, 454.

abgeschafft, sondern zugleich die konkurrierende Zuständigkeit der Konsuln im Bereich der *datio tutoris* eingeführt. Wie Inst. 1, 20, 3 anzudeuten versucht, ging mit der Übertragung der Tutorenernennung auf die Konsuln wohl auch die Einführung des behördlichen Zwangs zur Übernahme der Vormundschaft einher. Der Tutor wurde grundsätzlich gestions- und kautionspflichtig, daher bedurfte es der vorherigen *inquisitio* seiner Eignung durch die Konsuln und als Ausgleich hierfür entwickelte sich das Exkusationsrecht: *Sed ex his legibus pupillis tutores desierunt dari, posteaquam primo consules pupillis utriusque sexus tutores ex inquisitione dare coeperunt, deinde praetores ex constitutionibus. Nam supra scriptis legibus neque de cautione a tutoribus exigenda rem salvam pupillis fore neque de compellendis tutoribus ad tutelae administrationem quidquam cavetur.* Obwohl die weitreichenden Reformen des Claudius in c. 29 *lex municipi* normativ noch nicht gänzlich zum Ausdruck kamen, ist darin bereits der einsetzende Wandel im gesellschaftlichen Verständnis von der römischen *tutela* (zumindest in seinen Grundzügen) erkennbar: Lockerung der *tutela mulierum* auf der einen Seite, Verschärfung der *tutela impuberum* auf der anderen Seite. Beim Erlass der *lex Atilia* ging es dem Gesetzgeber vermutlich aus aktuellem politischem Anlass in erster Linie darum, der Frau und dem Unmündigen den erforderlichen Tutor zu verschaffen, den sie zur Vornahme bestimmter Rechtsgeschäfte bzw. Handlungen vor Gericht dringend benötigten.[757] Vielleicht um das Verfahren nicht unnötig zu verlängern oder gar zu verkomplizieren, war es deshalb der *mulier* und dem *pupillus* gleichermaßen gestattet, für sich selbst die Bestellung des Vormunds beim zuständigen Magistraten zu beantragen und die gewünschte Person zu benennen. In dieser Epoche wurde die *tutela* auch noch als nutzbares Recht des Vormunds, ja sogar als persönliches Ehrenamt aufgefasst. Allmählich begann sich das Wesen der Vormundschaft allerdings zu verändern und entwickelte sich fortschreitend erst von einem *honos* zu einem *munus privatum* und schließlich zu einem *munus publicum*.[758] Erste Anzeichen hierfür werden in den Reformen des Claudius und damit wiederum mittelbar in c. 29 *lex municipi* sichtbar. Obwohl für uns als Nachwelt die Gründe im Einzelnen nicht mehr erkennbar sind, kann die kaiserliche Gesetzgebungstätigkeit durchaus als Ausdruck geänderter gesellschaftlicher sowie sozialer Standards im Bereich von Familie und Freundschaft gewertet werden. Der Staat sah das Bedürfnis, in das bisher größtenteils von der Obrigkeit „verschonte" Vormundschaftsrecht regulierend einzugreifen. Demgegenüber erschien die sich im Schwinden befindliche Tutel über Frauen

757 Siehe nur Ulp. ep. XI, 24; 27; so auch Nörr, ZSS 118 (2001), 69.
758 Siehe Anm. 41.

weit weniger bedeutsam. Im Zuge dieser Entwicklung wurden den *tutores impuberum* vermehrt Pflichten sowie Aufgaben auferlegt, auf deren Einhaltung die Behörden zu achten hatten. Dazu gehörte schließlich auch die Pflicht zur Antragstellung bei der *datio tutoris.*[759] Als Anknüpfungspunkt hierfür eignete sich wohl eher die *postulatio* eines Dritten als die des Mündels, zumal die *pupilli* jetzt in erster Linie als Schutzbefohlene des Staates angesehen wurden. Mit anderen Worten: Ging es bei Erlass der *lex Atilia* vorrangig darum, ein effizientes Verfahren einzuführen, stand später zunehmend das Wohl der Mündel im Fokus. Gerade im Hinblick auf die Postulations- und Nominationsbefugnis bedeutete dies, dass man ein derart selbstständiges Handeln von ihnen nicht mehr erwarten konnte und vom eigenen Selbstverständnis her auch nicht mehr wollte.[760] Im Ergebnis dürften daher die normativen Weichen bereits in c. 29 *lex municipi* gestellt worden sein, indem den *pupilli pupillaeve* das alleinige Recht zur *postulatio* und *nominatio* aus fürsorgerischen Motiven genommen wurde.

Die Klausel *quem tutorem sibi dari volet,* welche die freie Wahl sowie Benennung der Person des Tutors betrifft *(nominatio),* bedarf hingegen nur einer knappen Erörterung. Sie begegnet uns zunächst in c. 109 *lex Ursonensis.* Da das Stadtrecht der *colonia Genetiva Iulia* ausschließlich für römische Bürger galt, ist davon auszugehen, dass auch dieser Textteil unverfälscht aus der *lex Atilia* rezipiert worden war.[761] Aus ihr wurde er in den Gesetzestext der *lex Iulia et Titia* übernommen und wanderte schließlich – wenn auch nicht auf direktem Wege – in c. 29 *lex municipi.* Bemerkenswert ist, dass die Klausel im Wortlaut von c. 29 S. 2, in dem es um die Bestellung des *tutor impuberum* bzw. des *tutor mulierum* bei Abwesenheit oder Nichtvorhandensein der Kollegen geht, gar nicht zu finden ist. Ihr Fehlen dürfte aber lediglich als Indiz für die bisweilen mangelnde Sorgfalt des *scriptor legis* im Rahmen der Umformulierung der Vorlange von c. 29 zu werten sein. Juristisch bedeutsame Konsequenzen haben sich hieraus wohl nicht ergeben, weil der Klausel allenfalls eine klarstellende bzw. verdeutlichende Funktion zukommt.[762]

---

759 Vgl. hierzu im Einzelnen Sachers, in: RE 7A/2, 1518f.

760 Dies findet auch noch in späteren Quellen Ausdruck, vgl. etwa Pomp. D. 26, 1, 2: *Non est exigendum a pupillo, ut sibi tutorem petat aut ut ad tutorem suum proficiscatur.*

761 So bereits Karlowa II, 289.

762 So auch Nörr, ZSS 118 (2001), 37.

## IV. Das den Tutor bestellende Dekret – *causa cognita* und *si ei videbitur*

Eingeleitet wurde das Verfahren der *datio tutoris* durch die dem Antragsteller (*pupillus, pupilla, mulier,* Dritter) obliegenden Verfahrensschritte *postulare* und *nominare quem dari volet.* Wie bereits festgestellt wurde, stehen sich im Hinblick auf die alleinige Postulationsbefugnis des Mündels die *lex Atilia, lex Ursonensis, lex Iulia et Titia* einerseits und die *lex municipi* andererseits gegenüber. Für die Zeit der Vormundschaftsgesetze ist demnach von einer *postulatio* bzw. *nominatio* durch die *pupilli* und *mulieres* gleichermaßen auszugehen.

Im Anschluss daran folgte die *causae cognitio* der zur Bestellung ermächtigten Behörde. Welcher Prüfungsumfang hierbei vorgesehen war, lässt sich für die historischen Anfänge der *datio tutoris* wegen der problematischen Quellenlage nur schwer ausmachen. Karlowa beispielsweise geht von einer Untersuchung sowohl des Bedürfnisses der Ernennung als auch der Tauglichkeit der benannten Person aus.[763] Zwar ließe das streng formalisierte Verfahren der *lex Atilia* an sich vermuten, dass sich die behördliche Prüfung nicht allein auf die sachlichen Voraussetzungen der *datio* (insbesondere das Fehlen oder die ungewisse Existenz eines *iustus tutor*), sondern auch auf die persönliche Befähigung des künftigen Vormunds erstreckte, jedoch wäre es falsch, dies gewissermaßen intuitiv zu unterstellen. Denn es gilt einerseits zu beachten, dass es zum Zeitpunkt des Erlasses der *lex Atilia* noch keine rechtlich erzwingbare Pflicht zur Führung der Tutel gab. Nach der hier vertretenen Auffassung trat die entscheidende Wende im Vormundschaftsrecht erst unter Kaiser Claudius ein, der im Rahmen seiner Reformbewegung erstmalig die grundsätzliche Gestions- und Satisdationspflicht des Tutors einführte.[764] Außerdem muss bedacht werden, dass selbst im entwickelten Recht weder die Anwesenheit des Vormunds bei seiner Ernennung[765] noch die offizielle Annahme des Amtes[766] gesetzlich normiert und damit für die magistratische Bestellung erforderlich waren. Folglich erübrigten sich zunächst ein ausgeklügeltes System bestehend aus Unfähigkeits- sowie Entschuldigungsgründen und deshalb wohl auch eine umfassende vorherige Untersuchung. Trotz des fehlenden magistratischen Zwangs in der *lex Atilia* ist es andererseits dennoch vorstellbar, dass der potenzielle Tutor angesichts der hohen Autorität der beteiligten Ämter infolge seiner Nomination unter so starken moralischen

763 Siehe Karlowa II, 289.

764 Dies ergibt eine entsprechende Deutung von Inst. 1, 20, 3.

765 Siehe zum klassischen Recht Gai., Ulp. D. 26, 5, 5; 6.

766 Siehe zur späteren Frauentutel CPL Nr. 203; 204.

Druck geriet, dem er sich *de facto* kaum mehr entziehen konnte.[767] Vor diesem Hintergrund wäre tatsächlich zu überlegen, ob Prätor und/oder Volkstribune einzelfallabhängig Nachforschungen zur generellen Eignung anstellten, um auf diese Weise ins Leere gehende Ernennungen zu vermeiden sowie Schäden von ihrem politischen Ansehen fernzuhalten.[768] Eine darüber hinausgehende allgemeine *inquisitio,* so wie sie für das spätere Verfahren (vgl. Inst. 1, 20, 3) vorgesehen war, ist mit dem der Frühzeit hingegen nur schwer vereinbar.

Nach der *causae cognitio,* die je nach Epoche unterschiedlich ausgestaltet war, wurde das den Tutor bestellende Dekret erlassen. Ein Blick in die überlieferten Texte zeigt, dass die Formel hierfür variierte: *sit tutor* (TH PP 4, 228); *tutorem dedit* (TH 88; CPL Nr. 200; 202 = FIRA III Nr. 25); *tutorem do* (FIRA III Nr. 24 = CPL Nr. 205 = P. Oxy. IV 720). Nach der *lex Atilia* entschied der Stadtprätor zusammen mit der Mehrheit der Volkstribune.[769] So käme etwa ein gemeinschaftliches Dekret oder eine Entscheidung des Prätors auf der Grundlage eines verbindlichen Beschlusses der Mehrheit der Volkstribune in Betracht.[770] Als sprachliche Formulierung für das Zusammenwirken von *praetor urbanus* und *tribuni plebis* würde sich im Gesetzestext daher entweder die Klausel *ex decreto tribunorum plebis maioris partis*[771] oder *de maioris partis tribunorum plebis sententia*[772] anbieten. Gemäß der *lex Iulia et Titia,* welche die Kompetenz zur *datio tutoris* dem Provinzstatthalter übertragen hatte, war demgegenüber keine Kollegialentscheidung vorgesehen. Vermutlich erließ der Statthalter das Dekret aus diesem Grunde stets *de consili sententia.*

Bereits im Zusammenhang mit der Analyse von c. 29 *lex municipi* wurde auf die auffällige Wendung *si ei videbitur* in S. 1 der Norm hingewiesen. Sie dürfte der Umschreibung des pflichtgemäßen Ermessens des Duumvir im Rahmen der *datio tutoris de omnium collegarum sententia* gedient haben. Aus der Kombination von Ulp. D. 50, 16, 173 pr. und c. 29 S. 1 ergab sich, dass der legislatorische Ursprung der Klausel *sive unum sive plures collegas habebit, de omnium collegarum sententia* im ortsrechtlichen Kapitel der *lex Iulia et Titia* zu suchen ist. So liegt es nahe, dass auch der Zusatz *si ei videbitur* aus der *lex Iulia et Titia* in den ersten Satz der flavischen Norm rezipiert wurde. Bei der Entscheidung *ex decreto decurionum* in c. 29 S. 2 kommt ein etwaiges Ermessen des zuständigen Magistraten

767 Vgl. hierzu Nörr, ZSS 118 (2001), 32.
768 Vgl. Guzmán Brito, Dos estudios, 212ff.
769 Vgl. nochmals Gai. inst. 1, 185; Ulp. ep. XI, 18; Inst. 1, 20 pr.
770 So auch Nörr, ZSS 118 (2001), 31.
771 So Nörr, ZSS 118 (2001), 66.
772 So Schulz, CRL, 169.

dagegen nicht in Betracht. Daher wird man die Klausel weder in der *lex Ursonensis* noch in der *lex Atilia* vermuten dürfen.[773]

## V. Zur Vorbehaltsklausel *quo ne a iusto tutore tutela abeat*

Das Verfahren der behördlichen Bestellung kam nur dann zur Anwendung, wenn es an einem anderen erforderlichen Tutor mangelte oder wenn dessen Existenz unsicher war. Vorrangig gegenüber dem *tutor decretalis* waren der *tutor testamentarius* sowie *tutor legitimus*, die wiederum die Gruppe der *iusti tutores*[774] bildeten. Der Grundsatz der Subsidiarität der magistratischen Tutel wurde deshalb gleich am Anfang der jeweiligen Norm mittels der Wendung *cui tutor non erit incertusve erit* festgeschrieben. Da sich diese Klausel sowohl in c. 109 *lex Ursonensis* als auch in c. 29 *lex municipi* findet, ist in Anbetracht der legislativen Technik der Römer davon auszugehen, dass die *lex Atilia* und ebenso die *lex Iulia et Titia* mit diesen Worten begannen. Wie eisern an diesem Dogma noch in (spät)klassischer Zeit festgehalten wurde, zeigen insbesondere die Urkunden aus Herkulaneum (TH PP 4, 228; TH 88) und Ägypten (CPL Nr. 200–205). Soweit sie vollständig erhalten oder durch Zusätze ergänzt überliefert sind, erlässt der jeweils zuständige Magistrat das den *tutor mulieris* bestellende Dekret stets unter dem Vorbehalt *quo ne ab iusto tutore tutela abeat.* Sogar in einer jüngeren Urkunde zur *datio tutoris* aus dem Jahr 245 n.Chr. (P. Oxy. XII 1466 = CPL Nr. 204) wurde die Klausel durch einen unbekannten Verfasser nachträglich in die griechische Übersetzung eingefügt – ein Umstand, der bereits Nörr aufgefallen war. Die sich aufdrängende Frage, ob diese Korrektur als juristische Notwendigkeit oder nur als Ausdruck eines gewissen Pedantismus zu werten sei, könne seiner Meinung nach aber nicht mehr mit Sicherheit beantwortet werden.[775] Dem ist jedoch zu entgegnen, dass der Vorbehaltsklausel nicht nur die Funktion zukam, den Grundsatz der Subsidiarität (mit geradezu auffälliger Beharrlichkeit) zu betonen, sondern aus ihr ergaben sich auch rein rechtliche Konsequenzen: In den Fällen, in denen ein *tutor testamentarius* oder *legitimus* eigentlich vorhanden war, verlor der *tutor decretalis* aufgrund dieser Tatsache nicht automatisch sein Amt. Vielmehr blieb das behördliche Dekret zunächst wirksam. Das war auch erforderlich, denn wäre die Ernennung nichtig, hätte sich niemand auf etwaige Rechtsgeschäfte mit einem magistratischen Vormund eingelassen. Es würde stets Unsicherheit darüber bestehen, ob nicht doch ein *iustus tutor* existiere, von

773 Vgl. hierzu auch Nörr, ZSS 118 (2001), 33.
774 Vgl. zum Begriff *iustus tutor* Kaser, RP I, 357 Fn. 41 mit weiteren Literaturangaben.
775 Vgl. Nörr, ZSS 118 (2001), 44.

dem der Magistrat bei der Einsetzung lediglich nichts wusste. Dies wiederum hätte sich negativ auf das Vermögen des in seiner Obhut stehenden Mündels ausgewirkt, was es in jedem Falle zu verhindern galt. Andererseits sollte aber auch dem *iustus tutor* durch die behördliche Bestellung die *tutela testamentaria/legitima* nicht entzogen werden. Daher erhielt der *tutor decretalis* in solchen Konstellationen die rechtliche Stellung eines *tutor adiunctus.* Fiel die Unsicherheit bezüglich der Existenz eines rechtmäßigen Tutors zu einem späteren Zeitpunkt weg, entließ der Magistrat die von ihm ernannte Person wieder aus dem Amt. Durch die Aufnahme der Vorbehaltsklausel in das Dekret sollte also in erster Linie der gesetzliche Vorrang der *iusti tutores* gesichert werden.[776]

Abgesehen davon geben die Urkunden aus Ägypten Aufschluss darüber, dass trotz Abschaffung der gesetzlichen Agnatentutel über Frauen durch die *lex Claudia* und der damit einhergehenden schwindenden Bedeutung der *tutela mulierum* die Verwendung der Vorbehaltsklausel weiterhin in lebendiger Funktion stand. Die praktische Folge war, dass sie jetzt neu interpretiert werden musste, blieben als *iusti tutores* nunmehr der *tutor testamentarius* und der *tutor patronus* als *tutor fiduciarius.*[777]

Man könnte angesichts der überlieferten Urkunden zur *datio tutoris mulieris* versucht sein, anzunehmen, dass es sich bei der Klausel *quo ne ab iusto tutore tutela abeat* um eine spezifische Erscheinung der Frauentutel gehandelt habe. Etwas anderes ergibt sich aus c. 29 *lex municipi,* in welchem sich dieselbe Klausel findet. Zwar fehlt sie in der ersten Alternative der Norm, die ausschließlich das vereinfachte Verfahren *de omnium collegarum sententia* im Rahmen der *tutela mulierum* regelt. Dagegen erscheint sie sowohl in S. 2, in dem es um die Bestellung des *tutor impuberum* und des *tutor mulierum* bei Nichtvorhandensein oder Abwesenheit der Kollegen geht, als auch in S. 3, der die Rechtsstellung des *tutor municipalis* festlegt. Letzteres zeigt nicht nur, dass die Vorbehaltsklausel kein Charakteristikum der Vormundschaft über Frauen darstellt, sondern auch, dass ihr Fehlen in S. 1 juristisch ohne Bedeutung ist. Vermutlich hat sie der *scriptor legis* im Zusammenhang mit der Umformulierung seiner Vorlage vergessen.[778]

Schließlich sei auf die Tatsache verwiesen, dass sich die überlieferten Protokolle allesamt auf die *lex Iulia et Titia* (ergänzt durch ein späteres *senatus consultum*) als Rechtsgrundlage beziehen. Dies deutet zunächst auf den Ursprung der Vorbehaltsklausel in der *lex Iulia et Titia* hin. Vor dem Hintergrund römischer

---

776 Vgl. hierzu Schulz, CRL, 169; ebenso Schulz, in: Arangio-Ruiz (ed.), Studi Solazzi, 458.

777 Siehe Ulp. ep. XI, 5; 8.

778 Vgl. hierzu auch Nörr, ZSS 118 (2001), 44.

Gesetzgebungstechnik erscheint es jedoch auch an dieser Stelle naheliegender, die Klausel *quo ne a iusto tutore tutela abeat* bereits im Wortlaut der *lex Atilia* zu vermuten.[779]

## VI. Zur doppelten Fiktion in c. 29 S. 3 *lex municipi*

Im dritten Satz von c. 29 *lex municipi* wird schließlich die rechtliche Position des vom Duumvir ernannten Tutors – sei es *de omnium collegarum sententia* oder *ex decreto decurionum* – schriftlich fixiert: *Qui tutor hac lege datus erit, is ei, cui datus erit, quo ne a iusto tutore tutela abeat, tam iustus tutor esto, quam si is civis Romanus et adgnatus proximus civi Romano tutor esset.* Danach soll der ordnungsgemäß bestellte Tutor die Stellung eines *tutor civis Romanus et adgnatus proximus* über einen *civis Romanus* erhalten.

Bei der Frage nach dem juristischen Konzept dieser Beschreibung würden sich die Stilmittel der Fiktion, Analogie und ebenso die Verweisung anbieten. Letztere scheiden wohl bereits in Ansehung des Wortlauts von c. 29 S. 3 aus. Um zu gesicherten Erkenntnissen zu gelangen, bedürfte es einer differenzierten Ausarbeitung bestehender Unterschiede zwischen den aufgezählten legislativen Instrumenten. Von einer umfassenden Untersuchung darf an dieser Stelle allerdings abgesehen werden, zumal sich für unsere Zwecke nichts Bedeutsames ergeben würde und sie eher für die Geschichte der Rechtsmethodik von Interesse wäre. Es sei lediglich daran erinnert, dass uns das literarische Spiel mit der Fiktion gerade im Bereich des Vormundschaftsrechts häufig begegnet und damit in gewisser Weise als Teil der römischen Rechtstradition gesehen werden kann – man denke nur an den Bericht des Livius zur Aufdeckung des Bacchanalien-Kults. Der Einfachheit halber, in gleicher Weise aber unter ganz bewusster Berücksichtigung des römischen Traditionalismus wird daher in c. 29 S. 3 von einer gesetzlichen Fiktion ausgegangen. Im Ergebnis bewirkt dieses Konzept auch die in c. 29 S. 3 beabsichtigte Anwendung des römischen Vormundschaftsrechts.[780] Bei genauerer Betrachtung des Wortlauts wird deutlich, dass der *scriptor legis* hier eine doppelte Fiktion verwendet: Der aufgrund dieses Gesetzes rechtmäßig bestellte *tutor municipalis* wird einerseits einem *tutor adgnatus proximus,* andererseits einem *tutor civis Romanus* über einen *civis Romanus* gleichgestellt. Die erste Fiktion bezieht sich also auf die Rechtsstellung des Tutors, die zweite betrifft das Verhältnis des latinischen zum römischen Recht.[781] Aufgrund der unterschiedlichen

779 So auch Watson, The Law of Persons, 125; ihm folgend Nörr, ZSS 118 (2001), 45.
780 Ähnlich hierzu auch Nörr, ZSS 118 (2001), 46f.
781 Vgl. Nörr, ZSS 118 (2001), 47.

Rechtsfolgen, die sich hieraus ergeben, werden die Inhalte beider Regelungen im Folgenden getrennt dargestellt.

### 1. *Fictio tutoris*

Obwohl eine unmittelbare Ableitbarkeit von c. 29 *lex municipi* aus der für die Provinzen und Italien geltenden *lex Iulia et Titia* ausscheidet, konnten bereits einige Belege gefunden werden, die für eine umfangreiche Übernahme von Textfragmenten aus dem Vormundschaftsgesetz sprechen. Angesichts der bekannten Technik römischer Gesetzgebung drängte sich die Hypothese auf, dass sich die Verfasser bei der Formulierung der *lex Iulia et Titia* wiederum an Text und Wortlaut der ältesten *lex Atilia* orientierten. Auch dies hat sich im Rahmen der vorliegenden Untersuchung schon an einigen Klauseln erwiesen. Vor diesem Hintergrund liegt daher die Vermutung nahe, dass die gesetzliche Fiktion zur Gleichstellung des *tutor municipalis* mit dem *tutor legitimus* in c. 29 S. 3 Alt. 1 ihren Ursprung in der *lex Atilia* hat.

Zu diesem Schluss gelangen – trotz unterschiedlicher Begründungswege – sowohl Schulz als auch, ihm im Ergebnis folgend, Nörr.

Schulz geht bei seiner Argumentation im Wesentlichen von den überlieferten Urkunden zur *datio tutoris mulieris* in Ägypten aus. Hierbei bezieht er sich speziell auf eine Urkunde aus den Jahren 126–132 n.Chr. (CPL Nr. 200). Sie enthält ein Dekret des ägyptischen Statthalters T. Flavius Titianus, der einer Römerin namens Herennia Antonia aufgrund der *postulatio* und *nominatio* eines gewissen Publius Diodorus den M. Numisius Longus zum Vormund gibt. Bemerkenswert ist, dass der nach diesem Dekret bestellte Tutor ausdrücklich als *tutor legitimus* bezeichnet wird (Außentext nach CPL Nr. 200):

> *T. Flavius Titianus praef(ectus) Aeg(ypti) postulante Publio Diodoro quo ne ab iusto tutore t[u]tela abeat e leg(e) Iulia Titia et ex s(enatus) c(onsulto) Erennia Antonia fil(iae) Luci Erenni Valentis M. Numisium Longum legitimum tutorem dedit.*

Laut Schulz stelle der Textteil *M. Numisium Longum legitimum tutorem dedit* lediglich eine verkürzte Version der Klausel *tam iustus tutor esto, quam si adgnatus proximus tutor esset* dar, die inhaltlich dieselbe Aussage treffen will, da der *adgnatus proximus* nunmal *tutor legitimus* sei. Die ägyptische Urkunde zeige, dass die Klausel *Qui tutor hac lege datus erit, is ei, cui datus erit, quo ne ab iusto tutore tutela abeat, tam iustus tutor esto, quam si ei adgnatus proximus tutor esset* letztlich auf die *lex Atilia* zurückgehe. Aus ihr sei sie unverändert in die *lex Ursonensis* übernommen worden und schließlich in c. 29 S. 3 *lex municipi* gelangt. Die normative Änderung durch Hinzufügen der *fictio civitatis* sei notwendig gewesen, weil es sich bei Salpensa bzw. Irni nicht um *coloniae civium Romanorum*, sondern um latinische *municipia* gehandelt habe und ihre Stadtrechte daher – anders als die *lex Ursonensis* – nicht für römische Bürger galten.[782] Es stelle sich nun aber die Frage, warum die *lex Atilia* gerade eine Gleichstellung des *tutor Atilianus* mit dem *tutor legitimus* vorgesehen habe. Als weniger umständlich würde sich doch die Wendung *tam iustus tutor esto* anbieten, zumal der *tutor testamentarius* und der *tutor legitimus* zusammen die Gattung des *iustus tutor* bilden. Dies liege nach der Ansicht von Schulz darin begründet, dass zum Zeitpunkt des Erlasses der *lex Atilia* der *tutor testamentarius* im Unterschied zum *tutor legitimus* noch das *ius se abdicandi* besaß. Dieses Recht sollte dem magistratisch bestellten Tutor nach dem Willen des *scriptor legis* nicht eingeräumt werden. Folglich, so Schulz, wurde dem *tutor Atilianus* ausdrücklich die rechtliche Stellung des *tutor legitimus* zugewiesen, dem das Abdikationsrecht in dieser Epoche nicht zustand. Innerhalb der Gruppe der *iusti tutores* musste zu diesem Zweck also begrifflich exakt zwischen dem *tutor legitimus* und dem *tutor testamentarius* abgegrenzt werden.[783]

Watson lehnt diese Theorie als nicht überzeugend ab. Schulz selbst sei es, der betont, dass die rechtliche Stellung von *tutor decretalis* und *tutor legitimus* nicht identisch sei: Dem *tutor legitimus* stehe zwar nicht das *ius se abdicandi* zu, jedoch könne er auch nicht zur Führung der vormundschaftlichen Geschäfte gezwungen werden; für den nach der *lex Atilia* bestellten Tutor ergebe sich hingegen von Beginn an eine mit magistratischen Mitteln erzwingbare Pflicht zur Gestion.[784] Daraus zieht Watson folgenden Schluss: Wenn der Gesetzgeber es einerseits hätte vermeiden wollen, dass dem *tutor decretalis* das Abdikationsrecht des *tutor testamentarius* zustehe, hätte er andererseits auch die Möglichkeit ausschließen wollen, dass ihm das Recht des *tutor legitimus* zur Nichterfüllung der vormundschaftlichen Aufgaben zukomme. So würde die Formulierung im dritten Satz von c. 29 *lex municipi,* die eine Gleichstellung des *tutor municipalis* mit dem *tutor legitimus* vorsieht, einen Zustand der Rechtsunsicherheit provozieren, den der *scriptor legis* sicherlich in jedem Falle hätte verhindern wollen. Vor diesem Hintergrund erscheine die Theorie von Schulz unhaltbar, so dass nach einer anderen Interpretation gesucht werden müsse.[785] Im Anschluss verweist Watson daher auf eine Klausel, die sich häufig in Militärdiplomen aus der Kaiserzeit an römische Veteranen findet: Bei Entlassung aus dem Militärdienst wurde den Soldaten neben dem *conubium* mit einer peregrinen Frau auch die Befugnis zum

782 Vgl. Schulz, in: Arangio-Ruiz (ed.), Studi Solazzi, 457f.
783 Vgl. Schulz, in: Arangio-Ruiz (ed.), Studi Solazzi, 458; ebenso Schulz, CRL, 169.
784 Vgl. Schulz, CRL, 169.
785 Vgl. Watson, The Law of Persons, 126.

*liberos tollere, ac si ex duobus civibus Romanis natos* erteilt.[786] Watson vertritt die Ansicht, dass die Klausel *proinde liberos tollant, ac si ex duobus civibus Romanis natos* juristisch bedeutungslos sei, da bereits die Verleihung des *ius conubii* automatisch zur Folge gehabt habe, dass die während einer solchen Ehe rechtmäßig geborenen Kinder *(iustum matrimonium)* unter die *patria potestas* ihres römischen Vaters gelangen. Darüber hinaus enthalte sie sogar eine *suggestio falsi*, denn sie erwecke den Eindruck, als würde das eheliche Kind nur dann unter die *patria potestas* fallen, wenn beide Eltern römische Bürger sind. Es genüge aber, wenn nur der Vater *civis Romanus* sei und mit der peregrinen Mutter das *conubium* gemeinsam habe. So vermutet er, der Sinn und Zweck dieser Klausel hätte allein darin bestanden, die für gewöhnlich ungebildeteten Veteranen über die Rechtsfolgen der *conubium*-Verleihung zu unterrichten. Eine vergleichbare Erklärung ließe sich, so Watson, auch für die Gleichstellung des *tutor municipalis* mit dem *tutor adgnatus* in c. 29 S. 3 finden: Dem *scriptor legis* ging es bei der Neuredaktion seiner Vorlage weder darum, hinsichtlich der rechtlichen Stellung zwischen dem *tutor legitimus* und dem *tutor testamentarius* zu unterscheiden, noch wollte er dem magistratisch bestellten Vormund dieselben Rechte wie dem gesetzlichen zukommen lassen. Sein vorrangiges Bestreben bestand darin, gegenüber den Einwohnern des latinischen *municipium*, die ja keine *cives Romani* waren, die Bedeutung und Rechtmäßigkeit der *datio tutoris* hervorzuheben und so stellte er den *tutor municipalis* dem agnatischen Tutor – den er um der Einfachheit und der Klarheit Willen als *tutor legitimus* bezeichnete – gleich. Folglich könne man aus der Formulierung in c. 29 S. 3 *lex municipi* keine Rückschlüsse auf eine derartige Klausel in der *lex Atilia* ziehen.[787]

Dem Interpretationsvorschlag von Watson ist jedoch zu entgegnen, dass er zum einen ohne jegliche Notwendigkeit von technischen Schwächen des Gesetzgebers ausgeht.[788] Zum anderen übersieht er die Tatsache, dass die Gleichstellung des *tutor municipalis* mit dem *adgnatus proximus* in c. 29 S. 3 dem Wortlaut nach ebenso für den *tutor mulieris* galt, obwohl zum Zeitpunkt des Erlasses der *lex municipi* der *adgnatus proximus* gar nicht mehr gesetzlicher Frauenvormund sein konnte, war doch bereits zuvor durch die *lex Claudia* die Agnatentutel über

786 Siehe Roxan/Eck, ZPE 96 (1993), 75ff; die Literatur hierzu ist reichhaltig, vgl. etwa Kaser, RP I, 346; Phang, The Marriage of Roman Soldiers, 313ff; Campbell, The Emperor and the Roman Army, 440ff; Watson, The Law of Persons, 78ff; Volterra, in: Niedermeyer/Flume (Hrsg.), Festschrift Schulz I, 388ff; Volterra, IURA 3 (1952), 216f.

787 Vgl. Watson, The Law of Persons, 126f.

788 So auch Nörr, ZSS 118 (2001), 49 Fn. 252.

Frauen abgeschafft worden.[789] Dies wiederum spricht für die Vermutung, dass der *scriptor legis* bei der Abfassung von c. 29 S. 3 eine Vorlage aus der Zeit vor der *lex Claudia* verwendet hatte.[790] Andernfalls wären die Adressaten der Norm gezwungen gewesen, umfassende Studien zur teilweise obsoleten Frauentutel anzustellen und von der Anwendung des dritten Satzes in diesem speziellen Fall dann abzusehen. Die Antwort auf die Frage nach der Rechtsstellung des *tutor mulieris* hätte sich letztlich aus der Regelung in c. 93 *lex municipi* ergeben, die eine Verweisung auf das grundsätzlich subsidiär geltende *ius civile* enthielt. Derartige juristische Spitzfindigkeiten erscheinen für die munizipale Rechtspraxis jedoch nur schwer vorstellbar.[791] Im Ergebnis muss daher die Ansicht von Watson abgelehnt werden.

Demgegenüber hält Nörr auch die Begründung von Schulz für nicht ganz überzeugend.[792] Man müsse beachten, dass die entscheidende Wende im römischen Vormundschaftsrecht vermutlich unter Kaiser Claudius eingetreten sei. Der Bericht in Inst. 1, 20, 3 scheint andeuten zu wollen, dass die rechtlich erzwingbare Pflicht zur Führung der *tutela* erst im Rahmen seiner Reformbewegung eingeführt worden sei: Der *tutor* wurde grundsätzlich satisdations- und gestionspflichtig gemacht, als Ausgleich versuchten sich die Vormünder durch Berufung auf Entschuldigungs- oder Unfähigkeitsgründe von den ihnen auferlegten Pflichten zu befreien.[793] Zwangsmittel gegen einen unwilligen Tutor sind in den Quellen also erstmalig für die Epoche des Claudius bezeugt. Zwar mag es angesichts der schwierigen Quellenlage gewagt erscheinen, tatsächliche Entstehung und schriftliche Bezeugung zeitlich miteinander gleichzusetzen. Dennoch dürfte der Mangel an juristischen oder literarischen Quellen im Hinblick auf die Zeit des Erlasses der *lex Atilia* als Indiz für die fehlende Existenz, aber auch für das fehlende Bedürfnis nach behördlichen Zwangsmitteln gewertet werden.[794] Dies lasse den vorsichtigen Schluss zu, dass für den *tutor Atilianus* ursprünglich kein Zwang zur Gestion vorgesehen war. Weiterhin verweist Nörr auf die Tatsache, dass die fehlende Normierung der Pflicht zur *gestio* in der *lex Atilia* – soweit ersichtlich – zwar der einhelligen Meinung in der einschlägigen Sekundärliteratur entspreche, dennoch werde gewissermaßen intuitiv von einem solchen Zwang ausgegangen.[795]

789 Siehe nochmals Gai. inst. 1, 157; 171; Ulp. ep. XI, 8.
790 Vgl. Schulz, in: Arangio-Ruiz (ed.), Studi Solazzi, 459.
791 Vgl. Nörr, ZSS 118 (2001), 46.
792 Siehe Nörr, ZSS 118 (2001), 49 Fn. 252.
793 Vgl. Nörr, ZSS 118 (2001), 32.
794 So Nörr, ZSS 118 (2001), 53f.
795 Vgl. Nörr, ZSS 188 (2001), 54.

Dabei werde allerdings übersehen, dass sich gerade aus dem Gesetzeszweck und dem eindrucksvollen Verfahren der *lex Atilia* das Fehlen des Gestionszwangs in nachvollziehbarer Weise erklären ließe: In erster Linie sei es darum gegangen, den *pupilli, pupillae, mulieres* den für gewisse Rechtsgeschäfte und Prozesshandlungen erforderlichen Tutor zu verschaffen. Vor diesem Hintergrund dürften die Antragsteller *(pupillus, pupilla, mulier)* kein Interesse daran gehabt haben, eine überraschte oder gar unwillige Person für die *datio tutoris* zu postulieren und nominieren. Darüber hinaus sei das Erfordernis der Bestellung durch den Stadtprätor und der Mehrheit der Volkstribunen, deren Amtsinhaber höchstes politisches sowie gesellschaftliches Ansehen genossen, geeignet gewesen, die beteiligten Personen von unsinnigen bzw. ins Leere gehenden Anträgen und Nominierungen abzuhalten. Folglich sei das Verfahren nach der *lex Atilia* von Beginn an darauf ausgelegt gewesen, einen willigen Tutor zu finden. Das Bild vom untätigen Vormund, das sich in der Rechtssetzungstätigkeit der Kaiserzeit widerspiegelt, dürfe also nicht aufgrund von „common sense-Überlegungen" geradezu unreflektiert auf die Entstehungszeit der Vormundschaftsgesetze zurückdatiert werden.[796] Über die Frage, welche ideologischen oder rein praktischen Motive den Gesetzgeber der *lex Atilia* dazu bewegten, den *tutor decretalis* gerade dem *tutor legitimus* mittels einer Fiktion gleichzustellen, ließe sich allenfalls spekulieren.[797]

Nörr ist diesbezüglich zuzustimmen. Nach der Theorie von Schulz stellte die verkürzte Formulierung *tam iustus tutor esto* für den *scriptor legis* der *lex Atilia* kein brauchbares Instrument dar, da zu dieser Zeit der *tutor testamentarius* noch das *ius se abdicandi* besaß. In dem Bestreben, dieses Recht dem vom Magistraten bestellten Vormund nicht einräumen zu wollen, wies er dem *tutor Atilianus* ausdrücklich die rechtliche Stellung des *tutor legitimus* zu, welchem die *abdicatio* ebenfalls nicht zustand.[798] Obwohl durchaus einige Argumente für die These von Schulz sprechen, impliziert das Postulat des fehlenden Abdikationsrechts einen indirekten Zwang des *tutor Atilianus* zur Gestion, den man für die Entstehungszeit der Vormundschaftsgesetze angesichts der Quellenlage und dem Verfahren nach der *lex Atilia* nicht unterstellen darf: Ein Vormund, dem die Möglichkeit zur Abtretung des Amts abgesprochen wird, sieht sich letztlich dem Zwang zur Führung der vormundschaftlichen Geschäfte ausgesetzt.[799] Wie bereits mehrfach angedeutet, neigte der römische Gesetzgeber zu mehr oder weniger spontanen

796 Vgl. Nörr, ZSS 118 (2001), 57.

797 So Nörr, ZSS 118 (2001), 53.

798 Siehe nochmals Schulz, in: Arangio-Ruiz (ed.), Studi Solazzi, 458; Schulz, CRL, 169.

799 Bedauernswerter Weise fehlt es bei Nörr an dieser entscheidenden Aussage, so dass sich dem Leser die von ihm aufgestellte These nur sehr schwer erschließt.

Reaktionen auf heute oft nicht mehr nachvollziehbare Ereignisse. So verwundert es nicht, wenn für uns als Nachwelt die Gründe des *scriptor legis* im Hinblick auf die Gleichstellung des atilianischen mit dem gesetzlichen Tutor im Verborgenen bleiben werden. Jedenfalls wären wohl gewisse Unsicherheiten im Rahmen der Rechtsanwendung die Folge gewesen, wenn der *scriptor legis* allein die Fiktion des *iustus tutor* benutzt hätte.[800] Es sei nur an einige ausgewählte Beispiele erinnert, anhand derer bestehende Unterschiede zwischen den verschiedenen Arten der *tutela* besonders deutlich werden: Bei einer Mehrheit von Tutoren war grundsätzlich die *auctoritas*-Erteilung aller erforderlich; dies galt allerdings nicht für die letztwillig bestellten Vormünder, hier genügte die Genehmigung eines von ihnen.[801] Ebenso fand die *remotio suspecti tutoris* in ihrer ältesten Erscheinungsform ausschließlich bei der *tutela testamentaria* Anwendung, während gegen den *tutor legitimus* nur die *actio rationibus distrahendis* gerichtet werden konnte.[802] Gleiches gilt nicht zuletzt für das ursprünglich allein dem *tutor testamentarius* zustehende *ius se abdicandi*.

Zugegebenermaßen basieren alle aufgezeigten Erklärungsversuche auf unserem heutigen Rechtsverständnis, das von einem übergreifenden Systemdenken geprägt ist. So liegt auch bei der Betrachtung des römischen Rechts unsere Aufmerksamkeit in besonders hohem Maße auf der scharfsinnigen Analyse dogmatischer Konstruktionen, in die wir bisweilen nur allzu gerne juristische Konzepte wie Analogie, Fiktion und Verweisung hineinlesen (wollen?). Nicht gänzlich auszuschließen ist jedoch, dass derartige Systembildungen den Römern gerade bei der Promulgation neuer Gesetze größtenteils fremd waren. Vielleicht bot die gesetzliche Fiktion des *tutor adgnatus proximus* dem *scriptor legis* ganz einfach nur eine willkommene Möglichkeit der Formulierung und zugleich ein probates Mittel, um das neue, revolutionäre Rechtsinstitut in die ehrwürdige Tradition der römischen *tutela* einzugliedern.

Trotz aller Schwierigkeiten bleibt immerhin festzuhalten, dass – zusammen mit Schulz und Nörr – eine gesetzliche Fiktion in der *lex Atilia* angenommen werden kann, die eine rechtliche Gleichsetzung des *tutor Atilianus* mit dem *tutor legitimus* vorgesehen hat. Sie dürfte entsprechend c. 29 S. 3 *lex municipi* in etwa so formuliert gewesen sein: *Qui tutor hac lege datus erit, is ei, cui datus erit, quo*

800 Dies nimmt auch Nörr an, vgl. ZSS 118 (2001), 53.

801 Vgl. Ulp. ep. XI, 26.

802 Siehe zu den Rechtsschutzmöglichkeiten im alten Recht nochmals S. 72ff.

*ne a iusto tutore tutela abeat, tam iustus tutor esto, quam si adgnatus proximus pupillo pupillae mulierive tutor esset.*[803]

## 2. *Fictio civitatis*

Die gesetzliche Gleichstellung des magistratisch bestellten Tutors mit dem *tutor adgnatus proximus* geht höchstwahrscheinlich auf die *lex Atilia* zurück. Da sie jedoch nur das behördliche Verfahren der *datio tutoris* für die *urbs Roma* vorsah, erscheint es fernliegend, in ihr den legislatorischen Ursprung der *fictio civitatis* zu suchen. Bleibt letztlich zu klären, ob die Doppelfiktion, wie sie sich in c. 29 S. 3 *lex municipi* findet, aus der *lex Iulia et Titia* rezipiert worden war. Zwar muss an dieser Stelle erneut daran erinnert werden, dass einerseits eine unmittelbare Ableitbarkeit von c. 29 *lex municipi* aus der *lex Iulia et Titia* nicht in Betracht kommt, dies schloss andererseits – wie sich bereits an einigen Klauseln erwiesen hat – eine großzügige Übernahme von Textfragmenten nicht aus. Deshalb liegt die Hypothese nahe, die Fiktion der römischen Zivität dem zweiten Vormundschaftsgesetz zuzuweisen.

Voraussetzung hierfür wäre zunächst, dass sich der Geltungsbereich der *lex Iulia et Titia* neben den *cives Romani* auch auf *Latini* erstreckte. Im Rahmen der vorherigen Untersuchungen konnten einige Belege gefunden werden, die dafür sprechen, dass die Norm ein eigenes Kapitel enthielt, welches die ortsrechtliche *datio tutoris* in den *coloniae* und *municipia* regelte. Zudem ließ insbesondere die detaillierte Analyse von Schol. Sin. 17, 45 und Schol. Sin. 20, 54 den Schluss zu, dass sich die *lex Iulia et Titia* in einem weiteren (gesonderten) Kapitel mit Gemeinden latinischen Rechts befasste. Bestätigt wird diese Auffassung durch einen bekannten Ulpian-Text D. 26, 5, 1, 2, auf den zuvor im Zusammenhang mit der Frage nach dem Kompetenzbereich der Munizipalmagistrate verwiesen und der als kommentierende Bemerkung des Juristen zu den Regelungsinhalten der *lex Iulia et Titia* in seinem 39. Buch *ad Sabinum* identifiziert wurde: *Quod autem permittitur tutorem dare provinciae praesidi, eis tantum permittitur, qui sunt eiusdem provinciae vel ibidem domicilium habent.* In dem vorliegenden Kontext erhält die Aussage Ulpians eine darüber hinausgehende Bedeutung: Im Amtsbereich des Provinzstatthalters kommen nicht nur in der passiven Rolle als schutzbedürftige Mündel und Frauen, sondern auch als Tutoren grundsätzlich Latiner in Betracht.[804]

---

803 Vgl. auch die Rekonstruktion von Schulz, in: Arangio-Ruiz (ed.), Studi Solazzi, 457; in weiten Teilen ähnlich Nörr, ZSS 118 (2001), 66.

804 So auch Nörr, ZSS 118 (2001), 59.

Zum Zeitpunkt des Erlasses des Vormundschaftsgesetzes bildeten die *Latini coloniarii* die rechtlich vorherrschende Gruppe aller Latiner.[805] Folglich dürfte auch der *scriptor legis* bei der Abfassung der *lex Iulia et Titia* in erster Linie den *Latinus coloniarius* im Blick gehabt haben. Es stellt sich daher die Frage, warum der Gesetzgeber die Fiktion der römischen Zivität bevorzugte, wäre es doch naheliegender gewesen, mit der Fiktion der Latinität zu arbeiten. Daraus hätten sich aber praktische Schwierigkeiten ergeben, die im Folgenden skizziert werden sollen:

Zum einen muss beachtet werden, dass es verschiedene Arten von Latinern gab, die rechtlich jeweils unterschiedlich behandelt wurden. Neben den *Latini coloniarii* sind gerade in den westlichen Provinzen des Reiches *Latini* bezeugt, deren Territorien zwar nicht als *coloniae* oder *municipia* galten, aber in gewisser Weise als *civitates* anerkannt waren. Des Weiteren ist neben den „städtischen" *Latini* an diejenigen zu denken, die in ländlichen Gebieten lebten und in der jeweiligen Provinz damit immerhin domiliziert waren.[806] Schließlich trat im Zuge der *lex Iunia de manumissionibus* die Gattung der gleichnamigen *Latini Iuniani* in Erscheinung, für die wiederum besondere Regelungen galten.[807] Zum anderen ist zu bedenken, dass man für die in Frage stehende Zeit im Hinblick auf die unterschiedlichen Gruppen von Latinern nicht von einem einheitlichen *ius Latii* ausgehen darf. Der jeweilige Status eines Latiners in der Epoche der *lex Iulia et Titia* bestimmte sich allein durch seine Zugehörigkeit zu einer bestimmten *colonia,* deren Bürger ein eigenes Stadtrecht besaßen und entweder *cives Romani* oder *Latini* sein konnten.[808] Dieser Eigenart eines fehlenden einheitlichen *ius Latii* würde im Ergebnis das Fehlen einer latinischen Tutel entsprechen. Und tatsächlich finden sich in den Quellen – abgesehen von c. 29 *lex municipi* und der Vermutung eines gesonderten Kapitels in der *lex Iulia et Titia* – keine Anhaltspunkte, die darauf schließen lassen könnten, dass es eine spezifische Tutel latinischen Rechts gab. Vielmehr drängen sich gerade im Vormundschaftsrecht – insbesondere in Anbetracht von c. 29 S. 3 – weitestgehende inhaltliche Parallelen zum römischen *ius civile* auf.

Die wenigen Ausführungen lassen immerhin Bedingungen erfassen, die die Verwendung der doppelten Fiktion in c. 29 S. 3 *lex municipi* verständlich machen: Vor dem Hintergrund des Geltungsbereichs und des Verfahrens nach der *lex Atilia* war die Fiktion der agnatischen Verwandtschaft erforderlich, aber auch

805 Vgl. Anm. 671.

806 Vgl. nochmals Ulp. D. 26, 5, 1, 2; siehe hierzu auch Nörr, ZSS 118 (2001), 59.

807 Vgl. Gai. inst. 3, 56.

808 Vgl. Nörr, ZSS 118 (2001), 60; 63; ähnlich bereits Karlowa II, 286f.

ausreichend, um die rechtliche Stellung des *tutor Atilianus* präzise zu beschreiben. Angesichts der historisch belegbaren Tatsache, dass in der Epoche des Erlasses der *lex Iulia et Titia* sowohl *cives Romani* als auch *Latini* in einer *colonia* oder einem *municipium* lebten, hätte die alleinige Fiktion des *tutor adgnatus proximus* zur Fixierung der Rechtsordnung, der das jeweilige Vormundschaftsverhältnis unterliegen sollte, hingegen nicht mehr ausgereicht. Dabei konnte der *scriptor legis* jedoch nicht auf die Fiktion der Latinität zurückgreifen, da es einerseits viele verschiedene Gruppen an Latinern gab und es andererseits an einem einheitlichen *ius Latii* mangelte. Demgegenüber ermöglichte die kombinierte Fiktion aus agnatischer Verwandtschaft und römischer Zivität, die rechtliche Position des Tutors eindeutig und klar festzulegen – und zwar unabhängig davon, ob er und/oder das Mündel oder die Frau *cives Romani* oder *Latini* waren.[809] Geht man also davon aus, dass die Klausel zur *fictio tutoris* ihren Ursprung in der *lex Atilia* hat und unterstellt man des Weiteren, dass sie auf der Grundlage der umfangreichen Verwendung von Spolien in den Gesetzestext der *lex Iulia et Titia* gewandert ist, so führt dies zu dem einzig denkbaren Schluss, die *fictio civitatis* dem zweiten Vormundschaftsgesetz zuzuschreiben.[810] In ihrer Gesamtheit gelangte sie dann schließlich in c. 29 S. 3 *lex municipi.*

## § 14. Zusammenfassung der Ergebnisse – Palingenetische Vorschläge zu den Vormundschaftsgesetzen

Geht es um die Zusammenfassung vorzeigbarer Ergebnisse, muss zugestanden werden, dass diesem Vorhaben nicht zuletzt angesichts der schwierigen Quellenlage relativ enge Grenzen gesetzt sind. Letzte Gewissheit wird in dem problematischen Bereich der Wiederherstellung der Vormundschaftsgesetze wohl nicht mehr zu erreichen sein. Welchen Ertrag hat die angestellte Neubetrachtung dieser Thematik dennoch gebracht? Die reichhaltigen Erkenntnisse Nörrs, deren Vorläufigkeit er in seiner Abhandlung „Zur Palingenesie der römischen Vormundschaftsgesetze“ (ZSS 118 (2001), 1ff.) stets betonte, wurden einer umfassenden Untersuchung unterzogen und konnten in weiten Teilen bestätigt werden. Darüber hinaus wird man einige Überlegungen von Schulz zur Textstufenforschung und Interpolationenkritik rehabilitieren müssen. Die von ihm aufgewandte Präzision bei der Analyse der *lex Ursonensis* und c. 29 *lex municipi* hat das Verständnis der genannten Normen in hohem Maße gefördert. Ein wichtiges Ergebnis der Textstufenforschung liegt einerseits darin, dass die ausschließlich für römische Bürger

809 Vgl. hierzu Nörr, ZSS 118 (2001), 65.
810 Im Ergebnis ebenso Nörr, ZSS 118 (2001), 65.

geltende *lex Ursonensis* der *lex Atilia* inhaltlich sehr nahe steht. Andererseits darf nicht von einer direkten Ableitbarkeit der *lex municipi* aus der für die Provinzen und Italien geltenden *lex Iulia et Titia* ausgegangen werden. Gleichwohl liefern die normativen Texte aufgrund der großzügigen Verwendung von Versatzstücken durchaus wertvolles Material, das bei der Rekonstruktion einzelner Klauseln der Vormundschaftsgesetze hilfreich sein konnte. Hinzu traten aufschlussreiche Kurzberichte aus späteren Quellen, insbesondere aus den Institutionen des Gaius (Gai. inst. 1, 185ff), der *epitome Ulpiani* (Ulp. ep. XI, 18ff) und aus den Institutionen des oströmischen Kaisers Justinian (Inst. 1, 20). Von zentraler Bedeutung waren zudem die kommentierenden Bemerkungen des spätklassischen Juristen Ulpian in seinem 38. sowie 39. Buch *ad Sabinum,* für deren Erfassung wiederum die Notizen des unbekannten Verfassers der *Scholia Sinaitica* unerlässlich waren. Ein darüber hinausgehender Gewinn der Arbeit liegt schließlich in der bis dahin schmerzlich vernachlässigten Beleuchtung des sozialhistorischen Hintergrunds der Gesetzgebung, so dass ein weitestgehender Zusammenhang zwischen juristischen Daten und politischen sowie gesellschaftlichen Ereignissen hergestellt werden konnte. Dadurch ließen sich immerhin Motive feststellen, welche die bislang ungeklärten Auffälligkeiten im Hinblick auf den Anlass, den Sinn und Zweck der Gesetzgebung und das jeweils vorgesehene Verfahren in den Vormundschaftsgesetzen zumindest fassbar machten.

## I. Rekonstruktionsvorschlag zur *lex Atilia*

Wie sich aus Gai. inst. 1, 185, Ulp. ep. XI, 18 und Inst. 1, 20 pr. ergibt, wurde die Möglichkeit der behördlichen *datio tutoris* zunächst in Rom durch die *lex Atilia* eingeführt. Über die Einteilung des Gesetzes in mehrere *capita* finden sich in den Quellen keinerlei Anhaltspunkte. Vor dem Hintergrund der Rarität der Anwendungsfälle (bedingt durch die letztwillige Berufung eines Tutors als Standardinhalt römischer Testamente in den höheren Gesellschaftsschichten sowie die ernsthaft praktizierte Subsidiarität der magistratischen Tutel) wird – im Unterschied zu Nörr – angenommen, dass es sich hierbei um ein relativ kurzes Gesetz mit nur wenigen Regelungsinhalten handelte und es ihm gerade deswegen an mehreren Kapiteln fehlte. Nach dem Wortlaut der *lex Atilia* war der *praetor urbanus* in Zusammenarbeit mit der Mehrheit der *tribuni plebis* für die Bestellung des Tutors zuständig. Unklar bleibt die genaue sprachliche Formulierung des Zusammenwirkens der beiden Instanzen. Hierfür käme ein gemeinschaftliches Dekret von Prätor und Volkstribunen oder eine Entscheidung des Prätors auf der Grundlage eines für ihn verbindlichen Beschlusses der Mehrheit der Volkstribune in Betracht. Zu beachten ist hierbei, dass nach unserer Hypothese das erste Vormundschaftsgesetz um 210 v.Chr. erlassen wurde. Zu dieser Zeit war die bis dahin zentralisierte Jurisdiktionsgewalt bereits unter zwei gleichrangigen Prätoren aufgeteilt: Der seit 242 v.Chr. neu hinzugekommene *praetor peregrinus* war nun für Prozesse unter Fremden und zugleich für Rechtsstreitigkeiten zwischen Fremden und römischen Bürgern zuständig *(is, qui inter cives et peregrinos ius dicit),* während dem Inhaber der älteren Prätur die Jurisdiktion unter römischen Bürgern vorbehalten blieb.[811] Da Letzterer seit der Einsetzung des *praetor peregrinus* zur begrifflichen Unterscheidung *praetor urbanus* genannt wurde (vgl. Pomp. D. 1, 2, 2, 27f), ist anzunehmen, dass sich dies auch im Gesetzestext der *lex Atilia* niedergeschlagen hat. Was die Postulations- und Nominationsbefugnis sowohl der Frau als auch des Mündels betrifft, stehen sich die *lex Iulia et Titia* (vgl. Schol. Sin. 20, 54), die *lex Ursonensis* und damit – nach der hier unterstellten Chronologie – wohl auch die *lex Atilia* auf der einen Seite, die flavischen Stadtrechte auf der anderen Seite gegenüber. In c. 29 *lex municipi* ist erstmalig eine Zweiteilung des Verfahrens, das die tradierte Einheit von *tutela impuberum* und *tutela mulierum* teilweise aufbricht, sowie die Beseitigung der alleinigen Postulationsbefugnis des *impuber* bezeugt. Folglich lag der Schluss nahe, dass es nach dem Gesetzeswortlaut der beiden Vormundschaftsgesetze nicht nur die Frau, sondern gerade auch der/die Unmündige selbst war, die beim Prätor bzw. dem Statthalter die Bestellung eines Tutors beantragten *(postulare)* und die gewünschte Person benannten *(nominare quem dari volet).* Das den Tutor bestellende Dekret erging schließlich – je nach Sachverhalt – *causa cognita.* Zur römischen Gesetzgebungstechnik gehörte bekanntlich in erster Linie die umfangreiche Verwendung von Textfragmenten aus älteren normativen Texten. Diese Arbeitshypothese, die den palingenetischen Überlegungen zugrunde gelegt wurde, hat sich gleich mehrfach erwiesen. So kann davon ausgegangen werden, dass der Gesetzesanfang *cui tutor non erit incertusve erit,* die entsprechende Wendung zum *postulare* sowie *nominare* der Antragsteller *(pupillus, pupilla, mulier),* die Vorbehaltsklausel *quo ne a iusto tutore tutela abeat* zur Bekräftigung des Subsidiaritätsgrundsatzes und nicht zuletzt die gesetzliche Fiktion zur Gleichstellung des *tutor Atilianus* mit dem *adgnatus proximus* bereits im Text der *lex Atilia* zu finden waren. Zudem bedurfte es vermutlich – wiederum entgegen Nörr – einer expliziten Beschränkung der Regelungen auf die *urbs Roma* bzw. *cives Romani* und eines ausdrücklichen Ausschlusses der *Latini* (vgl. Schol. Sin. 17, 45; Schol. Sin. 20, 54). Fügt man die einzelnen Klauseln zusammen und berücksichtigt man den Wortlaut von c. 109 *lex Ursonensis* und c. 29 *lex municipi* als normative

---

811 Waldstein/Rainer, Römische Rechtsgeschichte, 73.

Vorlagen, kann abschließend ein eigener Vorschlag zur Rekonstruktion der *lex Atilia* gegeben werden[812]:

> *Cui pupillo pupillae mulierive civibus Romanis tutor non erit incertusve erit, si is pupillus eave pupilla mulierve ad eum, qui inter cives Romanos ius dicit adierit et postulabit uti sibi tutorem det et nominabit quem tutorem sibi dari volet, tum is praetor a quo ita postulatum erit de maioris partis tribunorum plebis sententia (ex decreto tribunorum plebis maioris partis) causa cognita eum qui nominatus erit tutorem dato. Qui tutor hac lege datus erit, is ei, cui datus erit, quo ne a iusto tutore tutela abeat, tam iustus tutor esto, quam si is adgnatus proximus pupillo pupillae mulierive tutor esset. Latinus ex hac lege tutor dari non potest. Ne civis Romanus pupillo pupillae mulierive Latinis tutor esto.*

## II. Rekonstruktionsvorschlag zur *lex Iulia et Titia*

Setzt man sich die Palingenesie der römischen Vormundschaftsgesetze zum Ziel, dann ist es von enormer Bedeutung, das jeweilige Gesetz zunächst exakt zu bestimmen. Dieses Postulat gilt umso mehr für das oft diskutierte Problem, ob sich hinter dem Ausdruck *lex Iulia et Titia* in späteren juristischen Quellen ein oder doch zwei Gesetze verbergen. Obwohl dies letztlich aus rein praktischen Erwägungen heraus entschieden werden muss, wurde im Rahmen der Vorstellung und Gewichtung der gängigen Argumente eine gewisse Tendenz hin zur sog. Einheitshypothese angedeutet. Danach handelte es sich bei der *lex Iulia et Titia* um ein einheitliches Gesetz, vermutlich aus dem Jahre 31 v.Chr., als Octavian zum dritten Mal Konsul war und M. Titius von Mai bis Oktober einen Teil seines Suffektkonsulats in Rom verbrachte. Im Hinblick auf die Grobstruktur des Gesetzes sind wir hingegen deutlich besser unterrichtet: Der Verfasser der *Scholia Sinaitica* bezeugt ausdrücklich die Existenz mehrerer Kapitel (vgl. Schol. Sin. 20, 54). Es drängte sich die Frage nach möglichen Regelungsinhalten auf. Ein zentrales Leitmotiv der Untersuchungen stellte dabei die Vermutung eines Kapitels der *lex Iulia et Titia* dar, welches sich mit der ortsrechtlichen *datio tutoris* in den *coloniae* und *municipia* befasste. Einen ersten entscheidenden Hinweis lieferten die Urkunden zur *datio tutoris mulieris* aus Herkulaneum (TH PP 4, 228; TH 88). Ihnen lässt sich entnehmen, dass das den Tutor bestellende Dekret nicht auf eine originäre *lex municipi*, sondern stets direkt auf die *lex Iulia et Titia* als Rechtsquelle verwies. Nur wenn man von einem entsprechenden Kapitel über das ortsrechtliche Vormundschaftsrecht ausgeht, ist der unmittelbare Bezug zur *lex Iulia et Titia* in den herkulanensischen Protokollen überhaupt nachzuvollziehen. Dies

---

812 Zum Vergleich kann der Rekonstruktionsvorschlag von Nörr, ZSS 118 (2001), 66 herangezogen werden.

wiederum provozierte die Auseinandersetzung mit der Frage, ob von einem weiteren gesonderten Kapitel auszugehen ist, das neben den *cives Romani* auch *Latini* als Tutoren und zugleich als Objekte der magistratischen Amtstätigkeit erfasste. Aufschlussreich waren die entsprechenden Quellen in dem zugegebenermaßen schlecht erhaltenen Text der *Scholia Sinaitica* (insbesondere Schol. Sin. 17, 45; 20, 54), deren eingehende Analyse eine bejahende Antwort zuließ. Der „Umweg" über die Notizen des Scholiasten erleicherte es, sich im Anschluss den *libri ad Sabinum* des spätklassischen Juristen Ulpian zu nähern. So gelang schließlich – anknüpfend an die Überlegungen Lenels – die jeweilige Zuordnung einiger Texte aus dem 38. bzw. 39. Buch *ad Sabinum* zu den beiden Vormundschaftsgesetzen. Dadurch konnten die kommentierten Gesetze ein Stück weit „zum Sprechen gebracht werden", woraus sich immerhin fragmentarische Inhalte gewinnen ließen. Die Beschäftigung mit den Ulpian-Texten führte darüber hinaus zur Auseinandersetzung mit der Arbeitsweise und Darstellungsmethodik des Juristen. Fast beiläufig ergab sich die Erkenntnis, dass das ursprünglich vorgesehene Verfahren nach der *lex Atilia* bereits in spätklassischer Zeit größtenteils an Bedeutung eingebüßt hatte oder vielleicht sogar schon obsolet geworden war, was sich auch rein quantitativ in Ulpians Werk niedergeschlagen hatte. Letztlich konnte festgestellt werden, dass sich Ulpian im Rahmen der Kommentierung – seinem Streben nach Vollständigkeit geschuldet – den wesentlichen Verfahrensschritten, Kompetenzfragen römischer Provinzialmagistrate und in gleicher Weise den *Latini* widmete. Dennoch lassen sich hinsichtlich der einzelnen Regelungsinhalte der ortsrechtlichen *datio tutoris* in der *lex Iulia et Titia* allenfalls Vermutungen anstellen. Von gesicherten Ergebnissen ist man weit entfernt, ebenso von der Rekonstruktion eines entsprechenden Kapitels, da wir über den Text so gut wie nichts wissen. Ein Anhaltspunkt findet sich lediglich in c. 29 *lex municipi.* Die darin befremdlich wirkende, weil ins Leere gehende Klausel *sive unum sive plures collegas habebit, de omnium collegarum sententia* lässt möglicherweise auf ihren legislatorischen Ursprung in der *lex Iulia et Titia* schließen, mit der sich vermutlich wiederum Ulpian in Ulp. D. 50, 16, 173 pr. auseinandergesetzt hatte.

Die Veranschaulichung des für die Provinzen geltenden Kapitels der *lex Iulia et Titia* fällt hingegen deutlich leichter. Gai. inst. 1, 185, Ulp. ep. XI, 18 und Inst. 1, 20 pr. berichten, dass die Kompetenz zur *datio tutoris* in den Provinzen *e lege Iulia et Titia* dem Statthalter übertragen wurde. Dessen Amt wurde – wie so oft in den uns überlieferten Quellen – mittels der Klausel *qui ei provinciae praeierit* beschrieben. Im Unterschied zu den übrigen Magistraten hatte dieser keinen ihm gleichgestellten *collega,* so dass seine Entscheidung *de consili sententia,* ergänzt durch die Klausel *si ei videbitur* ergangen sein dürfte. Letztere diente wohl zur Umschreibung des pflichtgemäßen Ermessens, weswegen sie in der *lex Atilia* keinen rechten Platz gefunden hätte. Obwohl eine unmittelbare Ableitbarkeit von c. 29 *lex municipi* aus dem römischen Vormundschaftsgesetz auszuschließen ist, fand auch hier das bekannte Phänomen der umfassenden Verwendung von Fragmenten aus älteren normativen Texten reiche Bestätigung. Folglich ist davon auszugehen, dass der Gesetzesanfang *cui tutor non erit incertusve erit* und die Fiktion des *agnatus proximus* aus der *lex Atilia* – angereichert durch die Fiktion der römischen Zivität – in die *lex Iulia et Titia* gewandert sind. Außerdem ergab sich die alleinige Postulationsbefugnis des Mündels (und damit auch der Frau) eindeutig aus Schol. Sin. 20, 54.

Erstmalig kann daher ein palingenetischer Vorschlag des entsprechenden Kapitels der *lex Iulia et Titia* gegeben werden:

> *Cui pupillo pupillae mulierive tutor non erit incertusve erit, si is pupillus eave pupilla mulierve ad eum qui ei provinciae praeierit adierit et postulabit uti sibi tutorem det et nominabit quem tutorem sibi dari volet, tum is qui ei provinciae praeierit a quo ita postulatum erit de consili sententia si ei videbitur causa cognita eum qui nominatus erit tutorem dato. Qui tutor hac lege datus erit, is ei, cui datus erit, quo ne a iusto tutore tutela abeat, tam iustus tutor esto, quam si is civis Romanus et adgnatus proximus civi Romano tutor esset.*

# Viertes Kapitel: Die *datio tutoris* im klassischen römischen Recht

Ab der Mitte des 2. Jahrhunderts n.Chr. wird das Vormundschaftsrecht über Minderjährige – und somit auch das Verfahren der behördlichen Bestellung – für uns anhand von Quellenaussagen deutlich greifbarer. Dabei ist erkennbar, dass das vormundschaftsrechtliche Grundgerüst, das wir für die altrömische Zeit zumindest grob skizzieren können, mit dem überreifen Rechtszustand der Kaiserzeit kaum Gemeinsamkeiten aufweist. Aus fürsorgerischen Motiven und als Reaktion auf sich ändernde soziale Strukturen im Bereich von Familie und Freundschaft hatten die römischen Kaiser das Institut der *tutela impuberum* zu einem zentralen Bestandteil ihrer Rechtssetzungstätigkeit gemacht. Nicht nur begleitet, sondern in erster Linie weitergebildet wurden die kaiserlichen Maßnahmen von der Arbeit der Juristen, die sich in ihren Gutachten und in breit angelegten Kommentaren niederschlug. Die Folge war ein fast undurchschaubares sowie gewaltiges Geflecht an Normen, das nur allzu euphemistisch als geschlossenes System bezeichnet werden kann. Vielmehr sehen wir uns vor einer chaotischen Normenmasse, die eher an moderne staatliche Überregulierungen erinnert.[813] Vieles aus der früheren schriftlichen Überlieferung war auf diese Weise verdrängt worden, weshalb es sich so schwierig gestaltet, zu gesicherten Erkenntnissen für die Epoche der Vormundschaftsgesetze zu gelangen. Zudem waren die zentralen Teile des ursprünglichen Verfahrens der *datio tutoris* – vorrangig das nach der *lex Atilia* – durch die späteren Regelungen überlagert und dadurch größtenteils bedeutungslos geworden.

Die folgende Darstellung kann daher nicht alle Einzelheiten im Bereich der *datio tutoris* des klassischen Rechts beinhalten, ebenso kann nur auf die wichtigsten verfahrensrechtlichen Abweichungen in den Provinzen eingegangen werden. Es seien zumindest die in den Quellen erkennbaren Grundzüge skizziert.

## § 15. Kompetenzen und Verfahren

Die behördliche Bestellung eines Tutors für Minderjährige setzte auch weiterhin einen Antrag voraus (*postulare* und *nominare*), zu dem jetzt grundsätzlich jedermann berechtigt war.[814] Um einen lückenlosen Schutz der *pupilli* zu gewährleisten, hatten die Magistrate die Pflicht, stets darauf zu achten, dass Unmündige

---

813 Vgl. Nörr, ZSS 118 (2001), 23; ebenso Kaser, RP I, 353f.

814 Siehe etwa Mod. D. 26, 6, 2 pr.: Verwandte, Verschwägerte, Freunde, Erzieher.

generell nicht ohne Tutor waren.[815] Für Schäden, die wegen unterlassener Bestellung entstanden waren, mussten sie folglich selbst aufkommen.[816] Zudem bildete sich neben dem Recht zur *postulatio* für bestimmte Nahestehende des Mündels eine Rangordnung zur Antragstellung heraus, zu der diese unter Androhung von Strafen oder sonstiger Nachteile verpflichtet wurden.[817] Hierunter fielen insbesondere Mütter, bei denen nach einer *epistula Severi* der Verlust des Intestaterbrechts nach ihren Kindern eintrat, wenn sie überhaupt nicht oder nicht rechtzeitig einen tauglichen Vormund beantragt hatten: *et ideo quae mater vel non petierit tutores idoneos filiis suis vel prioribus excusatis reiectisve non confestim aliorum nomina dederit, ius non habeat vindicandorum sibi bonorum intestatorum filiorum* (Mod. D. 26, 6, 2, 2).[818] Den Großeltern des Mündels oblag die *postulatio* zunächst nicht, bald wurde jedoch die Großmutter der Mutter diesbezüglich gleichgestellt[819] und ab dem 4. Jahrhundert n.Chr. traf die Pflicht schließlich beide Großeltern[820]. Verpflichtet zur Antragstellung waren darüber hinaus die bisherigen Vormünder, außer ihnen stand ein Entschuldigungsgrund zur Seite[821], sowie deren Erben. Bei Unterlassung des Antrags zur Bestellung eines Tutors ergab sich für sie eine Haftung hinsichtlich des dadurch entstandenen Schadens.[822] Ebenso mussten die Freigelassenen einen Tutor für die minderjährigen Kinder des *paterfamilias* erbitten. Kamen sie dieser Verpflichtung aus Böswilligkeit oder Nachlässigkeit nicht nach, drohten ihnen hierfür harte Strafen (etwa körperliche Züchtigung).[823]

Beim Antrag handelte es sich um eine formlose Handlung, die auch im Wege der Vertretung erfolgen konnte.[824] Dieser musste bei der Lokalbehörde oder direkt bei dem hierfür zuständigen Magistraten gestellt werden und hatte entweder den Namen einer bestimmten Person oder den Vorschlag an die Behörde zur Auswahl aus mehreren benannten potenziellen Vormündern zu enthalten.[825]

815 Ulp. D. 50, 1, 2, 5 – vgl. Sachers, in: RE 7A/2, 1518.
816 Vgl. Ulp. D. 27, 8, 1, 6 – vgl. Sachers, in: RE 7A/2, 1518.
817 Das Mündel selbst ist in dieser Zeit zur Antragstellung nicht verpflichtet, vgl. Pomp. D. 26, 1, 2.
818 Siehe hierzu Sachers, in: RE 7A/2, 1518.
819 Siehe Ulp. D. 38, 17, 2, 28 – vgl. Sachers, in: RE 7A/2, 1519.
820 Siehe Cod. Theod. 3, 18, 1 – vgl. Sachers, in: RE 7A/2, 1519.
821 Vgl. Mod. D. 26, 6, 2, 6 – vgl. Sachers, in: RE 7A/2, 1519.
822 Vgl. Ulp. D. 26, 7, 7, 13 – vgl. Sachers, in: RE 7A/2, 1519; dort geht es zwar um die *cura,* diese Regelung kann aber auf die *tutela* entsprechend übertragen werden.
823 Siehe Mod. D. 26, 6, 2, 1 i.f. – vgl. Sachers, in: RE 7A/2, 1519.
824 Vgl. Ulp. D. 38, 17, 2, 43 – vgl. Sachers, in: RE 7A/2, 1519.
825 Vgl. hierzu Ulp. D. 26, 17, 2, 23 – vgl. Sachers, in: RE 7A/2, 1519.

Fehlte jeglicher Vorschlag, überließ man die Auswahl den Unterbehörden oder gab dem Antragstellenden auf, einige geeignete Tutoren zumindest namhaft zu machen.[826] Eine generelle Überprüfung der Tauglichkeit des vorgeschlagenen Tutors fand nach klassischem Recht grundsätzlich nicht statt. Allein beim Vorschlag zur Auswahl eines Vormunds aus mehreren Personen stellten die Ortsbehörden neben der Überprüfung der Zuständigkeit und des Bedürfnisses zur Ernennung für gewöhnlich Nachforschungen im Hinblick auf die persönliche Eignung an, wofür sie dann einzustehen hatten.[827]

Abgesehen vom ordnungsgemäßen Antrag war zur behördlichen *datio tutoris* die örtliche Zuständigkeit erforderlich, die sowohl hinsichtlich der zu ernennenden Person als auch in Bezug auf den Pupillen gegeben sein musste.[828]

Die Bestellung des Tutors selbst erfolgte im Anschluss *causa cognita* innerhalb von zehn Tagen per Dekret mit der Formel „… *tutorem do*", „*sit tutor*" oder „*tutorem dedit*". Hierfür war zwar einerseits die Anwesenheit des künftigen Vormunds nicht notwendige Voraussetzung[829], andererseits wurde er aber aufgrund der Erforderlichkeit seiner vorherigen Zustimmung im Bestellungsgesuch auch nicht gegen seinen Willen in das Amt gezwungen. Erst vom Zeitpunkt der Verständigung an, die während einer kurzen Frist zu erfolgen hatte, wurde man offiziell zum *tutor* des Mündels.[830] Vom Magistraten konnten nunmehr Latiner, Haussöhne und *impuberes* bis zum Eintritt ihrer Mündigkeit als *tutores decretales* eingesetzt werden.[831] Wer sich selbst oder gar Geld dafür angeboten hatte, durfte dagegen nicht zum Vormund bestellt werden[832], genauso wenig wie derjenige, der vom Vater oder der Mutter des *pupillus* durch Testament ausdrücklich ausgeschlossen worden war[833].

An den Änderungen im Bereich der funktionellen Zuständigkeiten wird besonders deutlich, dass das Verfahren, so wie es in den beiden Vormundschaftsgesetzen noch vorgesehen war, in dem uns hier interessierenden Zeitraum kaum

826 Vgl. C. 5, 34, 6 – vgl. Sachers, in: RE 7A/2, 1519.

827 Siehe Ulp. D. 27, 8, 1, 2 – vgl. Sachers, in: RE 7A/2, 1519.

828 Der künftige *tutor* musste *iurisdictioni subiectus* jenem Magistraten sein, der ihn bestellte, d.h. er musste stets *civis* oder *incola* im jeweiligen Gebiet sein, vgl. nochmals Ulp. D. 26, 5, 3. Für das Mündel galten dieselben Voraussetzungen, siehe etwa Ulp. D. 26, 5, 2.

829 Siehe nochmals Gai., Ulp. D. 26, 5, 5; 6.

830 Vgl. Paul. D. 26, 5, 29: innerhalb von 30 Tagen – vgl. Sachers, in: RE 7A/2, 1520.

831 Kaser, RP I, 358.

832 Kaser, RP I, 358, mit Fn. 63 vgl. Mod. D. 26, 5, 21, 6.

833 Kaser, RP I, 358, mit Fn. 64 siehe Mod. D. 26, 5, 21, 2; C. 5, 47, 1.

mehr eine Rolle gespielt haben dürfte. Wir befinden uns im Rahmen der vorliegenden Betrachtung des klassischen Rechtszustands in einem Zeitalter, in dem Rom bereits zur Herrscherin des gesamten Mittelmeerraums und damit zur bestimmenden Macht über die damalige bekannte Welt aufgestiegen war. Die Bevölkerungszahlen in dem sich räumlich immer weiter ausdehnenden Reich stiegen stetig an, so dass man sich vor sachliche und rechtliche Probleme gestellt sah, die mit dem bisherigen Verwaltungsaufwand kaum mehr zu bewältigen waren. Obwohl uns eindeutige Aussagen in den Quellen fehlen, ist davon auszugehen, dass dies in gleicher Weise für das Vormundschaftsrecht als einer der wichtigsten Materien des römischen Familienrechts angenommen werden kann.

In Rom waren daher seit Kaiser Claudius für die Tutorenernennung neben dem Prätor zusammen mit den Volkstribunen ebenso die Konsuln zuständig. Mark Aurel stärkte demgegenüber die Stellung der Prätoren, indem er neben den bisherigen Magistraten eigens einen *praetor tutelarius* (später *praetor tutelaris*) mit dieser Tätigkeit betraute. Dieser übte das Amt zudem im Sprengel der *urbica dioecesis* aus, wirkte aber vorrangig als Appellationsinstanz.[834] Auf diese Entwicklung bzieht sich der Bericht in den justinianischen Institutionen, auf den bereits mehrfach verwiesen wurde: *Sed ex his legibus pupillis tutores desierunt dari, posteaquam primo consules pupillis utriusque sexus tutores ex inqusitione dare coeperunt, deinde praetores ex constitutionibus* (Inst. 1, 20, 3). In den italischen Munizipien lag die Kompetenz zur behördlichen Bestellung seit den *divi fratres* im Aufgabenbereich des *iuridicus regionis*[835], während in den latinischen Kolonien und Munizipien die Duovirn infolge singulären Rechts die Tutoren einsetzten.[836] In den Provinzen verblieb die Zuständigkeit hierfür grundsätzlich beim Statthalter (auch nach Erlass der *constitutio Antoniniana*), der diese Aufgabe an ihm nachgeordnete Amtsträger übertragen konnte.[837]

Die eben aufgeführten Kompetenzverteilungen erhielten sich bis in die diokletianisch-konstantinische Epoche. Erst eine Kaiserkonstitution aus dem Jahre 389 n.Chr. betraute erstmalig den *praefectus urbis* unter Hinzuziehung von 10 Senatoren und des *praetor tutelaris* mit der amtlichen Bestellung der Tutoren, wohingegen in den Provinzen die Zuständigkeit der Provinzstatthalter sowie Munizipalmagistrate weiterhin aufrechterhalten wurde.[838] Justinian griff diese

834 Vgl. Sachers, in: RE 7A/2, 1513f.

835 Frag. Vat. 205; 232; 241; in Paul. D. 26, 5, 28 steht *iudex* wahrscheinlich für *iuridicus* – vgl. Sachers, in: RE 7A/2, 1514.

836 Siehe c. 29 *lex municipi.*

837 Siehe nochmals Ulp. D. 26, 5, 1.

838 Siehe Cod. Theod. 3, 17, 3 pr. = C. 5, 33, 1 pr. – vgl. Sachers, in: RE 7A/2, 1515.

Regelungen schließlich auf und bestätigte sie in weiten Teilen: *Sed hoc iure utimur, ut Romae quidem praefectus urbis vel praetor secundum suam iurisdictionem, in provinciis autem praesides ex inquisitione tutores crearent, vel magistratus iussu praesidum, si non sint magnae pupilli facultates* (Inst. 1, 20, 4). Darüber hinaus ordnete er an, dass bei einem Mündelvermögen bis zu 500 *solidi* der *defensor civitatis* gemeinsam mit dem Bischof oder anderen Würdeträgern und in Alexandria der *iuridicus* den Tutor bzw. Curator bestellen sollten, ohne zuvor etwaige Anweisungen des Statthalters abwarten zu müssen: *Nos autem per constitutionem nostram et huiusmodi difficultates hominum resecantes nec exspectata iussione praesidum disposuimus, si facultas pupilli vel adulti usque ad quingentos solidos valeat, defensores civitatum una cum eiusdem civitatis religiosissimo antistite vel apud alias publicas personas, id est magistratus, vel iuridicum Alexandriae civitatis tutores vel curatores creare, legitima cautela secundum eiusdem constitutionis normam praestanda, videlicet eorum periculo qui eam accipiant* (Inst. 1, 20, 5).

## § 16. Wesen der behördlichen Vormundschaft

Bei der magistratischen Form der Vormundschaft trat der Pflichtgedanke stärker hervor als bei den anderen Arten der römischen *tutela*.[839] So galt sie zwar in klassischer Zeit nicht als öffentliche Last, wurde aber als *munus privatum et personale* aufgefasst.[840] Dies lag insbesondere darin begründet, dass der *tutor decretalis* sein Amt weder an einen anderen gerichtlich abtreten noch nach Belieben abdizieren konnte.[841] Auch an dieser Stelle gilt zu beachten, dass uns Zwangsmittel gegen den nicht gerierenden Tutor für die Entstehungszeit der *lex Atilia* nicht bezeugt sind. Der Mangel an Quellen dürfte daher – vorsichtig ausgedrückt – nicht nur die fehlende Existenz, sondern auch das mangelnde Bedürfnis nach Zwangsmitteln wiederspiegeln. Nach der hier vertretenen Auffassung, die sich an einer entsprechenden Interpretation von Inst. 1, 20, 3 orientiert, trat die entscheidende Wende im Vormundschaftsrecht unter Kaiser Claudius ein: Dem *tutor decretalis* wurde infolge der umfassenden Reformbewegung die Gestions- und Satisdationspflicht auferlegt, als Ausgleich entwickelte sich ein System aus

839 Kaser, RP I, 358.

840 Vgl. Call. D. 27, 1, 17, 4; Ulp. D. 50, 6, 4; Herm. D. 50, 4, 1, 4; für *munus civile* siehe Mod. D. 27, 1, 6, 15; vgl. auch Pap., Paul. D. 50, 5, 8, 4; 12, 1 – vgl. Kaser, RP I, 358 Fn. 65.

841 Siehe Schol. Sin. 18, 48.

Unfähigkeits- und Entschuldigungsgründen.[842] Die Möglichkeit, sich für das vormundschaftliche Amt zu exkusieren, ging auf die *provocatio* (Berufung) zurück, bei der sich der vom Magistrat ernannte Tutor an die Konsuln wandte, um auf diese Weise gegen das Ernennungsdekret vorzugehen. In diesem Verfahren, das unter Mark Aurel stetig ausgebaut wurde, musste der Tutor bestimmte, aus der vielfältigen kaiserlichen Reskriptenkasuistik stammende und von der Rechtswissenschaft anerkannte Entschuldigungsgründe beim *praetor tutelarius* anbringen, der im Anschluss über deren Vorliegen entschied.[843] In den einschlägigen Quellen werden u.a. Alter (unter 25 Jahren und über 70 Jahre), körperliche Gebrechen, geschäftliche Unerfahrenheit, Analphabetismus, entfernt liegender Wohnsitz, Feindschaft gegenüber dem Unmündigen, bestehende Rechtsstreitigkeiten zwischen dem Vormund und dem Mündel oder dessen Familie, große Anzahl an eigenen Kindern, bereits bestehende Vormundschaften oder Pflegschaften, das Bekleiden öffentlicher Ämter, Abwesenheit aufgrund Militärdienstes etc. genannt. Statt der *excusatio* stand dem Tutor ab der spätklassischen Zeit die *potioris nominatio* offen. Im Rahmen dieses Verfahrens konnte er, ohne bestimmte Exkusationsgründe anzuführen, eine geeignetere Person als Vormund benennen.[844]

Hieran wird deutlich, dass die *tutela decretalis* spätestens in der Klassik charakteristische Merkmale eines Amts aufwies, das dem Berufenen von staatlicher Seite allein zum Wohle des ihm anvertrauten Mündels auferlegt wurde. Insofern stellte diese Art der Vormundschaft einen wichtigen Schritt in der Umbildung der römischen *tutela* von einem nutzbaren Recht des Tutors zu einem Pflichtamt dar.[845]

So ging die weitere Entwicklung dahin, dass sich ihr die anderen beiden Erscheinungsformen stetig anglichen. Bereits Ende des 1. oder zu Beginn des 2. Jahrhunderts n.Chr. verlor der letztwillig eingesetzte Tutor die Befugnis zur beliebigen Ablehnung der Tutel und war von nun an gehalten, sich ebenso wie der behördlich bestellte Vormund unter Berufung auf anerkannte Entschuldigungsgründe zu

842 Hauptquellen hierzu: Frag. Vat. 123ff; D. 27, 1; C. 5, 62–69; Inst. 1, 25; Übersichten etwa bei Bonfante, Corso I, 432ff; Sachers, in: RE 7A/2, 1534ff mit weiteren Literaturhinweisen.

843 Vgl. Kaser, RP I, 358.

844 Vgl. Kaser, RP I, 358, mit Fn. 74 siehe Frag. Vat. 158–167a; zur *potioris nominatio* und zur *excusatio* siehe auch etwa Dernburg, Pandekten 3, § 46; Rudorff, Recht der Vormundschaft II, 43ff.

845 Vgl. Jörs/Kunkel/Wenger, Römisches Privatrecht, 300.

exkusieren.[846] Hatte er sich für das vormundschaftliche Amt wirksam entschuldigen können, war es aufgrund des bei Gaius erwähnten Senatsbeschlusses (Gai. inst. 1, 182) aus der Zeit zwischen den Kaisern Claudius und Mark Aurel[847] möglich, ihn durch einen *tutor decretalis* zu ersetzen. Dessen Bestellung verhinderte den Eintritt der subsidiär greifenden *tutela legitima.*[848] Auf die Agnatentutel, bei der sich die charakteristischen Merkmale der altrömischen *vis ac potestas* am längsten erhalten konnten, wurde die Befugnis zur Exkusation wohl erst in nachklassischer Zeit ausgedehnt.[849] Aber auch hier ging vermutlich schon zu einem recht frühen Zeitpunkt eine ihr wesensimmanente Besonderheit – die Fähigkeit zur Abtretung der Vormundschaft an einen Dritten vor Gericht – verloren. Der Hochklassiker Gaius berichtet in Gai. inst. 1, 168 allein vom Recht der Agnaten, Patronen und Freilassern, die Vormundschaft über Frauen zu übertragen. Eine Vormundschaft über unmündige Knaben abzutreten sei hingegen nicht erlaubt, *quia non videtur onerosa, cum tempore pubertatis finiatur* (Gai. inst. 1, 168 i.f.).

## § 17. Vormundschaften aus besonderem Anlass oder für begrenzte Zwecke

Die beiden Vormundschaftsgesetze *lex Atilia* und *lex Iulia et Titia* hatten bestimmt, dass ein Tutor grundsätzlich nur dann zu bestellen war, wenn es an einem *iustus tutor* fehlte oder wenn dessen Existenz nicht mit Sicherheit nachgewiesen werden konnte. Der Vorrang der *iusti tutores* wurde zu Beginn der jeweiligen Norm festgeschrieben und sollte durch die Vorbehaltsklausel *quo ne a iusto tutore tutela abeat* sichergestellt werden. Neben diesen regelmäßigen Fällen magistratischer Vormundsbestellung sah jedoch spätestens das klassische römische Recht die Möglichkeit vor, Tutoren aus besonderem Anlass oder für bestimmte Zwecke zu ernennen. Da es sich hierbei um Ausnahmefälle handelte und der Grundsatz der Subsidiarität daher keine Anwendung fand, konnten solche Bestellungen unabhängig von der Frage erfolgen, ob ein anderer Vormund bereits

---

846 Vgl. Gai. inst. 1, 182; Diese Entwicklung, die zur Zeit des von Gaius an dieser Stelle erwähnten *senatus consultum* bereits vollzogen war, ging wohl auf eine von den Konsuln geschaffene Neuerung zurück. Danach haftete nämlich der *tutor testamentarius* für den Schaden, der aufgrund unentschuldigter Ablehnung der Führung der Vormundschaft eingetreten war, vgl. Frag. Vat. 155 a.E; siehe hierzu Jörs/Kunkel/Wenger, Römisches Privatrecht, 300 Fn. 5.

847 So ordnet es zeitlich korrekt auch Kaser, RP I, 359 ein.

848 Ulp. D. 26, 2, 11, 1.

849 Jörs/Kunkel/Wenger, Römisches Privatrecht, 300.

vorhanden war oder nicht.[850] Dennoch bedurften auch diese Tutoreneinsetzungen einer allgemeinen rechtlichen Ermächtigung *(lex, senatus consultum, constitutio principis)* oder mussten auf hergebrachtem Gewohnheitsrecht basieren.[851]

Wie uns Gaius berichtet, kam die *datio tutoris* insbesondere dann in Betracht, wenn der *tutor testamentarius* aufschiebend bedingt oder nur befristet ernannt worden war, ferner für die Zeit bis zum Erbschaftsantritt oder wenn sich der bisherige Vormund in Kriegsgefangenschaft befand.[852] Zudem beruhte es auf Herkommen *(mores)*, einen *tutor praetorius* mit der Prozessführung bei Rechtsstreitigkeiten zwischen dem Vormund und seinem Mündel zu betrauen.[853] Einigen späteren Senatsbeschlüssen zufolge war es außerdem gestattet, für einen geisteskranken, stummen bzw. tauben Tutor[854], bei Abwesenheit in Staatsgeschäften[855] oder wenn der bisherige Vormund als *suspectus* angeklagt war[856], einen anderen zu bestellen. In diesen Fällen erhielt der vom Magistrat eingesetzte Vormund die rechtliche Stellung eines *tutor adiunctus.* Weitere Quellen sprechen von einem *curator adiunctus* oder einem *curator* als Ersatz für einen rechtlich oder tatsächlich verhinderten *tutor.*[857] Die Annahme, die sich v.a. in älteren Abhandlungen findet, alle diese Stellen seien ausnahmslos interpoliert und hätten in klassischer Zeit vom *tutor* gehandelt, erscheint mehr als zweifelhaft, da die Kasuistik viel zu umfangreich und nahezu unüberschaubar ist, als dass davon ausgegangen werden kann, die Kompilatoren hätten jeden einzelnen dieser Fälle dem Rechtszustand ihrer Zeit angepasst.[858]

---

850 Kaser, RP I, 359.

851 Vgl. Ulp. D. 26, 1, 6, 2; Ulp. ep. XI, 2.

852 Siehe nochmals Gai. inst. 1, 186f.

853 Vgl. Gai. inst. 1, 184; Ulp. ep. XI, 24.

854 Vgl. Gai. inst. 1, 180 (einer Frau, die unter der *tutela legitima* eines Geisteskranken oder Stummen stand, wurde aufgrund eines *SC* erlaubt, zur Bestellung einer Mitgift einen Tutor zu erbitten; diese grundsätzliche Möglichkeit kann auch auf die *tutela impuberum* übertragen werden).

855 Siehe Paul. D. 26, 1, 12; vgl. auch Ulp. D. 26, 10, 3, 10 – vgl. Kaser, RP I, 359 Fn. 81.

856 Siehe Tryph. D. 26, 6, 4, 2 – vgl. Kaser, RP I, 359 Fn. 82.

857 Siehe hierzu vertiefend Sachers, in: RE 7A/2, 1526, der die verschiedenen Fallkonstellationen auflistet.

858 Im Ergebnis auch Kaser, RP I, 359; dies verneint Taubenschlag, Vormundschaftsrechtliche Studien, 47ff; anders jedoch Solazzi, Cur. imp. 3ff; 19ff: Er hält einen *curator* nur dort für klassisch, wo der *tutor* sein Amt tatsächlich ausübt und sich lediglich zur Entlastung eines *curator* bedient, für dessen Handeln er dann auch haftet. Siehe zu dieser interessanten Problematik auch Arangio-Ruiz, Ist. 505; Watson, The Law of Persons, 128ff.

# Schlussbetrachtungen

Legt man abschließend die Chronologie für die uns hier interessierenden Texte zugrunde, wird erkennbar, dass zwischen dem Erlass der *lex Atilia* um 210 v.Chr. und der Paraphrase des Theophilos aus der Mitte des 6. Jahrhunderts n.Chr. ein Zeitraum von knapp 750 Jahren liegt. Heinrich Dernburg ist bei der Skizzierung der Entwicklung der römischen *tutela* angesichts dieser enormen Zeitspanne zu dem Schluss gelangt, dass „das Vormundschaftsrecht [...] in Rom so verschiedene Entwicklungsstufen durchlaufen [hat], daß Beginn und Ende scharfe Kontraste bilden."[859] Der im Ergebnis richtigen Feststellung Dernburgs ist – freilich unter einer gewissen Überstrapazierung begrifflicher Spitzfindigkeiten – zu entgegnen, dass das Wort „Entwicklung" beim aufmerksamen Leser (unbewusst?) Assoziationen wie Linearität oder Gleichförmigkeit hervorruft.[860] Dieses Verständnis vom römischen Rechtserbe und damit letztlich des Vormundschaftsrechts ist geradezu charakteristisch für die Pandektistik des 19. Jahrhunderts. Ihre berühmtesten Vertreter wie Heinrich Dernburg legten den Schwerpunkt im Rahmen der wissenschaftlichen Durchdringung des römischen Privatrechts auf die Analyse dogmatischer Konstruktionen und die Bildung übergeordneter Systeme, die jedoch oftmals mit der historischen Realität (soweit sie für die Nachwelt überhaupt fassbar ist) nur wenig zu tun haben. Und auch heute noch basiert die Wahrnehmung des römischen Rechts größtenteils auf unserem modernen Rechtsverständnis, das von einem übergreifenden Denken in Systemen dominiert wird. Wie die vorliegende Untersuchung gezeigt hat, wäre es unzulässig, diese rein zivilistisch orientierten Überlegungen quasi unreflektiert oder gar intuitiv auf die römische *tutela* zurückzuprojizieren. Denn trotz der problematischen Quellenlage ist zu erkennen, dass das rudimentär ausgestaltete Vormundschaftsrecht aus der Epoche der *lex Atilia* mit dem überregulierten Rechtszustand der Kaiserzeit kaum Gemeinsamkeiten aufweist. Die Folge der ambitionierten Rechtsetzungstätigkeiten der Kaiser und reichhaltigen Fortbildungen der römischen Juristen war eine chaotische Masse an Normen, die man nur schwer als „System" bezeichnen kann. Hinzu trat die Erkenntnis, dass der römische Gesetzgeber offensichtlich aktuelle politische Ereignisse zum Anlass für mehr oder weniger spontane Reaktionen nahm, die heute oft gar nicht mehr nachvollziehbar sind. Im Hinblick auf die hier im Fokus stehenden Vormundschaftsgesetze fand dies seinen Ausdruck darin,

859 Dernburg, Pandekten 3, 74.
860 So auch Nörr, ZSS 118 (2001), 9.

dass die zentralen Bereiche des in ihnen ursprünglich geregelten Verfahrens zur *datio tutoris* bereits in der Spätklassik obsolet geworden waren. Verantwortlich hierfür sind in erster Linie tiefgreifende Änderungen sozialer Standards sowie Verhaltensstrukturen im Bereich von Familie und Freundschaft. Trotz der weitreichenden gesellschaftlichen Umwälzungen im Laufe der Jahrhunderte, die gerade für das Vormundschaftsrecht der jeweiligen Zeit – ausgehend vom antiken Rom bis heute – Anlass und zugleich Erkenntnisquelle sind, blieb die Institution des behördlich bestellten *tutor Atilianus* als wegweisende Entscheidung des Gesetzgebers dennoch weiterhin erkennbar und damit von enormer Bedeutung. Daher bewegen sich (vermeintlich) scharfsinnige und umfassende Abhandlungen zum römischen Vormundschaftsrecht im Raum leerer Konzepte, wenn sie sich nicht zumindest ansatzweise mit diesen Fundamenten der römischen *tutela* auseinandersetzen.[861] Obwohl der Rekonstruktion der *lex Atilia* und *lex Iulia et Titia* – nicht zuletzt aufgrund der bekannten Quellenproblematik – enge Grenzen gesetzt sind, sollte diese Lücke in der zeitgenössischen Literatur mit der vorliegenden Abhandlung geschlossen werden. Darüber hinaus konnte am Beispiel der Palingenesie der römischen Vormundschaftsgesetze einmal mehr aufgezeigt werden, wie richtig die Erkenntnis Nörrs ist:

„Dem Konstrast von (dunklem) Anfang und „konfusem" Ende entspricht ein Weg durch die Dämmerung."[862]

861 So auch Nörr, ZSS 118 (2001), 67f.
862 Nörr, ZSS 118 (2001), 9.

# Literaturverzeichnis


Ägyptische Urkunden aus den staatlichen Museen zu Berlin. Griechische Urkunden VIII. Band. Spätptolemäische Papyri aus amtlichen Büros des Herakleopolites, bearbeitet von Wilhelm **Schubart** und Diedrich **Schäfer**, Berlin 1933.

**Albertario**, Emilio et al. (ed.): Studi di storia e diritto in onore di Enrico Besta per il XL anno del suo insegnamento. Vol. I. - Diritto romano, Milano 1937.

- **Kübler**, Bernhard: Die vormundschaftliche Gewalt im römischen Recht, in: Albertario et al. (ed.), Studi in onore di Enrico Besta I, 75–89.

**Arangio-Ruiz**, Vincenzo: Istituzioni di diritto romano. Tredicesima edizione riveduta, Napoli 1957.

**Arangio-Ruiz**, Vincenzo (ed.): Rariora. Edizioni di "Storia e Letteratura", raccolta di studi e testi a cura di A. Schiaffini e G. De Luca, Roma 1946.

**Arangio-Ruiz**, Vincenzo: Erede e tutore, in: idem (ed.), Rariora, 149–167.

**Arangio-Ruiz**, Vincenzo (ed.): Studi in onore di Siro Solazzi nel cinquantesimo anniversario del suo insegnamento universitario (1899–1948), Napoli 1948.

- **Schulz**, Fritz: Lex Salpensana cap. 29 und Lex Ursonensis cap. 109, in: Arangio-Ruiz (ed.), Studi in onore di Siro Solazzi, 451–460.

**Arangio-Ruiz**, Vincenzo (ed.): Studi epigrafici et papirologici a cura di Lucio Bove, Napoli 1974.

**Arangio-Ruiz**, Vincenzo: Due tavolette di Ercolano relative alla nomina di tutori muliebri, in: idem (ed.), Studi epigrafici et papirologici, 450–462.

Aristoteles, Αθηναίων Πολιτεία, edidit Mortimer **Chambers**, Stutgardiae et Lipsiae 1994.

**Avenarius**, Martin: Der pseudo-ulpianische liber singularis regularum. Entstehung, Eigenart und Überlieferung einer hochklassischen Juristenschrift. Analyse, Neuedition und deutsche Übersetzung, Göttingen 2005.

**Biondi**, Biondo: Istituzioni di diritto romano, 4. Auflage, Milano 1965.

**Bleicken**, Jochen: Lex Publica. Gesetz und Recht in der römischen Republik, Berlin - New York 1975.

**Bonfante**, Pietro: Corso di diritto romano. Volume Primo. Diritto di famiglia, Milano 1963.

**Bonfante**, Pietro: Corso di diritto romano. Volume Sesto. Le successioni. Parte generale, Milano 1974.

**Brill**, Karl-Ernst (Hrsg.): Zum Wohle der Betreuten. Beiträge zur Reform des Vormundschafts- und Pflegschaftsrechts, Bonn 1990.

**Brill**, Karl-Ernst: Die Reform ist vollzogen – Die Reform kann beginnen, in: idem (Hrsg.), Zum Wohle der Betreuten, 7–12.

– **Kewitz**, Christel/**Joester**, Agnes: Entmündigung: Rechtlicher Anspruch und seine Verwirklichung. Aus der Sicht von Betroffenen und Experten, in: Brill (Hrsg.), Zum Wohle der Betreuten, 13–30.

**Brunner**, Heinrich: Deutsche Rechtsgeschichte. Erster Band, 3. Auflage, Berlin 1961.

**Brunt**, Peter Astbury: Italian Manpower. 225 B.C.–A.D. 14, Oxford 1987.

**Buckland**, William Warwick: A manual of Roman Private Law, Reprint of the second Edition (3rd Printing), Cambridge 1953, Aalen 1981.

**Campbell**, Brian: The Emperor and the Roman Army 31 B.C.–A.D. 235, Oxford 1984.

**Capogrossi Colognesi**, Luigi/**Gabba**, Emilio (Hrsg.): Gli Statuti Municipali, Pavia 2006.

– **Grelle**, Francesco: La datio tutoris dei magistrati municipali, in: Capogrossi Colognesi/Gabba (Hrsg.), Gli Statuti Municipali, 411–441.

**Cascione**, Cosimo/**Masi Doria**, Carla (Hrsg.): Fides Humanitas Ius. Studi in onore di Luigi Labruna, 8 Volumi. Editoriale Scientifica, Napoli 2007.

– **Nörr**, Dieter: Marginalien zu den Bacchanalien: Das Pseudo-Senatusconsultum in Liv. 39.19, in: Cascione/Masi Doria (Hrsg.), Fides Humanitas Ius, 3829–3865.

**Cavenaile**, Robert: Corpus Papyrorum Latinarum, Wiesbaden 1958.

**Chiusi**, Tiziana J.: Zur Vormundschaft der Mutter, in: ZSS 111 (1994), 155–196.

Cicero de natura deorum – Academica with an english translation by H. Rackham, M.A., London – Cambridge 1956.

Cicero de officiis with an english translation by Walter **Miller**, London – Cambridge 1956.

Cicero de senectute, de amicitia, de divinatione with an English translation by William Armistead Falconer, London – Cambridge 1953.

Codex Theodosianus. Volumen I. Theodosiani libri XVI cum constitutionibus Sirmondianis edidit adsumpto apparatu P. **Kruegeri**/Th. **Mommsen**. Pars posterior. Textus cum apparatu, Unveränderte Neuauflage, Nachdruck der 1. Auflage Berlin 1904, Hildesheim 2000.

**Coing**, Helmut: Europäisches Privatrecht. Band I. Älteres Gemeines Recht (1500 bis 1800), München 1985.

**Coing**, Helmut: Europäisches Privatrecht. Band II. 19. Jahrhundert. Überblick über die Entwicklung des Privatrechts in den ehemals gemeinrechtlichen Ländern, München 1989.

**Conrad**, Hermann: Deutsche Rechtsgeschichte Band I. Frühzeit und Mittelalter. Ein Lehrbuch, Karlsruhe 1954.

**Conrad**, Hermann: Deutsche Rechtsgeschichte Band II. Neuzeit bis 1806. Ein Lehrbuch, Karlsruhe 1966.

Corpus Iuris Civilis. Text und Übersetzung IV Digesten 21–27. Gemeinschaftlich übersetzt und herausgegeben von Rolf **Knütel**, Berthold **Kupisch**, Hans Hermann **Seiler**, Okko **Behrends**, Heidelberg 2005.

– **Ziegler**, Karl-Heinz: Liber vicesimus sextus – sechsundzwanzigstes Buch, in: Knütel/Kupisch/Seiler/Behrends (Hrsg.), CIC, 343–441.

Corpus Iuris Civilis, Volumen Primum: Institutiones, recognovit Paulus **Krueger;** Digesta, recognovit Theodor **Mommsen**, 25. Auflage, Nachdruck der 17. Auflage Berlin 1963.

Corpus Iuris Civilis, Volumen Secundum: Codex Iustinianus, recognovit et retractavit Paulus **Krüger**, Nachdruck der 11. Auflage Berlin 1954, Hildesheim 1997.

Corpus Iuris Civilis, Volumen Tertium: Novellae, recognovit Rudolfus **Schoell**, Opus Schoellii morte interceptum absolvit Guilelmus **Kroll**, 13. Auflage, Nachdruck der 8. Auflage Berlin 1963, Hildesheim 1993.

**Crifò**, Giuliano: Sul problema della donna tutrice in diritto romano classico, in: BIDR 67 (1994), 87–166.

C. Suetonis Tranquillus, Die Kaiserviten. De vita Caesarum – Berühmte Männer. De viris illustribus. Lateinisch – deutsch. Herausgegeben und übersetzt von Hans **Martinet**, Düsseldorf – Zürich 1997.

Das Zwölftafelgesetz. Leges XII tabularum. Herausgegeben, übersetzt und kommentiert von Dieter **Flach** in Zusammenarbeit mit Andreas **Flach**, Darmstadt 2004.

**Dernburg**, Heinrich: Das Vormundschaftsrecht der preußischen Monarchie, Berlin – Leipzig 1886.

**Dernburg**, Heinrich: Pandekten. Dritter Band. Familien- und Erbrecht, Siebente, verbesserte Auflage, Berlin 1913.

Des Antecessor Theophilus Paraphrase der Institutionen Justinian's. Aus dem Griechischen übersetzt und mit Anmerkungen begleitet von Karl **Wüstemann**, Erster Band, Berlin 1823.

**De Visscher**, Fernand: Nouvelles études de droit romain public et privé, Milano 1949.

Die Lex Irnitana. Ein römisches Stadtrecht aus Spanien. Lateinisch und deutsch. Herausgegeben, eingeleitet und übersetzt von Joseph Georg **Wolf**, Darmstadt 2011.

Die pseudo-ulpianische Einzelschrift der Rechtsregeln *(liber singularis regularum)*. Herausgegeben und übersetzt von Martin **Avenarius**, Köln 2005.

Diodoros. Griechische Weltgeschichte. Fragmente (Buch XXI–XL). Übersetzt, eingeleitet und kommentiert von Gerhard **Wirth**, Erster Halbband: Einleitung und Übersetzung, Stuttgart 2008.

**D'Ors Pérez-Peix**, Alvaro: La ley flavia municipal, Rom 1986.

**D'Ors Pérez-Peix**, Alavaro: Los bronces de El Rubio, in: Emérita IX (1941), 138–154.

**Egen**, Claudia: Das Ende der Entmündigung und Vormundschaft - eine Wohltat für psychisch Kranke? –, Bonn 1994.

**Eisele**, Fridolin: Beiträge zur Erkenntnis der Digesteninterpolationen, in: ZSS 10 (1889), 296–322.

**Elster**, Marianne: Die Gesetze der mittleren römischen Republik. Text und Kommentar, Darmstadt 2003.

**Erler**, Adalbert/**Kaufmann**, Ekkehard/**Werkmüller**, Dieter (Hrsg.): Handwörterbuch zur Deutschen Rechtsgeschichte, Band V: Straftheorie - Zycha, Register, Berlin 1998.

**Erler**, Adalbert: Vormundschaft, in: Erler/Kaufmann/Werkmüller (Hrsg.), Handwörterbuch zur Deutschen Rechtsgeschichte, Band V, 1050–1055.

Fontes Iuris Romani Antejustiniani. Pars Prima. Leges. Iterum edidit Salvator **Riccobono**, Florentiae 1941 - XIX.

Fontes Iuris Romani Antejustiniani. Pars altera. Auctores. Edidit notisque illustravit Johannes **Baviera**, Florentiae 1940 - XVIII.

Fontes Iuris Romani Antejustiniani. Pars tertia. Negotia. Edidit Vincentius **Arangio-Ruiz**, Florentiae 1943 - XXI.

Fontes Iuris Romani Antiqui edidit Carolus Georgius **Bruns**, Leges et negotia, Tubingae 1909, Unveränderter Nachdruck Aalen 1958.

Fragmenta Vaticana. Mosaicarum et Romanorum Legum Collatio, recognovit Theodorus **Mommsen**. Consultatio veteris cuiusdam iurisconsulti codices Gregorianus et Hermogenianus alia minora editit Paulus **Krueger**, Berlin 1890.

Gaius Institutiones. Die Institutionen des Gaius. Herausgegeben, übersetzt und kommentiert von Ulrich **Manthe**, Darmstadt 2004.

Gai Institutionum Commentarius Primus. Text mit Vorwort, Erklärung und Anhängen von Ferdinand **Kniep**, Jena 1911.

Gai Institutionum Commentarii IV. Mit philologischem Kommentar herausgegeben von M. **David** und H.L.W. **Nelson**, Leiden 1954.

**García Garrido**, Manuel Jésus: Ius uxorium. El regimen patrimonial de la mujer casada en el Derecho romano, Rom – Madrid 1958.

**Gardner**, Jane F.: Women in Roman Law & Society, London – Sydney 1986.

Gellius, Aulus: Die attischen Nächte. Zum ersten Male vollständig übersetzt und mit Anmerkungen versehen von Fritz **Weiss**. Erster Band I.–VIII. Buch, unveränderter repografischer Nachdruck der Ausgabe Leipzig 1875, Darmstadt 1992.

**Gerhard**, Ute (Hrsg.): Frauen in der Geschichte des Rechts. Von der frühen Neuzeit bis zur Gegenwart, München 1997.

– **Holthöfer**, Ernst: Die Geschlechtsvormundschaft. Ein Überblick von der Antike bis ins 19. Jahrhundert, in: Gerhard (Hrsg.), Frauen in der Geschichte des Rechts, 390–451.

**Gide**, Paul: Études sur la condition privée de la femme dans le droit ancien et modern et en particulier sur le Sénatus-consulte valléien suivie du caractère de la dot en droit romain et de la condition de l'enfant naturel et de la concubine dans la législation romaine, Paris 1885.

**Gradenwitz**, Otto: Die Stadtrechte von Urso, Salpensa und Malaca, in Urtext und Beischrift aufgelöst. Mit 8 Tafeln, in: Sitzungsberichte der Heidelberger Akademie der Wissenschaften. Stiftung Heinrich Lanz. Philosophisch-historische Klasse. Band XI, Jahrgang 1920.

**Gradenwitz**, Otto: Nochmals: Die römischen Stadtrechte, in: ZSS 43 (1922), 439–455.

**Guzman Brito**, Alejandro: Dos estudios en torno a la historia de la tutela romana, Pamplona 1976.

**Hattenhauer**, Hans (Hrsg.)/**Bernert**, Günther: Allgemeines Landrecht für die Preußischen Staaten von 1794. Mit einer Einführung von Hans Hattenhauer und einer Bibliographie von Günther Bernert, Dritte, erweiterte Auflage, Neuwied – Kriftel – Berlin 1996.

**Hausmaninger**, Herbert/**Selb**, Walter: Römisches Privatrecht, 8. Auflage, Wien – Köln – Weimar 1997.

**Honsell**, Heinrich/**Mayer-Maly**, Theo/**Selb**, Walter: Römisches Recht, 4. Auflage, Berlin – Heidelberg – New York 1987.

**Hübner**, Rudolf: Grundzüge des deutschen Privatrechts, Zweite ergänzte Auflage, Leipzig 1913.

Iuliani epitome Latina Novellarum Iustiniani, recognovit Gustavus **Haenel**, Lipsiae 1873.

**Jörs**, Paul/**Kunkel**, Wolfgang/**Wenger**, Leopold: Römisches Privatrecht, Berlin – Göttingen – Heidelberg 1949.

**Karlowa**, Otto: Römische Rechtsgeschichte. In zwei Bänden. Zweiter Band. Privatrecht und Civilprozess. Strafrecht und Strafprozess. Erster Teil. Privatrecht, Leipzig 1901.

**Kaser**, Max: Das altrömische ius, Göttingen 1949.

**Kaser**, Max: Das Römische Privatrecht. Erster Abschnitt: Das altrömische, das vorklassische und klassische Recht, 2. Auflage, München 1971.

**Kaser**, Max: Das Römische Privatrecht. Zweiter Abschnitt: Die nachklassischen Entwicklungen, 2. Auflage, München 1975.

**Kaser**, Max: Ruhende und verdrängende Hausgewalt im älteren römischen Recht, in: ZSS 59 (1939), 31–51.

**Kaser**, Max/**Hackl**, Karl: Das Römische Zivilprozessrecht, Zweite, vollständig überarbeitete und erweiterte Auflage, München 1996.

**Kaser**, Max/**Knütel**, Rolf: Römisches Privatrecht, 18. Auflage, München 2005.

**Krause**, Jens-Uwe: Witwen und Waisen im Römischen Reich III. Rechtliche und soziale Stellung von Waisen, Stuttgart 1995.

**Krüger**, Paul: Die Sinai-Scholien zu Ulpians libri ad Sabinum, in: ZSS 4 (1883), 1–32.

**Kübler**, Bernhard: Die Haftung für Verschulden bei kontraktsähnlichen und deliktsähnlichen Schuldverhältnissen, in: ZSS 39 (1918), 172–223.

**Kübler**, Bernhard: Rezension zu Taubenschlag, Rafael, Vormundschaftsrechtliche Studien. Beiträge zur Geschichte des römischen und griechischen Vormundschaftsrecht, Berlin 1913, in: Kritische Vierteljahresschrift für Gesetzgebung und Rechtswissenschaft 16 (1914), 10–20.

**Kübler**, Bernhard: Über das Ius liberorum der Frauen und die Vormundschaft der Mutter, ein Beitrag zur Geschichte der Rezeption des römischen Rechts in Ägypten, in: ZSS 31 (1910), 176–195.

**Kunkel**, Wolfgang: Diligentia, in: ZSS 45 (1925), 266–351.

**Kunkel**, Wolfgang: Rezension zu Solazzi, Siro, Istituti tutelari (Anno academico 1928–29), Napoli 1929, in: ZSS 50 (1930), 638–643.

**Kunkel**, Wolfgang/**Schermaier**, Martin: Römische Rechtsgeschichte, 13., überarbeitete Auflage, Köln – Weimar – Wien 2001.

**La Pira**, Giorgio: La sostituzione pupilare, in: Studi di onore di Pietro Bonfante nel XL anno d'insegnamento. Volume Terzo, Milano 1930, 271–347.

**Laslett**, Peter: La parenté en chiffres, in: Annales. Économies, Sociétés, Civilisations 43 (1988), 5–24.

**Lenel**, Otto: Die cura minorum der klassischen Zeit, in: ZSS 35 (1914), 129–213.

**Levy**, Ernst: Die Haftung mehrerer Tutoren, in: ZSS 37 (1916), 14–88.

**Lewis**, Naphtali/**Yadin**, Yigael/**Greenfield**, Jonas C.: The documents from the Bar Kokhba period in the Cave of Letters, Jerusalem 1989.

Livius. Römische Geschichte, Buch XXIV–XXVI, Lateinisch-deutsch ed. Josef **Feix**, Darmstadt 1977.

Livy with an English translation by Evan T. **Sage**, in fourteen Volumes, IX, books XXXI–XXXIV, Cambridge 1953.

M. Tulli Ciceronis epistulae, Vol. I, epistulae ad familiares, recognovit brevique adnotatione critica instruxit Ludovicus Claude **Purser**, Oxford 1964.

M. Tulli Ciceronis orationes. Pro Sex. Roscio; De imperio Cn. Pompei; Pro Cluentio; In Catilinam; Pro Murena; Pro Caelio, recognovit brevique adnotatione critica instruxit Albertus Curtis **Clark**, Oxford 1961.

M. Tulli Ciceronis orationes. Cum senatui gratias egit; Cum populo gratias egit; De domo sua; De haruspicum responso; Pro Sestio; In Vatinium; De provinciis consularibus; Pro Balbo, recognovit brevique adnotatione critica instruxit Gulielmus **Peterson**, Oxford 1962.

M. Tulli Ciceronis orationes. Pro P. Quinctio; Pro Q. Roscio Comoedo; Pro A. Caecina; De lege Agraria contra Rullum; Pro C. Rabirio perduellionis reo; Pro L. Flacco; In L. Pisonem; Pro C. Rabirio Postumo, recognovit brevique adnotatione critica instruxit Albertus Curtis **Clark**, Oxford 1961.

M. Tulli Ciceronis Rhetorica, recognovit brevique adnotatione critica instruxit A.S. **Wilkins**, Oxford 1995.

**Meder**, Stephan/**Duncker**, Arne/**Czelck**, Andrea (Hg.): Frauenrecht und Rechtsgeschichte: Die Rechtskämpfe der deutschen Frauenbewegung, Köln 2006.

- **Feldner**, Birgit: Zur Vermögensverwaltung durch Frauen im klassischen römischen Recht, in: Meder/Duncker/Czelck (Hg.), Frauenrecht und Rechtsgeschichte, 1–21.

**Mitteis**, Ludwig: Römisches Privatrecht bis auf die Zeit Diokletians, Erster Band. Grundbegriffe und Lehre von den Juristischen Personen, Leipzig 1908.

**Mommsen**, Theodor: Stadtrechte von Salpensa und Malaca, in: Gesammelte Schriften I, Berlin 1905.

**Mönnich**, Ulrike: Frauenschutz vor riskanten Geschäften. Interzessionsverbote nach dem Velleianischen Senatsbeschluss, Köln – Weimar – Wien 1999.

**Nelson**, Hein L.W.: Überlieferung, Aufbau und Stil von Gai Institutiones, Leiden 1981.

**Niedermeier**, Hans/**Flume**, Werner (Hrsg.): Festschrift Fritz Schulz. Erster Band, Weimar 1951.

- **Volterra**, Edoardo: Un'osservazione in tema di tollere liberos, in: Niedermeier/Flume (Hrsg.), Festschrift Schulz I, 388–398.

**Nörr**, Dieter: Zur Palingenesie der römischen Vormundschaftsgesetze, in: ZSS 118 (2001), 1–72.

**Oberloskamp**, Helga: Vormundschaft, Pflegschaft und Beistandschaft für Minderjährige, 3. Auflage, München 2010.

Palingenesia Iuris Civilis. Iuris consultorum reliquiae quae Iustiniani digestis continentur ceteraquae iurisprudentiae civilis fragmenta minora. Secundum auctores et libros disposuit Otto **Lenel**, in 2 voluminibus, Volumen 2, 2. Neudruck der Ausgabe Leipzig 1889, Aalen 2000.

**Partsch**, Joseph: Studien zur Negotiorum Gestio I, Heidelberg 1913.

**Pelz**, Franz-Josef: Die Vormundschaft in den Stadt- und Landrechtsreformationen des 15. und 16. Jahrhunderts und das zeitgenössische gemeine Recht, 1966.

**Perozzi**, Silvio: Istituzioni di diritto romano I, 2. Auflage, Florenz 1928, Neudruck 1949.

**Peters**, Hans: Generelle und spezielle Aktionen, in: ZSS 32 (1911), 179–307.

**Phang**, Sara Elise: The Marriage of Roman Soldiers (13 B.C.–A.D. 235). Law and Family in the Imperial Army, Leiden – Boston – Köln 2001.

**Rabel**, Ernst: Die Erbrechtstheorie Bonfantes, in: ZSS 50 (1930), 295–332.

**Rau**, Reinhold: Tutor Titianus, in: ZSS 54 (1934), 312.

**Rilinger**, Rolf: Humiliores – Honestiores. Zu einer sozialen Dichotomie im Strafrecht der römischen Kaiserzeit, München 1988.

**Rive**, Friedrich: Geschichte der deutschen Vormundschaft. In 2 Bänden. Band 1. Die Vormundschaft im Rechte der Germanen, Neudruck der Ausgabe Braunschweig 1862, Aalen 1969.

Roman Statutes. Volume I, edited by M.H. **Crawford**, London 1996.

**Rotondi**, Giovanni: Leges Publicae Populi Romani. Elenco cronologico con una introduzione sull'attività legislative dei comizi romani, Repografischer Nachdruck der Ausgabe Milano 1912, Hildesheim 1962.

**Roxan**, M./**Eck**, W.: A Military Diploma of AD 85 for the Rome Cohorts, in: ZPE 96 (1993), 67–74.

**Rudorff**, Adolf Friedrich August: Das Recht der Vormundschaft aus den gemeinen in Deutschland geltenden Rechten entwickelt, Band I, Berlin 1832.

**Rudorff**, Adolf Friedrich August: Das Recht der Vormundschaft aus den gemeinen in Deutschland geltenden Rechten entwickelt, Band II, Berlin 1833.

**Rudorff**, Adolf Friedrich August: Das Recht der Vormundschaft aus den gemeinen in Deutschland geltenden Rechten entwickelt, Band III, Berlin 1834.

**Saller**, Richard P.: Patriarchy, property and death in the Roman family, Cambridge 1994.

**Schlüter**, Reinhild: Das Vormundschaftsrecht in den Kodifikationen der Aufklärungszeit, 1961.

**Schulz**, Fritz: Classical Roman Law, Oxford 1951.

**Sittler**, Karl: Das Vormundschaftsrecht in der Gesetzgebung Maximilian I., Ebersberg 1910.

**Solazzi**, Siro: Curator impuberis, Roma 1917.

**Solazzi**, Siro: Il consenso del "tutor mulieris" alla sua nomina nei papyri e nei testi romani, in: Aegyptus 2 (1921), 155–178.

**Solazzi**, Siro: Istituti tutelari. Anno academico 1928–29, Napoli 1929.

**Solazzi**, Siro: La legge delle XII Tavole sulla tutela e un'ipotesi del Bonfante, in: Scritti varii dedicati al Prof. Carlo Arnò nel XXX anno di insegnamento del diritto romano nella R. Università di Modena (1898–1927), 46–58.

**Solazzi**, Siro: Scritti di diritto romano II (1913–1924), Napoli 1957.

**Solazzi**, Siro: Il consenso del "tutor mulieris" alla sua nomina nei papyri e nei testi romani, in: idem, Scritti II, 403–420.

**Solazzi**, Siro: Scritti di diritto romano III (1925–1937), Napoli 1960.

**Solazzi**, Siro: Studi sulla tutela, in: idem, Scritti III, 81–156.

**Taubenschlag**, Rafael: Vormundschaftsrechtliche Studien. Beiträge zur Geschichte des römischen und griechischen Vormundschaftsrechts, Berlin 1913.

The Oxyrhynchus Papyri. Part II, edited with translations and notes by Bernard P. **Grenfell** and Arthur S. **Hunt**, London 1899.

The Oxyrhynchus Papyri. Part III, edited with translations and notes by Bernard P. **Grenfell** and Arthur S. **Hunt**, London 1903.

The Oxyrhynchus Papyri. Part IV, edited with translations and notes by Bernard P. **Grenfell** and Arthur S. **Hunt**, London 1904.

The Oxyrhynchus Papyri. Part VI, edited with translations and notes by Bernard P. **Grenfell** and Arthur S. **Hunt**, London 1908.

The Oxyrhynchus Papyri. Part X, edited with translations and notes by Bernard P. **Grenfell** and Arthur S. **Hunt**, London 1914.

The Oxyrhynchus Papyri. Part XII, edited with translations and notes by Bernard P. **Grenfell** and Arthur S. **Hunt**, London 1916.

Titi Livi. Ab urbe condita, recognovit brevique adnotatione critica instruxit Robert Maxwell **Ogilvie**, Tomus I, Libri I–V, Oxford 1974.

Titi Livi. Ab urbe condita, recognovit brevique adnotatione critica instruxit P.G. **Walsh**, Tomus VI. Libri XXXVI–XL, Oxford 1999.

T. Livius. Römische Geschichte, Buch XXVII–XXX, Lateinisch und deutsch herausgegeben von Hans Jürgen **Hillen**, Darmstadt 1997.

T. Livius. Römische Geschichte, Buch XXXIX–XLI, Lateinisch und deutsch herausgegeben von Hans Jürgen **Hiller**, Darmstadt 1983.

T. Macci Plauti. Comoediae, recognovit brevique adnotatione critica instruxit W.M. **Lindsay**, Tomus II, Miles Gloriosus; Mostellaria; Persa; Poenulus; Pseudolus; Rudens; Stichus; Trinummus; Truculentus; Vidularia; Fragmenta, Oxford 1956.

Ulpiani liber singularis regularum – Pauli libri quinque sententiarum. Fragmenta minora. Saeculorum P. Chr. N. secundi et tertii, ed. Paulus **Krueger**, Berlin 1878.

**Voci**, Pasquale: La responsabilità dei contutori e degli amministratori cittadini. Contributo allo studio della mutual garanzia, in: IURA 21 (1970), 71–154.

**Volterra**, Edoardo: Ancora in terma di "tollere liberos", in: IURA 3 (1952), 216–217.

**Waldstein**, Wolfgang/**Rainer**, Michael: Römische Rechtsgeschichte. Ein Studienbuch, 10., neu bearbeitete Auflage, München 2005.

**Watson**, Alan: The Law of persons in the later Roman Republic, Oxford 1967.

**Weilske**, Julius (Hrsg.)/**Hildebrand**, R.: Der Sachsenspiegel (Landrecht) nach der ältesten Leipziger Handschrift, Achte, unveränderte Ausgabe, Leipzig 1905.

**Wenger**, Leopold: Die Quellen des römischen Rechts, Wien 1953.

**Wenger**, Leopold: Zur Vormundschaft der Mutter, in: ZSS 26 (1905), 449–456.

**Wieacker**, Franz: Privatrechtsgeschichte der Neuzeit unter besonderer Berücksichtigung der deutschen Entwicklung, 2., neubearbeitete Auflage, Göttingen 1967.

**Wissowa**, Georg (Hrsg.): Paulys Real-Encyclopädie der Classischen Altertumswissenschaft, Zweiter Halbband, Alexandros – Apollokrates, Stuttgart 1894.

- **Cichorius**, Conrad: Annales, in: RE 1/2, 2248–2256.

**Wissowa**, Georg/**Kroll**, Wilhelm/**Witte**, Kurt (Hrsg.): Paulys Real-Encyclopädie der Classischen Altertumswissenschaft, Zweite Reihe R-Z, Zweiter Band, Sarmatia-Silia, Stuttgart 1923.

- **Münzer**, Friedrich: L. Sempronius Asello, in: RE 2A/2, 1363.

**Wissowa**, Georg/**Kroll**, Wilhelm (Hrsg.): Paulys Real-Encyclopädie der Classischen Altertumswissenschaft, Vierundzwanzigster Halbband, Legio – Libanon, Stuttgart 1925.

- **Taubenschlag**, Rafael: Lex Atilia 1), in: RE 12/2, 2330.
- **Taubenschlag**, Rafael: Lex Iulia et Titia, in: RE 12/2, 2392–2393.

**Wissowa**, Georg/**Kroll**, Wilhelm/**Mittelhaus**, Karl (Hrsg.): Paulys Real-Encyclopädie der Classischen Altertumswissenschaft, Zweite Reihe (R-Z), Zwölfter Halbband, Timon bis Tribus, Stuttgart 1937.

- **Hanslik**, Rudolf: M. Titius, in: RE 6A/2, 1559–1562.
- **Münzer**, Friedrich: P. Titius, in: RE 6A/2, 1562–1563.

**Wissowa**, Georg/**Mittelhaus**, Karl/**Ziegler**, Konrat (Hrsg.): Paulys Real-Encyclopädie der Classischen Altertumswissenschaft, Zweite Reihe (R-Z), Vierzehnter Halbband, M. Tullius Cicero bis Valerius, Stuttgart 1948.

- **Sachers**, Erich: Tutela, in: RE 7A/2, 1497–1599.

**Zannini**, Pierluigi: Studi sulla tutela mulierum I: profili funzionali, Turino 1976.

**Zimmermann**, Reinhard: Römisches Recht und europäische Kultur, in: JZ 2007, 1–12.

**Zocco-Rosa**, Antonio: La questione dell' unicità o duplicità della lex Iulia et Titia, in: Annuario XIII/XIV, 31–56.

www.ingramcontent.com/pod-product-compliance
Ingram Content Group UK Ltd.
Pitfield, Milton Keynes, MK11 3LW, UK
UKHW021904290926
8980IPUK00015B/1046

9 783631 669488